2022 年教育部供需对接就业育人项目(20220105743)资助
江汉大学城市圈与产业管理学科群项目资助

房车露营地管理与旅游发展研究

刘小燕　著

WUHAN UNIVERSITY PRESS
武汉大学出版社

图书在版编目(CIP)数据

房车露营地管理与旅游发展研究/刘小燕著.—武汉：武汉大学出版社,2022.8(2025.8 重印)
ISBN 978-7-307-23213-6

Ⅰ.房…　Ⅱ.刘…　Ⅲ.房车—旅游业发展—研究—中国
Ⅳ.F592.3

中国版本图书馆 CIP 数据核字(2022)第 133094 号

责任编辑:沈继侠　　责任校对:鄢春梅　　版式设计:马　佳

出版发行：**武汉大学出版社**　(430072　武昌　珞珈山)
(电子邮箱:cbs22@ whu.edu.cn　网址:www.wdp.com.cn)
印刷:湖北云景数字印刷有限公司
开本:720×1000　1/16　印张:17.75　字数:286 千字　插页:1
版次:2022 年 8 月第 1 版　2025 年 8 月第 6 次印刷
ISBN 978-7-307-23213-6　　定价:58.00 元

前　言

"停车坐爱枫林晚，霜叶红于二月花"，从杜牧手中流淌出的这道绝美秋之色，至今让人陶醉。

在古代，旅游一直都是文人墨客的情感和灵感迸发之源泉，他们从旅游中汲取灵感，或激昂，或低落，或悲愤，留下许多不朽的诗篇。而穿过千山万水，游遍大好河山也几乎成为每个当代中国人的愿望，从"到此一游"到"世界这么大，我想去看看"，从"景点打卡"到"来一场说走就走的旅行"，这根植在心中的游历四方的冲动在血脉中传承、生生不息。

旅游发展初期，购买纪念品、晒风景图和摆拍，让我们几乎忽视了被称为绿水青山和烟雨人家的那一笔朦胧之意。随着社会经济的发展和人民精神文化水平的提升，休闲旅游正成为主要的旅游形式。1999 年《不见不散》电影的上映，房车开始进入人们的视线。"这是一种生活方式"，车外是不断变化的风景，车内是舒适安逸的家。麻雀虽小，五脏俱全的房车，成为充满自由向往的游者摆脱束缚的起点。把车停在草原、海边，远离城市的人群与喧嚣，伴着星空和虫鸣入眠；在人迹罕至的小众景点，也能动手做饭，搭起帐篷享受丰盛晚餐；自由定制旅行路线，随走随停，一路欣赏沿途的风景……

国家自"十二五"规划伊始就明确提出要大力发展自驾车营地、房车营地等与休闲旅游需求相适应的设施和服务；"十三五"规划中房车露营旅游及其规划是重中之重，中央多部门，各省市分别出台了"房车露营地专项规划"；《"十四五"文化和旅游发展规划》中明确，要推动自驾车旅居车营地和线路建设，认定一批高等级自驾车旅居车营地，推广自驾游精品线路，支持营地合理设置配套服务设施。同时，新修订的《机动车驾驶证申领和使用规定》正式实施，驾驶证新增轻型牵引挂车准驾车型（C6），轻型拖挂房车上路有了驾驶规范。这些都彰显

1

了国家推动旅游业结构转型升级的决心。新冠肺炎疫情的突发，让传统旅游形态遭受重创，然而，国内游客的刚性出行、近程旅游和本地休闲游的刚性需求仍在。在近程本地旅游的拉动下，市场创新的脚步加快，房车露营旅游成为创新业态，表现亮眼，帮助旅游业在变革中重塑与复苏。

尽管房车露营旅游在欧美国家已经是一种非常成熟的生活旅行方式，但在我国，房车露营旅行被冠以金字塔塔尖级别的消费形式，普及率低，人均消费单价高，房车持有成本高。房车露营旅游产业的发展，从房车设计制造到房车旅游、消费者和制造商、房车圈层产业方面都存在着严重的不足，尤其是房车露营地的建设，缺乏统一规划，其商业模式、盈利模式、土地使用性质都是待解难题，露营地自身功能和价值并未充分发挥。因此，房车露营地及其旅游发展模式的规范化和全面化探索成为学术领域急需面对的话题。

书籍编著的愿望源于 2019 年访学时对英国房车露营地实践的考察，笔者参考了大量的文献资料并借鉴国内外诸多房车露营地建设和管理案例，遂成此书。本书章节主要包括房车概述、露营地与露营旅游、房车露营地战略环境分析、房车露营地市场细分与定位、房车露营地运营管理、房车露营地规划与设计、房车露营地品牌管理、房车露营地营销管理、房车露营地安全管理及房车露营地可持续发展与未来十章，另加诸多实践附录，力图全面介绍房车露营地管理和旅游发展实务。本书可为房车露营旅游行业从业者参考和培训书籍，亦可作为旅游管理、酒店管理本专科生的课程教材。笔者经历有限，学识尚浅，若有不足之处，敬请批评指正。

最后，"诗和远方"正"蝶变"成我们向往的样子，人生如旅行，吾亦是行人。

刘小燕

2022 年 7 月 26 日于武汉长江之畔

目　录

第一章 房车概述

房车露营旅游的发展离不开房车产业的进步。东西方文化中，房车的起源莫衷一是，总的来说，现代房车起源于印第安人的大篷车。房车种类繁多，发展曲折，国内外房车市场与发展阶段迥异，本章主要从概念和起源梳理，探索房车的分类、发展历程和发展特点。

第一节 房车的概念及兴起

一、房车的概念

房车，英文翻译为"Recreational Vehicle"，简写"RV"，亦称"旅居车"，兼具"房"与"车"两大功能。房车的内部空间较之于普通汽车大，通常有桌子、椅子、床和卫浴等设施。但其属性还是车，是一种可移动、具有居家必备的基本设施的特殊车种。

房车是由国外引进的时尚设施车种，其车上的居家设施有：卧具、炉具、冰箱、橱柜、沙发、餐桌椅、盥洗设施、空调、电视、音响等家具和电器，可分为驾驶区域、起居区域、卧室区域、卫生区域、厨房区域等。房车是集"衣、食、住、行"于一身，实现"在生活中旅行，在旅行中生活"的时尚产品。①

拖挂式房车，亦称"旅居挂车"，是指满足居住和道路车辆使用的要求，车厢装有隔热层，车内装有睡具（可由桌椅转变而来）、炊事设施、卫生设施及必

---

① 在我国相关行业标准《旅居车》（QC/T 776—2017）中，用"旅居车"作为自行式房车的正式名称，由于称呼习惯差异，本书除了在介绍相关国内政策文件及标准内容以外，使用"房车"来指代"旅居车"。

要的照明设施,用于旅游和野外工作的挂车类旅居车辆。①

二、房车的兴起

进入 21 世纪以来,伴随人们消费能力不断提高和工业产能的提升,汽车早已走进了寻常百姓的家中,成为人们生活与工作的重要工具。汽车的普及大大缩短了人们在路上耗费的时间,极大地便利了人们的生活。与此同时,居民休假制度的建立和公路基础设施的建设,带动了一大批以自驾为出行方式的旅行者。第十届全国自驾车旅游发展峰会发布《中国自驾车、旅居车与露营旅游发展报告(2020—2021)》指出,自驾游成为国内游的主体。2020 年,国内旅游总人数28.79 亿人次,自驾游人数达到 22.4 亿人次,自驾游首次超过 70%,达到77.8%。② 自驾旅行与团体旅行相比,更多地体现在出行灵活、便利和出行时间自由上。然而,在自驾旅行中也会出现因道路封闭或恶劣天气而无法行驶等突发情况,影响旅行者用餐、休息,造成旅行生活品质大打折扣。因此,房车旅行在国内作为一种全新的旅游方式,用“房”和“车”结合的形式,有效解决自驾游中的衣食住行等问题,逐渐进入了人们的视野,成为许多高端人士的旅行选择。房车以一种交通工具的方式,可以很好地为旅行者解决在旅行中住宿、出行、用餐的烦恼。由于房车具备了完善的会客、餐饮、起居、卫浴等空间,较好地保障了旅行生活,适合多人长途的家庭游、亲子游和中老年“夕阳红”群体的旅游出行,从而使自驾旅行真正做到了“随遇而安”,大大提高了人们的生活品质。

必须指出的是,房车产品进入中国的时间较晚,直到 21 世纪初我国的房车产业才有所发展。由于我国房车生产起步较晚,早期的房车生产基本上参照国外房车的设计而生产。这类房车尺寸宽大舒适,对驾驶技术和道路要求也较高。但是不可否认的是,国外房车产品得益于较早的房车生活习惯与深入的房车产品研究,产品类型相对成熟,房车的各个功能空间布局也较为合理。

---

① 在我国相关行业标准《旅居挂车技术要求》(GB/T 36121—2018)中,用“旅居挂车”作为拖挂式房车的正式名称,由于称呼习惯差异,本书除了在介绍相关国内政策文件及标准内容以外,使用“拖挂式房车”来代替“旅居挂车”。

② 资源开发司指导举办全国自驾车旅游发展峰会 [EB/OL]. (2021-05-13) [2021-05-26]. http://www.mct.gov.cn/whzx/bnsj/zykfs/202105/t20210528-924802.html.

现阶段，我国房车已经有了较为成熟的生产技术，也出现了诸多成熟的自主品牌房车，如长城览众房车，延续长城汽车十多年的房车研发成果及生产技术，采用长城房车专用底盘生产房车产品，当前产品线有览众风骏 C 型房车系列、赛拉维 C 型房车、拖挂房车等，其中览众风骏房车系列产品连续 12 年国内销量遥遥领先，并且远销美洲、澳洲、日本、韩国等多个国家和地区，是中国房车销售的领先品牌。此外还有中天房车，上汽大通房车等优秀国内自主品牌活跃在国内外市场上，拥有不俗的竞争力。在使用环境上，国内房车用户的消费目的与生活行为习惯与国外环境不甚相同，因而，用户对房车旅居生活需求促使房车厂商推陈出新，从而使房车空间、功能、舒适度成为国内用户和房车厂商最为关心的话题。

现今，国家出台了许多对房车有利的政策，包括对房车上路的政策支持和露营基地的扶持建设。中国汽车流通协会发布的大数据库显示：2021 年国内自行式房车年销量达 12582 台，同比增长 43.2%，月均销量超过 1000 辆；拖挂式房车交易 3543 台；2022 年一季度房车累计销售 2425 辆，同比增长 17%，销量为近 5 年同期中居最高。因而随着房车产业的较快发展，人们的旅行生活会有更多的选择。①

第二节　房车的分类与构成

国外房车的发展是一部房车进化史，经历了从结构简易到功能完善的发展过程。国外的房车生产的发展，可以从吉卜赛人生活的大篷车找到影子。

1910 年左右，那些汽车爱好者和爱好到大自然生活的人们开始定制他们自己的汽车，并将床铺、储藏用的柜子和许多富有创意的烹饪设施、日常生活用品和水箱加载在这些汽车上。在过去的 100 年间，从最简单的造型开始，到如今车轮上的奢侈配置，房车的发展有非常大的变化。房车的发展从大规模汽车生产后开始（当汽车进入大规模生产阶段后，房车就随之开始发展）。

在第一次世界大战开始时，许多能承受长期旅行并意愿去欧洲旅游的北美人，决定在他们自己的国家里度过他们的假期。这个阶段最大的困难是缺乏道

---

① 作者根据中国汽车流通协会统计数据整理，http：//data. cada. cn/main/overview. do。

路，这里并没有太多可以通行的道路，即使通行也很不通畅，许多道路充满泥泞，在酷热的环境下，道路充满了灰尘，而在潮湿的环境里，道路基本上无法通行。几乎没有多少为旅行者提供的辅助设施，旅行充满了困难，并且很费时间。一直到 1920 年后，随着道路状况的改善，人们对房车的热情开始升温。20 世纪 30 年代开始，房车的变化非常迅猛，即使是经济大危机也没有影响到人们对房车的热情。房车作为商品第一次进入市场，他们使用了航天器的设计外形（流线型外形），并提供了露营用的床、小厨房、电和水。在第二次世界大战中，一些汽车制造公司卷入战争，为战争需要而进行汽车修理、改造和改装。

现今，国外市场的房车销量稳定，房车保有量大。作为房车产品起源和发展的地区，国外有着相当完善的房车露营的配套设施，露营车法规、房车险种和房车行业规范等已成体系。我国的房车市场，用户的经济实力、对房车文化及对旅游消费的态度与国外有着较大区别。对于中长途旅行，房车是国外旅行者的不二选择，发达国家对房车自驾出游的旅游方式也一直持较为开放的态势。更为重要的是，国外房车企业有着悠久的生产历史与研究经验，可为本书研究房车空间布局提供参考与借鉴。我国相关行业标准《旅居车》（QC/T 776—2017）、《旅居挂车技术要求》（GBN/T 36121—2018）中，用"旅居车"和"旅居挂车"作为自行式房车与拖挂式房车的正式名称。我国房车分类方法源自美国，分两种类型：自行式房车和拖挂式房车。依据房车市场现行的分类标准，自行式房车又分为 A、B、C 三类，拖挂式房车分为 A、B、C、D 四类。

一、自行式房车

（一）自行式 A 型房车

自行式 A 型房车，是房车家族中具有自身驱动能力的车型，是所有房车种类中最豪华、舒适的一种。这类房车外表与豪华的大型公交车看似无区别，但车内则要比公交车舒适豪华很多，具有各种家具、家用电器、储存柜、桌椅沙发等装备，可供人们长期独立自主旅行。车内宽敞而豪华，面积一般可达 40 平方米，洗碗机、全自动洗衣机、烘干机、卫星天线、网络系统、传真机、电话机、全球定位系统、视听娱乐设备、倒车监视系统、防撞车警报系统、液压水平装置、整体浴室、安全报警系统等，应有尽有。

图 1-1　Forest River BERKSHIRE 自行式 A 型房车

（二）自行式 B 型房车

该类房车最大的特点是小巧灵活，外表含蓄不张扬，既可供日常使用，也可作为短途旅行、生活工具。自行式 B 型房车可作为家庭的第一辆车来购买，经济实用。如果要进行长期旅行嫌车内设施过于单薄，可在车后牵引一辆拖挂式房车，到达目的地将拖挂房车卸下后，自行式 B 型房车还可自由穿梭活动。

图 1-2　IVECO 改装的自行式 B 型房车

（三）自行式 C 型房车

自行式 C 型房车是目前国内房车市场数量最多、最受人们欢迎的车型。该类房车是自行式 A 型房车舒适豪华与自行式 B 型房车小巧灵活的完美结合，不张扬的外表下具备所有日常生活、休闲娱乐所需的设施。

图 1-3　Foresteer 自行式 C 型房车

与自行式 A 型房车相比，自行式 C 型房车空间稍显不足，但又比自行式 B 型房车空间宽敞、设备齐全。车内拥有起居室、厨房和盥洗室等，卧室具有大量橱柜，可携带大量行李物品。与此同时，车内具有影音娱乐系统、空调、可转化桌、沙发椅等。自行式 C 型房车是安装在车轮上的空间紧凑、设备齐全的房车类型。

此外，自行式房车按照车辆长度，分为小型房车和大型房车，如表 1-1 所示。

表 1-1　　　　　　　　　　　　自行式房车分类

系列	小型	大型
车辆长	<6 米	≥6 米
乘员数（乘员重量按 68kg/人计算）	≤6 人	≤9 人

资料来源：《中华人民共和国汽车行业标准——旅居车》（QC/T 776-2017）。

二、拖挂式房车

(一) 拖挂式 A 型房车

拖挂式 A 型房车，即旅居挂车，如典型的美式房车就是这种类型。这种中置式轴挂车，全部重量都集中在车轮上，是一种用连接器和挂钩就可以悬挂在普通轿车或乘用车尾部的典型拖车。

图 1-4　Forest River 拖挂式 A 型房车

该类房车外形大多规则、对称，长方体或近似长方体、泪滴状或椭圆状。车内设有起居室、厨房、盥洗室等区域。车上用于睡眠、梳洗、烹饪和用餐等的设备较为齐全，家具、橱柜、热水器、空调、影音娱乐系统、冰箱、微波炉等，一应俱全。没有驾驶室，这类房车更接近于传统意义上的家，是按照一定比例缩小的集装式别墅。由于大部分私家车能拖挂，所以非常受普通家庭的欢迎。

(二) 拖挂式 B 型房车

拖挂式 B 型房车，在美国被称为五轮拖挂式房车。外形庞大，具有自己的车轮，侧面车形类似于长方形少了右下角，动力则主要通过牵引车来提供（牵引车多为皮卡车），车厢里的拖挂连接装置搭在牵引车厢上。这一外形特点，使这类房车具有其他拖挂式房车所缺少的错层生活空间。这一独特设计，使皮卡车车厢上方空间成为宽大的主卧室，而车内更多的是家庭活动空间。此外，许多拖挂式 B 型房车后方装有全景观玻璃窗。总体而言，拖挂式 B 型房车宽敞的卧室空间、活动领域使得该类房车成为拖挂式房车中的自行式 A 型房车。

图 1-5　Forest River 拖挂式 B 型房车

作为拖挂式房车之一，它同样可以在停驻营地后以及其他不必行走的情况下，与牵引车辆分离，而牵引车可以单独活动。

（三）拖挂式 C 型房车

拖挂式 C 型房车，在美国称为双端可拓展旅游拖挂房车，更偏向于露营车。这类房车在美国被称为帐篷房车，大多用于露营体验。在路上，拖挂式 C 型房车就像一个大的、扁平的行李箱，而将车体完全撑开后才是房车的样子。因为具有可折叠的特点，车内设施较为简单，主要是为人们提供舒适的睡眠区域，还配有炉具、洗浴、桌椅等小型折叠可移动装备。有些拖挂式 C 型房车首尾可向两侧扩展，增加车内使用空间。

拖挂式 C 型房车的特点包括重量轻、牵引方便、型号众多。由于此类房车重量较轻，大多数汽车甚至小型迷你汽车可以对其进行拖拽，有时仅人力就可操纵这些房车。其缺点是该种房车内设简单，仅适于温暖季节旅游使用。

（四）拖挂式 D 型房车

拖挂式 D 型房车，亦称驮挂房车，是一种驮在皮卡车厢或是经过改装的车槽

上的车型。这款房车与其他房车相比，最显著的特点是没有单独车轮，全部依靠

图 1-6　拖挂式 C 型房车①

图 1-7　拖挂式 D 型房车（背驮式房车)

"牵引车"前进。拖挂式 D 型房车外表，更像是可以拆卸的自行式 C 型房车。这样的设计，更符合前往路况不好的露地、景点等旅行度假。其中，拖挂式房车按照车辆长度，分为微型、小型、中型和大型拖挂式房车，如表 1-2 所示：

---

①　图片来源于 21RV。

表 1-2 拖挂式房车分类

系列	微型	小型	中型	大型（半挂）
车厢长度/m	≤3.5	≥3.5，且≤6	>6，且≤8	>8
总质量/kg	≤750	>750，且≤2000	>2000，且≤3500	>3500

资料来源：《旅居挂车技术要求》（GB/T 36121-2018）。

三、其他类型房车

（一）移动别墅

移动别墅是房车中较为特殊的一个类别，与其他房车不同，移动别墅在很长时间内都是停放在固定地点的。只有在转化场所时才会被大型车辆牵引前进，而这样的机会也是很少的。这类房车外观就像单层小别墅，具备栅栏、阳台等，房车内部设施更如家里一般齐全。

移动别墅 B 型房车，是比移动别墅 A 型更大更豪华的房车，因为没有轮子，所以只能用大型的平板车来托运。一些小货车，可能拖不动它。通常情况下，移动别墅 B 型房车由于体型上更加巨大，一般是双层别墅，需要更加大排量的大车来牵引它移动，长度一般在 12 米到 15 米不等。

（二）越野式房车

越野式房车属于房车中比较特殊的一个类型。市场上的越野房车，多由军用越野车或重型卡车改装而来。因其出色的越野能力和较为舒适的居住条件，不仅满足了越野爱好者长途跋涉的需求，更重要的是适应了广大中西部地区的复杂路况，能满足野外工作的需求，广泛应用于电力、通信、石油、勘探、野外探险等多种行业。

国外越野房车的发展比较成熟，有很多可供选择的越野车型，如德国 MAN、奔驰的乌尼莫克等，另外，国外每年都会组织专门针对越野房车的比赛。

我国最常见的越野房车，是用依维柯军用越野 2045 和 2046 改装的民用越野房车。而用于工程车辆使用的越野房车，主要是以我国重汽生产的豪沃越野车底

图 1-8 德国 MAN 牌越野房车

盘改装的豪沃越野房车。

第三节 国外房车的发展历程及特点

一、国外房车的发展历程

房车雏形是吉卜赛人的大篷车，在欧洲，旅居房车被叫作"Caravan"，意为"大篷车"。第一次世界大战末期，美国人把帐篷、床、厨房设备等搬到了家用轿车上。20 世纪 20 年代，人们把木结构的简易家具加在 T 形底盘上。20 世纪 30 年代，房车采用飞机的结构设计，在车上安装了舒适的床、便利的厨房、供电供水系统。第二次世界大战后，发达的公路使房车工业迅猛发展。20 世纪 50 年代，从小型的 DIY 式到豪华的 30 英尺长的拖挂式房车，房车工业走向了成熟。

第一次世界大战结束后，许多人利用汽车开启他们的露营岁月。带上帐篷、床、炊具，开着汽车就踏上了旅程。20 世纪 20 年代，许多房车先驱开始制造车轮上的家。他们在自家的后院里用木头制作简单的房屋，然后再把房屋固定到汽车 T 形的底盘上。房车露营的历史可以追溯到 20 世纪 20 年代的"罐罐旅行者"，因为这些房车先驱在还没有铺设公路时就已经开始穿越大陆，不顾一路坎坷泥泞勇敢地上路旅行。他们常常就在路边露营，吃的是用汽油炉加热的罐装食品，喝的是凉水。20 世纪 30 年代，房车开始利用飞机式的构造，而且装备了床、餐桌椅，以及供电供水的设备。随着房车数量的不断增加，市场对设备齐全的房车需求也越来越大。第二次世界大战后，随着汽车的普及，更多的外国人开始寻求移动的生活，房车产业也随之繁荣起来。20世纪50年代，拖挂型房车已经由原来自制的小型罐装房车发展到30英尺长的豪华别墅。自此，国外房车产业迈入了快速发展阶段，直至21世纪初期。国外房车的发展历经以下阶段：

（一）起源阶段

追溯历史，在国外，部分人群在车轮上生活已有200年历史。激情奔放的吉卜赛人，生出了"带着房子上路"的奇妙思维。"Caravan/大篷车"便成为居无定所、到处流浪的异族人的居所。20世纪70年代，一部《大篷车》为那个年代的人留下了深刻印象。电影里吉卜赛人浪漫自由的流浪生活，也在很多人的内心种下向往的种子。

图1-9 吉卜赛人的大篷车（凡·高名画）

19世纪初，法国出现带篷马车。19世纪20年代，大篷车马戏团在英国出现。游牧民族吉卜赛人日常的流浪生活，是通过把所有的日常装备和简单的家具放在大棚马车上而实现的，这就是最早的房车雏形。"以车为家"的形式，流行在欧洲各地，成为一种新的旅行方式。早期的房车从此开始。

（二）雏形阶段

众所周知，美国是房车文化的发源地之一。发动机的出现，更是释放了房车的巨大潜能，也使得房车在北美逐渐出现并完善。第一次世界大战末，美国人把帐篷、床铺、炊具等搬到家用轿车上，开启了露营岁月。

20 世纪初，第一辆可以自行移动的房车出现了。虽然那时即使在美国的城市以外很少有铺装道路，加油站也极少，但却已经有人开始探索住在汽车上的旅行。最早的房车，价格昂贵，生活空间极其有限。福特 T 形车作为当时产量最大也最便宜的汽车，也开始向房车发展，即把木结构简易房屋，架在汽车 T 形底盘上。

20 世纪 20 年代，随着技术的发展和成本的降低，新的房车变得更大，可以容纳一个家庭。同一时期，最早的公交车样式的房车也出现了。

拖挂式房车是在传统拖车基础上改进而来的。1917 年 Adams Motor 公司的 Bungalo 型拖挂式房车，是现代的 Fifth Wheel 式拖挂房车的雏形。除了更大的拖车外，普通人可以支付得起的、更小型的折叠型帐篷车（Tent Camper）也出现了。可折叠型的帐篷大大压缩了承载空间，让旅行变得更轻松，更简单。20 世纪 30 年代，拖挂式房车更偏向流线型的设计，这种比较小、尾部收尖的拖挂式房车，只能容纳 2 个人睡觉和储藏一些旅行用品。

20 世纪 40 年代，更大更流线型的拖挂型房车出现了。因柴油发动机的改进，更大马力的卡车也在此时出现。这时，有人就不再以马车为原型，开始以卡车为基础改装更大的自行式房车。

（三）快速发展阶段

第二次世界大战结束后，新一代房车迅速涌现，而且更加物美价廉。20 世纪 50 年代，自行式房车慢慢进入中产家庭，其形态大概介于今天的 A 级房车（基于中巴和大巴）和 B 级（基于 Van 面包车）之间，并被称为 "Motor Home"。

拖挂式房车市场在 20 世纪 50 年代也出现了分化，一部分房车非常大，以至于可以真正当作房子来居住，被称为 "Mobile Home"（移动房屋）。这种拖挂式房车，开始被人们用作度假和居住，而不是旅行。而服务于旅行者的拖挂式房车，则被称为 Travel Trailer（旅行拖车），其体积比20世纪30年代最为普遍的水滴形拖车大，可以满足一家人的生活空间，同时也可以被家用车拖动。老式的帐篷式拖车（Tent Camper），也被改良为弹出型拖车（Pop-up Trailer）。由于现代式皮卡的出现，最早的针对皮卡造型设计的 Truck Camper 出现。与拖车不同，它们没有轮子，重量完全架在皮卡车身之上。

众所周知，德国大众汽车公司推出 Type 2 型面包车，被称为现代小型巴士和 MPV 的鼻祖。由于其灵活的空间和低廉的价格，在20世纪60年代被改装为房车，过程中出现了最早的升顶式结构，也奠定了自行式 B 型房车的基础。

20世纪60年代，出现了最早的基于重型皮卡的 C 型房车。这种房车完全不使用原有车身，只是在底盘上建造一个类似拖车车体的车厢，宽度超过原车。这种车型逐渐取代了传统的 Motorhome，成为美国最流行的自行式房车类型。20世纪60年代后期，美国房车工业开始使用"RV"这个专用词来表示房车。20世纪70年代，房车大家庭出现多元化发展，其中一支按照原有发展轨道，进化成当代典型的自行式房车，车长有限，车辆容量有限，自驱动。另一支则选择"房家"理念，相对于典型自行式，其更多忠于家庭生活，对车厢进行加重、加大和加固，发展成为"移动别墅"，这种"移动别墅"可以是拖挂式的，也可以是自行 A 式房车和特种房车。20世纪80年代，房车市场迅速发展，旅行者对房车旅行的热情日益强烈，更多的旅游者加入了房车旅行的行列。

（四）平稳发展阶段

21世纪初期，成千上万个家庭拥有各式房车，房车已经成为一种生活方式。其中，有不少是已经退休的夫妇，卖掉了自己的房子，住在房车里进行空间无限的旅行。

值得注意的是，在全球疫情影响下，2021年欧洲房车市场依旧保持了增长的态势。根据欧洲房车工业协会（ECF）公布的数据，2021年欧洲房车市场保有量超过600万辆，全年新车注册量达到259393辆，较2020年增长9.9%。其中，自行式房车新车注册量达到181299辆，比2020年增长13.2%；拖挂房车为

78094 辆，增长 2.8%。①

二、国外房车市场的特点

（一）市场格局三极分化鲜明

从国际房车市场来看，主要有三大房车生产与制造的区域：

（1）北美房车市场，主要由美国房车市场和加拿大房车市场构成。

（2）欧洲房车市场，欧洲是仅次于北美的第二大房车市场，由于欧盟国家之间往来无需签证、车辆免办通关，所以房车市场发展迅速。

（3）亚太房车市场，以澳洲房车市场、日本房车市场与中国房车市场为主。

在北美房车市场中，根据美国房车工业协会（RVIA）统计数据，2010 年至 2017 年，美国房车销量从 24.23 万辆上升至 50.46 万辆，其间保持 11.05%以上的年均复合增长率，2020 年美国房车销量小幅回升至 43.04 万辆。2021 年，美国全年的房车出货量达到 50 万辆。从房车保有量来看，2021 年，美国有 1120 万个家庭拥有房车。② 欧洲市场的房车保有量仅次于美国，根据德国房车工业协会（CIVB）和欧洲房车联盟（ECF）公布的数据，2010—2021 年欧洲房车年注册量从 15.23 万辆增加到 26 万辆，年均复合增长率达 4.48%。截至 2020 年，欧洲房车保有量为 589.81 万辆，形成庞大的房车保有量规模。德国是 2021 年欧洲房车市场新车注册量的冠军，达 106138 辆，占欧洲全年总注册量的 40.82%，成为拉动欧洲房车新车注册量增长的动力源泉。奥地利、斯洛文尼亚、芬兰、比利时和荷兰分别以 49.9%、38.1%、29.2%、27.3%和 24.4%的高增长率排名注册量增幅前五位。③ 在亚太房车市场中，澳大利亚的房车数量约在 60 万辆，日本房车大致数量保持在 10 万辆，国内的房车市场虽然起步较晚，由于国内巨大的消费

---

① 根据欧洲房车工业协会官网网站数据整理，https：//www.e-c-f.com/artikel/registration-figures/。

② 根据美国房车工业协会（RVIA）统计数据计算，https：//www.rvia.org/reports-trends。

③ 根据欧洲房车工业协会官网网站数据整理，https：//www.e-c-f.com/artikel/registration-figures/。

市场，房车保有量现已突破 20 万辆。①

（二）拖挂式房车保有量高

在美国、加拿大、澳大利亚等发达国家，拖挂式房车往往占到房车总销量的 90% 左右。这主要是因为这些国家可作牵引的车型普及率高、车位充足，且拖挂式房车自身价格实惠、灵活度更高。

从产品本身来看，由于缺少动力系统，拖挂式房车的价格比同样大小的自行式房车价格低 30%—50%，内部空间更加宽敞灵活，实用性更高。因此在已拥有一辆符合要求的牵引车，且车位充足的情况下，欧美消费者通常选择价格更为实惠、功能更强大的拖挂式房车。

通常，拖挂式房车需要排量 2.0T 及以上的 SUV、皮卡牵引。由于美国、加拿大、澳大利亚等国家汽车千人保有量高，汽车市场更为成熟，故可作牵引的 SUV、皮卡普及率也相对较高，拖挂式房车的日常使用阻碍较小。

以加拿大为例，加拿大地广人稀，人均国土面积为 0.27 平方千米，车主多数情况下无需担忧拖挂式房车、牵引车的停车问题，故拖挂式房车销量占比达到 92%，为三国之最。

（三）房车企业品牌化发展

在房车市场中，尤其是产业链前中端，市场品牌的建立，技术是核心。整个房车市场涉及很多领域，房车制造、房车改装及配套服务设施，广泛来说还包括房车露营地和配套公共设施。尤其是对于房车制造、改装，房车配件制造和配套设施而言，技术上保证车辆本身的各种性能、充分解决各种人性化体验问题，才能够使房车用户有安全舒适的体验，才能给予市场良好的品牌印象。国外房车历经百余年发展，经过雄厚的技术积累和市场培育，正在呈现显著的品牌化特征，依托于品牌化发展，集团化、集群化和规模化也是典型特征。

1. 美国

美国的房车生产商有森林河（Forest River）集团、雷神集团（Thor Industries）

---

① 2020 年中国房车行业产销、市场规模及品牌运行情况（智研咨询整理）［EB/OL］．（2021-10-8）［2022-01-19］．https：//www.chyxx.com/industry/202110/977879.html.

及温尼巴格集团等。

（1）美国森林河（Forest River）。由彼得·利格尔（Peter Liegl）于 1996 年创立，是一家致力于帮助人们体验户外活动，通过建造更好的休闲车辆，确保每个想要高质量娱乐的家庭都能找到满足需求、兴趣、预算的产品和生活方式的房车制造企业。2005 年 6 月 21 日，沃伦·巴菲特发送了一份两页的传真，逐字告诉彼得·利格尔（Peter Liegl）森林河公司符合伯克希尔哈撒韦公司 2004 年度报告中规定的收购标准。传真很有意义，第二天下午，巴菲特向 Pete Liegl 提出了邀约。2005 年 6 月 28 日，他们成交了这笔交易。该交易于 2005 年 8 月 31 日结束。在 2005 年的"伯克希尔哈撒韦年报"中，沃伦·巴菲特说："彼得·利格尔（Peter Liegl）是一位了不起的企业家。"自此，Forest River RV 森林河房车公司成为伯克希尔哈撒韦公司（股神巴菲特的产业）的子公司。

（2）Thor Industries（雷神工业集团）。成立于 1980 年 8 月 29 日，当时 Wade FB Thompson 和 Peter Busch Orthwein 收购 Airstream（清风房车）。"Thor"这个名字是结合了每个企业家名字的前两个字母而得来的。1982 年，Thor 开始了漫长的收购之路，也正是在不断的收购中，Thor 成就了目前行业内不可撼动的地位。

Thor 集团因其在扩张和管理上的成功获得了许多荣誉。2000 年 1 月，福布斯将 Thor 集团列入其编撰的"超白金 400 强企业"名单（Platinum 400）；2004 年 4 月，Thor 集团被《Standard & Poor's Mid-Cap 400》（美国中等规模高速增长企业名录性质的指导书）收录。2004 年，福布斯宣布 Thor 集团成为"全美最佳管理公司"之一。2005 年，《财富》杂志称 Thor 集团为"全美最受尊敬企业"之一。《工业周刊》杂志（Industry Week）将 Thor 集团评为全美最佳生产企业五十佳之一。

2. 德国

德国房车产业从 20 世纪 60 年代发展至今，已经形成了以科诺斯·塔贝特集团（Knaus Tabbert）和欧文·海姆集团（Erwin Hymer）为代表的集团公司。

（1）Knaus Tabbert 集团

TABBERT 品牌自 1934 年建立以来已经拥有 80 多年的历史。2001 年与 KNAUS（1961 年成立）科诺斯房车合并，并于次年成立 Knaus Tabbert 集团。旗

图 1-10 雷神工业集团业务版图①

下品牌有 KNAUS 科诺斯房车、TABBERT 塔贝特房车、WEINSBERG 温斯伯格房车、T @ B 房车和 MORELO 莫雷洛房车。其产品涵盖了 A、B、C 型自行式房车、旅居拖挂房车及小水滴房车。

图 1-11 Knaus Tabbert 房车集团旗下品牌矩阵②

（2）Erwin Hymer 集团。欧洲最大的房车和大篷车制造商，在 2017—2018 年度财政报告中销售额超过 25 亿欧元。该集团每年销售超过 60000 辆休闲车，并在其附属公司雇用约 5500 名员工。Erwin Hymer 集团包括自行式房车和拖挂式房车品牌 Bürstner、Carado、Dethleffs、Eriba、Etrusco、Hymer、Niesmann ＋

① 图片来源于集团官网。
② 图片来源于集团官网。

Bischoff、Laika、LMC、Roadtrek、Buccaneer、Compass、Elddis、Xplore 和 Sunlight，以及欧洲最大的房车租赁公司 McRent、房车租赁公司 Best Times RV 和 Rent Easy，底盘专家 Goldschmitt，配件专家 Movera，以及帐篷制造商 3DOG 露营。

Erwin Hymer 集团的发展历程主要分为以下阶段：

1923—1990 年：原始积累。自 1923 年以来，Alfons Hymer 率先在 Bad Waldsee 修建了一个修理车间，在 20 世纪 50 年代中期，为橡胶业制造橡胶拖拉机。1956 年埃里希·巴彻勒姆建立了第一个胶合板拖挂房车。他和欧文·海姆于 1957 年创办 Hymer 品牌用于销售房车。与此同时，Erwin Hymer 于 1957 年加入其父亲的公司，并在 Hymer 创建了第一个 Troll 模型原型。于 1958 年开始生产 Eriba Touring 系列房车。1961 年开始生产拖挂旅居房车。在此之前，公司已经从工艺发展到工业，并已在 1966 年达到了 10000 件。1980 年，Eriba 和 Hymer 两家公司合并，同年，Hymer 首次开发了 Hymer 典型的 PUAL 构造方法：三明治结构的墙体结构，由铝外壳和聚氨酯泡沫绝缘体组成。从 1990 年起，公司被并入海姆股份公司，证券号码为 609670，其中，海姆家族拥有 77%的股份。

1991 年至今：收购扩张。1991 年，Erwin Hymer 收购了品牌 Dethleffs、TEC 和 Lord Münsterland Caravan（LMC）。1995 年，公司成为露营行业中第一家通过 DIN EN ISO 9001 质量管理体系认证的生产商。次年 Hymer AG 收购了房车制造商 Niesmann + Bischoff，相应房车品牌保留至今。同年，露营配件批发商 Movera 成立。1998 年，Erwin Hymer 和前智能项目经理 Johann Tomforde 在普福尔茨海姆成立了一个开发和设计中心。2000 年，Hymer AG 收购了意大利汽车制造商 Laika Caravans。2004 年，第 10 万辆休闲旅居车驶离工厂。2006 年，Hymer AG 和 CMC 在新城（萨克森州）开设了一家新工厂 Capron Ltd.，在那里，新的品牌 Carado 和 Sunlight 进入市场。时至今日，Erwin Hymer Group 不断整合大篷车和房车制造商、配件专家以及租赁和融资服务，为实现"让世界各地的人们拥有独特的娱乐和行动体验"的愿景而继续努力。

3. 澳大利亚

由于豪华型房车较为昂贵且并非所有的家庭都长期住在房车上，由此诞生了房车短期租赁业务，并且也在不断朝着品牌化和集团化方向发展。这一趋势在澳大利亚表现得更加明显，如澳大利亚拥有阿波罗、布里茨及卡利普索等品牌连锁房车租赁公司。

（1）阿波罗集团。澳大利亚房车公司阿波罗 Apollo 成立于 1985 年，总部在布里斯班，在澳大利亚、新西兰和美国设有多家门店，是一家资历和经验都十分丰富的跨国房车租车行。阿波罗房车门店遍布澳大利亚 6 个州，如南澳大利亚州和维多利亚州等。产品线方面，经济型房车有阿波罗至高 Apollo Hitop，紧凑型房车有欧洲扩展 Euro Slider（澳大利亚市场上第一辆可扩展房车）和四驱越野房车。车型一般是丰田、大众或者奔驰。每辆阿波罗房车都配有欢迎礼包，里面包含了茶叶、咖啡、糖、香皂和洗洁精等房客第一天所需要的物品。

阿波罗房车基本租金包含了无限里程、床品、餐具、炊具、免费副驾驶员、5000 澳元到 7500 澳元的自负起赔额的基本保险、道路救援以及消费税，等等。阿波罗集团在顾客房车租赁时提供超值套包，如两轮驱动为 58.75 澳元/天，四轮驱动为 65 澳元/天，此外，还包含了零责任全险以及其他额外设备比如液化气等。此外，阿波罗房车与露营地集团进行了深入的合作，如在特定营地 Big4，Family Park 和 TTP 连锁房车营地还享受 10% 的折扣，在部分城市的私人房车营地还有高达 15% 的折扣。

（2）布里茨房车公司。澳大利亚房车公司布里茨 Britz 作为澳大利亚的最大房车公司之一，它有着数量庞大的房车，并且有多种车款，无论是两轮驱动的 2 铺位到 6 铺位房车还是四轮驱动的越野房车，应有尽有。

布里茨在澳大利亚诸多重点城市设有门店，如阿德莱德、爱丽丝泉、布里斯班、布鲁姆、凯恩斯、达尔文、霍巴特、墨尔本、珀斯和悉尼。布里茨在房车设计之初就充分从客户的角度进行考虑，通过客户的意见和反馈，布里茨成功地推出适合不同客户群体的房车并有 24 小时客服热线的服务支持。2016 年，布里茨推出一款车龄 1 年以下的丰田的新车 2 铺位 Action 给一直以来支持布里茨的客户更多的选择。和大多数房车租赁集团一样，布里茨房车公司同样与诸多营地合作，如在 Big 4 营地享受 10% 折扣。每辆布里茨房车都配置了免费的 GPS 导航设备。布里茨房车公司还提供快速还车包，可以交钥匙还车，空油箱、空燃气罐还车，并且无需排空车上污水废水箱等服务。

（3）Calypso 房车公司。澳大利亚房车公司 Calypso 是一个由家族企业经营的房车公司，在房车租赁行业里有 10 年以上的行业背景。Calypso 在澳大利亚有 6 个门店，分别位于阿德莱德、布里斯班、凯恩斯、堪培拉、墨尔本和悉尼，支持同城或者异地还车，其中在墨尔本可以提前两天预约免费的机场或者机场附近酒店和门店取车或者还车接送服务。Calypso 的房车仅提供丰田海狮系列，并且不收取额外驾驶员费用。Calypso 一直保持着最高标准的服务，基本租金包括：无限里程、24 小时道路救援服务、床品（睡袋、枕头、毛巾、床单等）、窗帘、所有餐具、锅、平底锅、开瓶器、户外餐桌椅、遮阳棚、急救包、露营指南和240V 暖气扇。

（4）Hippie 房车公司。澳大利亚 Hippie 房车公司在澳大利亚是一个知名且值得信赖的房车公司品牌。这个品牌是为了客户在房车预算和自驾乐趣之间取得最优化均衡量身订造的。在澳大利亚大大小小的道路上，明亮色彩涂鸦的车身的面包车型房车是很常见的。它的门店分布在昆士兰州的布里斯班和凯恩斯，维多利亚州的墨尔本，新南威尔士州的悉尼和西澳大利亚州的珀斯。

Hippie 提供的房车全部为三菱或者丰田海狮系列，2—3 铺位车型，驾驶员年满 18 岁即可租赁，因此，这个澳大利亚房车品牌也深受年轻人的喜爱。Hippie 房车公司在澳大利亚的 Big 4，Family Park 和 Top Park 连锁房车营地都可以享受10%折扣。

4. 新西兰

Jucy 房车公司。Jucy 在 2001 年成立于新西兰，如今 Jucy 已经成为一个跨新西兰、澳大利亚和美国三个国家的连锁租车行，拥有 3000 辆房车用于租赁。在塔斯曼海的两侧陆地，都可以看到 Jucy 式的鲜亮绿紫色的房车。Jucy 是那些向往沙滩之旅的房车自驾游客户的绝佳选择，无论是驾驶 Jucy 房车前往北昆士兰州进行一次勇敢追逐太阳能量之旅，或是驶向内陆做更多的探索，还是去墨尔本沿海城市或者到澳大利亚最南端的塔斯马尼亚岛游览。作为一个家喻户晓的澳大利亚房车品牌，Jucy 在 2013 年之前连续 6 年获得新西兰最佳背包客房车金奖。同时也角逐澳大利亚同一类型的奖项多年。Jucy 房车的服务门店分布于澳大利亚的阿德莱德、布里斯班、凯恩斯、黄金海岸、墨尔本、墨尔本机场和悉尼。很多租过 Jucy 房车的客户都认为这家租车行既有趣且又可靠。

Jucy 房车公司的基本租金包含无限里程，24 小时道路救援，3000 澳元到

5000 澳元自负起赔额的基本保险，床品，餐具/炊具，地图和消费税。Jucy 主要是丰田、尼桑和飞亚特的车型。近年来，Jucy 还推出了带有卫浴的自主型房车，满足更多客户的要求，比如 Jucy Casa Plus 是一辆带有卫浴的 6 铺位车型。Jucy 的房车全是自动挡，所以，它被大部分客户列入了首要考虑的范围。

第四节　国内房车的发展历程及特点

一、国内房车的发展历程

如果从房车的功能性来看，房车的最早起源并非印第安人的大篷车，而是中国古代的"辇"。春秋时期孔子周游列国时和弟子一起乘坐的带顶棚的马车牛车，秦始皇时期开始历代帝王出行使用的"龙辇"，蒙古族随拆随走的蒙古包，产生于清朝中后期至今仍在走街串巷的戏曲班社，流行于改革开放后到处歌舞表演的民间大篷车等，都可以视为"房车"在国内发展的代表。

（一）起源阶段

1. 辇

中国秦代（公元前 221 年至公元前 207 年），马车就已经出现了宽敞的篷厢结构。这种马车内部的装饰是非常豪华的，里面铺着精美柔软的被褥。车窗为双层的窗帘设计，在外面也采用了有小孔的木质材料，有保温的作用，里面还设有桌椅，十分舒适。

中国封建王朝制度建立以来，皇家有了特权，皇帝的衣食住行都必须显出与普通百姓的等级差异。皇帝出门巡视，必须乘"龙辇"，也有六匹马拉的车辇。龙辇内部宽敞温暖，可以满足皇帝和皇后的休息及出行需要，有的还会在龙辇里会见大臣，以示恩宠。因此，龙辇可以被认为是豪华"房车"的雏形，也是古代最高级别的"房车"。然而，龙辇只能御用，仅供皇帝和皇后专用。其他人只能用规模小的牛拉车或者马拉车，车上一般都有顶棚，半封闭或者全封闭。例如，孔子和众弟子周游列国就是这种，这也是中国古代"房车"的一种。

2. 蒙古包

蒙古包（Mongolian Yurts）是蒙古族牧民居住的一种房子。建造和搬迁都很方便，适于牧业生产和游牧生活。蒙古包古代称作穹庐、"毡包"或"毡帐"。

图 1-12　古代帝王出行时乘坐的龙辇①

据《黑鞑事略》记载："穹庐有二样：燕京之制，用柳木为骨，正如南方罘思，可以卷舒，面前开门，上如伞骨，顶开一窍，谓之天窗，皆以毡为衣，马上可载。草地之制，以柳木组定成硬圈，径用毡挞定，不可卷舒，车上载行。"随着畜牧经济的发展和牧民生活的改善，穹庐或毡帐逐渐被蒙古包代替。

蒙古包分固定式和游动式两种。半农半牧区多建固定式，周围砌土壁，上用苇草搭盖；游牧区多为游动式。游动式又分为可拆卸和不可拆卸两种，前者以牲畜驮运，后者以牛车或马车拉运。中华人民共和国成立后，蒙古族定居者增多，仅在游牧区尚保留蒙古包，即蒙古人所称的"格尔斯"。大多数蒙古人是游牧部落，终年赶他们的山羊、绵羊、牦牛、马和骆驼寻找新的牧场。蒙古包可以打点成行装，由几头双峰骆驼驮着，运到下一个落脚点，再重新搭起帐篷。蒙古包是随着牧民们的行程而建的。

（二）雏形阶段

1790 年，乾隆帝 80 大寿庆典，安徽盐商组织私家戏班"三庆班"进宫献

---

①　图片来源于皮影作品《帝王出巡图》。

图 1-13　游动式蒙古包

唱，得到了京城王公大臣们的一致赞赏。后又有四喜班、和春班、春台班纷纷进京献艺，四大徽班自此扬名京城。

　　民间各种戏曲班子纷纷诞生，婚丧嫁娶，争奇斗艳，一直延续至今。他们拖着大小箱子，箱子里装着他们唱戏的服装、演奏的乐器，走街串巷，在大篷车上度过了无数个日日夜夜。他们大部分吃住在班社，跟着班社到处走，这种大篷车就是现代房车的影子。电影《站台》描绘了这个场景：在改革开放的春风下，县里的文工团开始自谋生路，他们开着卡车，每到一个地方就扎一个大舞台。演员们穿着喇叭裤，唱着流行歌曲，跳着现代舞，吸引着无数观众的目光。

　　发展到现代，流动式文艺汇演项目也逐渐传承，各种文艺演出都使用现代化交通工具并对其进行了改装，满足现场汇演的需求和平时住宿的需求，更大的车辆走村串镇，从某种意义上来说，戏曲班社（现代流动式文艺汇演）也是一种房车文化。

（三）快速发展阶段

　　我国房车产业起步较晚，在发展中遇到了相关政策法规不完善、房车露营地基础配套不足、房车露营文化尚未普及、房车租赁旅游市场仍处于起步阶段等问题。伴随思想观念解放和经济收入的提高，以及 2003 年中国加入世界露营协会，房车产业开始进入萌芽期。经过十余年的发展，中国的房车产业在"生产—销售—运营—露营地—会员"产业链中夯实了基础，开始进入萌芽期向快速发展期过渡的阶段。尤其是房车租赁这一形式的出现，对房车市场的培育有着良好的推动作用。

据有关部门统计，从 2016 年到 2017 年短短两年，我国房车保有量从 48600 辆跃升至 69432 辆，2018 年我国房车市场销量约为 2.4 万辆。从销售方面看，从 2016 年到 2017 年，我国房车销售量从 18600 辆直逼 20832 辆。2021 年，尽管经历了新冠肺炎疫情，国内房车产量和销量却依然取得了重要突破，仅自行式房车就从 2020 年的 8000 辆到 2021 年的 12400 余辆，销量同比增长逾 4 成。①

现在的房车已经非常人性化，生活设备齐全，可以在最小的空间里满足各种需求。现今，我国越来越多的人喜欢房车旅行生活，开着房车行驶在锦绣山河中。从辇到现代房车，动力技术不断进步，不变的是人们对于外面世界的渴望，追求行走中的自由和安定。未来，自动化、智能化房车正在不远处等着我们。

二、我国房车市场发展的现状及特点

（一）我国房车市场的发展现状

随着经济技术发展，城镇化进程加速，人们的精神压力也逐渐增加，开始向往悠闲无争、亲近自然的生活。休闲度假旅游需求的增长与私家车保有量的不断攀升，都直接催生了自驾游的爆发。房车作为 21 世纪最为流行的融"旅游、观光、休闲"于一体的理想载体和极具个性化的时代产物，使人们充分享受到"零距离"融入大自然的乐趣。

与此同时，顶层设计如"十二五"国家规划的实施，全国房车露营地开始大规模如火如荼地建设，不断推动着我国房车旅游产业的发展进入快车道。人们对房车旅游和消费的态度发生了转变，随之而来的是房车销量上的增长。伴随着我

---

① 中国距房车时代仅剩最后一公里［EB/OL］.（2021-04-16）［2022-05-01］. http：//www.xinhuanet.com/2021-04/16/c_1127335885.html.

国房车相关配套的营地、设施、法规逐步完善，我国房车保有量于 2019 年突破 10 万辆，2020 年达到 12.8 万辆。

不同于国外房车市场，车型选择方面，由于政策受限，自行式房车在国内房车市场始终占据主流地位。当然，也有许多用户对房车抱有"房车是带有发动机的可居住汽车""拖挂型房车驾驶难度较高"的观念。其中，自行式房车中的自行式 C 型房车，驾驶难度适中、空间可供多人使用，能够较好地满足各类用户群体的自驾旅行需求，也是众多消费者乐意选择的房车车型。

尽管受到了疫情影响，但 2021 年国内房车市场仍出现了井喷态势，仅国产房车在 2021 年就突破了 1.2 万辆的销售成绩，2021 全年销量增长 43%，四季度增速仍达到 25%。2021 年中国自行房车市场呈现前低后高走势，上半年呈现低迷的增长压力，下半年逐步回暖。2022 年疫情对长途和海外旅行的影响仍极其很大，房车市场预计将会继续呈现良好增长。①

房车生产企业大量涌现，房车营地数量较快增长。尽管中国房车市场正快速发展，但消费者对房车产品较为陌生、房车露营意识不强仍是未来的增长瓶颈。因此，增加房车产品曝光度，为消费者提供更多的试驾和体验机会，逐步完善房车出游的配套设施和相关服务，将是房车市场实现持续增长的驱动力。

目前我国共有 5419 家房车相关企业，包括房车制造、房车租赁、销售等。湖南房车相关企业最多，达 956 家，广东、山东排名第二和第三，房车相关企业分别为 683 家、402 家。此外，江苏、安徽、湖北、浙江、四川、河北、云南进入前十，房车相关企业数量排第 4—10 名。②

从自行式房车销量地区分布来看，2021 年全年，华东地区依旧以 5228 辆，占比 42% 的销量数据遥遥领先，其后依次为华北地区 1733 辆（占比 13.9%）、华中地区 1727 辆（约 13.9%）、西南地区 1092 辆（占比 8.8%）、东北地区 1072 辆（占比

---

① 新纪录！2021 年国产自行式房车市场年度销量增长 43%［EB/OL］.（2022-01-24）［2022-03-18］. https://www.rv28.com/thread-33591-1.html.

② 全国第一！湖南房车企业数量逼近千家［EB/OL］.（2021-05-30）［2022-01-21］. http://www.hunantoday.cn/article/202105/202105300809471958.html.

8.6%)、华南地区 1009 辆（占比 8.1%）、西北地区 596 辆（占比 4.8%）。①

政策驱动作为中国房车行业健康发展的重要一环，在建设露营营地、房车出行、运动推广等各方面都发挥了重要的作用。2014 年《关于加快发展体育产业促进体育消费的若干意见》中指出，要引导发展户外营地、徒步骑行服务站、汽车露营营地等设施，鼓励社会投资向健身休闲、户外运动等领域推广。2016 年《关于加快发展健身休闲产业的指导意见》提出充分挖掘水、陆、空资源，重点建设一批山地户外营地、徒步骑行服务站、自驾车房车营地等。2018 年《关于完善促进消费体制机制进一步激发居民消费潜力的若干意见》提出支持自驾车、旅居车、通用航空等消费大众化发展，加强相关公共配套基础设施建设。2019 年《关于进一步激发文化和旅游消费潜力的意见》指出要着力开发海洋海岛旅游、自驾车旅居车旅游、体育旅游、森林旅游、康养旅游等产品。2021 年发布的《"十四五"体育发展规划》提出持续打造国际山地旅游暨户外运动大会、中国汽车房车露营大会、中国户外运动产业大会等户外活动品牌。

房车市场与体育、旅游、文娱等行业市场相互影响、促进，并受到多个行业领域的政策鼓励与支持。未来，国内相关行业有望持续迎来广泛产业政策的关注，为行业及市场发展提供有力支持。

(二) 我国房车市场的发展特点

1. 房车车型以自行式为主

房车兼具"房"与"车"两大功能，但其属性还是车。房车根据自身有无驱动力可分为自行式、拖挂式两大类。自行式房车是指本身具有机动性，可依靠自身牵引力前进行驶的房车。

我国房车市场的产品结构与美国、加拿大、澳大利亚等发达国家颇为不同，在这些国家，拖挂式房车往往占到房车总销量的 90% 左右。这主要是由于这些国家可作牵引的车型普及率高、车位充足，拖挂式房车自身价格实惠、灵活度更高

---

① 新纪录！2021 年国产自行式房车市场年度销量增长 43%［EB/OL］.（2022-01-24）［2022-06-17］. https://www.rv28.com/thread-33591-1.html.

造成的。另外，国外可作牵引的车型普及率更高。通常情况下，拖挂式房车需要排量 2.0T 及以上的 SUV、皮卡牵引。当前由于美国、加拿大、澳大利亚等国家千人保有量高达 4 台，汽车市场更为成熟，拖挂式房车的日常使用阻碍较小。与此同时，国外地广人稀，车主多数情况下无需担忧拖挂式房车、牵引车的停车问题，短期内我国房车车型仍将以自行式为主。

近年来，自行式房车是我国房车市场的主流，销量呈现稳步增长的趋势。根据工信部数据，2020 年共有 145 个品牌 428 款车型申请了旅居车公告，比 2019 年增长了 10.7%，增长幅度较 2018—2019 年度略有下降，其中自行式房车 299 款，2 款插电混动房车和拖挂式房车 126 款。① 自行式房车是指本身具有机动性，可以依靠自身牵引力前进行驶的房车，具备操作简单、一车两用、停车方便、能源系统强大等优点，深受消费者喜爱。在进一步促进大宗消费、重点消费等相关政策影响下，加之新冠肺炎疫情对旅游服务行业的持续影响，以"低密度旅游"为特征的国内自驾游、房车游备受追捧，房车市场回暖，自行式房车销量在 2021 年突破了 12000 辆。疫情改变了国民的出游方式，公众出游向更少使用公共交通、更自由的行程转变，房车自驾游成了不少人青睐的出游选择。预计 2022 年全年自行式房车销量将超过 14000 辆。②

更引人关注的是，"额头型"房车即自行式 C 型房车成为自行式房车中的佼佼者，热门中的热门。"额头型"房车因驾驶室上方有一床铺，外观上似额头而得名。从细分市场来看，2019 年以前自行式房车市场主要以 B 型轻客为主，2019 年 B 型轻客房车销量 4511 辆，市场份额 72.4%。2019 年以来，C 型头铺房车销量稳步增长，市场份额持续提高。2021 年 C 型头铺房车销量 8991 辆，市场份额提高至 71.5%。预计配备"额头床"的 C 型房车将成为未来 3—5 年的公路最主流车型，这主要与我国机动车驾照使用条件密切相关。③

---

① 2700 多万人关注房车！《2020 中国房车市场白皮书》发布 [EB/OL]. (2021-08-02) [2022-04-13]. http：//www.kuandarv.com/news_show448.html.

② 2021 年国内房车市场持续快速增长，公示新车型、销量双创新高 [EB/OL]. (2021-12-30) [2022-04-21]. https：//chejiahao.autohome.com.cn/info/10103154? reply=reply.

③ 2022 年中国自行式房车行业发展现状及发展前景预测分析 [EB/OL]. (2022-04-14) [2022-04-29]. https：//www.163.com/dy/article/H4TTBFGQ051481OF.html.

2. 房车产销地域特征明显

房车行业发展的区域特征较明显。生产方面，房车生产主要来自于江苏的生产企业，如南京依维柯和上汽大通。此外，江铃的旅居车产品也相对丰富，成为发展较快的生产商之一。销售方面，从表1-3中可以得出，江苏是主要的销售区域，其次是山东、浙江、辽宁等地区。不难看出房车销售量与消费者的消费能力紧密相关。同时，房车销售好坏也与地方是否出台相关政策支持和配套设施是否完善联系紧密。

表1-3　　　　　　　　近年来国内省份房车销售量分布数据①　　　　（单位：辆）

区域	省份	房车销售量			
		2017	2018	2019	2020
华东	江苏	492	595	927	1264
	浙江	203	474	555	658
华北	山东	338	673	712	623
	河北	263	407	491	477
西南	四川	195	348	459	487
	重庆	83	116	170	192
	广西	34	61	85	148
	贵州	75	77	134	126
	云南	79	160	104	103
中部	湖北	136	230	412	336
	湖南	97	177	208	215
	安徽	93	148	240	189
	江西	84	222	215	181
	河南	282	553	527	515
	山西	129	161	201	156

---

①　笔者根据网络资料整理。

区域	省份	房车销售量			
		2017	2018	2019	2020
东北	辽宁	287	414	548	544
	黑龙江	121	176	236	203
	吉林	93	126	267	164
京津沪	上海	513	930	842	440
	北京	210	253	200	227
	天津	55	75	114	130
西北	陕西	106	162	280	289
	内蒙古	95	155	222	171
	甘肃	48	47	83	125
	新疆	89	85	121	123
西北	宁夏	63	54	47	48
	青海	26	28	44	33
	西藏	7	33	13	6
华南	广东	163	329	589	492
	福建	57	68	110	103
	海南	25	37	21	19

3. 房车租赁市场火爆

在人口相对稠密的城市，用车、停车相对不便，也进一步阻碍了我国居民的房车购置意愿。然而，随着近年来国民收入的提高，使得人们的生活方式以及消费结构更加多元化，房车租赁旅游已被越来越多的时尚群体接受，开始在国内旅游业占有一席之地，租辆房车全家自驾旅行已经越来越成为旅游者喜欢的一种出行方式。

国外的房车租赁业与国内相比有很多不同点，例如在业态发展模式上来说，国外房车租赁企业其整个产业链各个行业都有涉及，业务之间相互支持或者参与转型。在盈利模式上来说，国外房车租赁的盈利模式较为成熟多样。另外，国外房车租赁企业产业链一体化程度也更强。

当前，国内房车租赁产业已经尝试与其他企业、其他伙伴或组织联合，推动全国的房车租赁实现联网，搭建线上租赁平台，让更多的人更便利地享受到房车租赁服务。在露营地方面，通过房车线路产品，以融资租赁、直租及合作等方式，对露营地投入一定量的房车，让露营地在规模、房车车辆品质及房车租赁服务上都获得快速提升。

4. 同质性过高导致竞争趋于白热化，拖挂式房车迎来"重大利好"

根据公安部机动车驾驶证相关规定，持 C1 驾驶证可以驾驶车身长度不超过 6 米的 9 座以下房车；持 B1 驾驶证可以驾驶房车车身长度超过 6 米，人数不超过 20 人的房车；持 A1 驾驶证可以驾驶车身长度超过 6 米，人数大于等于 20 人的房车。

由于 C 级驾照的限制，国内房车露营旅游用户多选择 6 米以下的自行式房车，实现较好的驾驶安全性和驾照通用性。因此，驾驶资格是厂家生产房车的主要决策指标，6 米以下轻卡轻客是主力产品，生产企业较多。国内房车制造行业因为同质化严重，已经进入价格竞争阶段，由于各家产品质量参差不齐，房车产品的口碑和品牌将逐渐分化。各类型企业的产品方向也将逐渐清晰，未来只有坚持高质量和高性价比的企业才能胜出。

而这种限制，一方面不利于拖挂式房车的发展，一方面影响了房车用户的出游体验。自 2022 年 4 月 1 日起，《机动车驾驶证申领和使用规定》（公安部第 162 号令）施行，其中新增房车 C6 驾照是一大亮点。拥有 C6 驾照意味着可以驾驶总质量低于 4.5 吨的拖挂房车，假设出行者的车质量为 2.5 吨，其可以再拖上一辆 2 吨以内的拖挂式房车。比起 6 米以内的一体式房车，拖挂式房车空间更大，房车露营旅游时体验感更好。

此外，房车行业属于新兴复合型行业，需要来自技术研发、产品设计、体育运动等领域的复合型人才团队的支撑。随着行业市场的快速发展，经验丰富的专业人才仍可贵难求，高水平、高质量的人才团队储备和培养速度难以匹配行业发展速度。行业内管理人才相对更加稀缺，尤其在全球市场数字化浪潮当下，兼具传统工厂生产制造和营销管理能力及智慧工厂管理能力的人才是行业内企业可持续发展的依托。未来随着行业市场竞争进一步加剧，人才缺口可能扩大，房车行业的人才竞争也将陷入白热化。

第二章 露营地与露营旅游

露营地是房车露营旅游的载体，以满足当代游客的露营体验、休闲娱乐和观光养生等需求。新冠肺炎疫情推动着露营旅游的大暴发，全民露营时代已经到来。对于露营地投资方和管理方而言，标准化露营地由哪些功能分区构成？当地环境适合开发什么样的露营地？国内外典型露营地发展历程是否可以借鉴？等等，都是本章关注的问题。

第一节 露 营 地

一、露营地的概念

露营，原是指为了工程、军事、测绘、旅游等而特设临时的户外驻扎区，是一种短时的户外生活方式。现在，露营渐渐成为一种消费者体验另类生活、贴近大自然的一种休闲活动。通常情况下，露营者携带住宿装备，离开城市在野外扎营，度过一个或者多个夜晚。

露营基本可以分为四种形式，第一是常规露营，第二是房车露营，第三种是露营小屋露营，第四种是特殊形式露营。

常规露营是指露营者徒步或者自驾一般车辆到达露营地点，通常在山谷、湖畔、海边，露营者可以生篝火，可以烧烤、野炊或者唱歌，这也是最平常的露营活动。

房车露营是指驾驶房车，包括拖挂式和自行式房车，前往特定营地住宿，同时体验相关活动的行为。通常情况下，这种活动与常规露营的差异在于交通工具和停泊地点。

露营小屋露营是指由营地提供完善的建筑设施，包括木质房屋、常驻房车等，让营友于野外露营而免搭帐篷，与房车露营有一定的差异。露营小屋露营的方式为不具备房车的旅行者提供各种住宿选择，相对于常规露营，其具有更加完备的设施，也被国内外称为"Gampling 豪华露营"。

特殊形式露营是指特殊活动的露营，比如长距离攀岩，长距离攀岩可能需要几天的时间，为了休息，露营者将帐篷挂在悬崖边，这样的露营是非常危险且刺激的。

露营地就是具有一定自然风光的，可供人们使用自备露营设施，如帐篷、房车或营地租借的帐篷、小木屋、移动别墅、房车等外出旅行时居住、生活，配有运动游乐设备并安排有娱乐活动、演出节目的具有公共服务设施，占有一定面积，安全性有保障的娱乐休闲地。露营地往往建设在远离城市、风景秀美、贴近大自然的区域，极力提供给人们自由、随意、放松的，不同于城市快节奏的娱乐休闲体验。

在国内，露营地主要分为两大流派：一是"野营地"流派，即不选择成熟营地，自带帐篷或房车，随时扎营；二是"露营地+"流派，这种形式最为普遍，因为国内的露营地更加倾向于复合功能，即"露营地+"的理念。一个完整的营地可能包括"露营地+房车营位""露营地+木屋""露营地+特殊活动（攀岩、景区冒险）"等功能分区。

据艾媒数据显示，截至 2021 年 10 月，中国共有超 3 万家露营地相关企业，2020 年和 2021 年分别新增超 8000 家和超 15000 家露营地相关企业。从各省份的露营数量上看，前十位省市中山东的露营地相关企业排第一，为 3575 家，其次为海南和陕西，露营地相关企业数量分别为 2533 家和 2413 家，后面依次为浙江、广东、四川、江苏、广西、福建、重庆、河南、新疆等地。①

二、露营地的功能构成

完整的露营地是生活所需的住宿、饮食、卫生、休闲、娱乐以及日常所需的各种设施的场地，露营游客可以选择自己喜爱的或静或闹的生活方式来体验生

① 数据 | 带你窥见"露营经济"［EB/OL］.（2022-06-28）［2022-07-21］. https：//www. 163. com/dy/article/HAV9ULP60519F4DP. html.

活、放松心情、增进感情。

营地的基础功能区包括大门入口区、综合服务区、露营住宿区和主题功能区。相关功能区应充分借助和利用周边的自然、人文等物资和空间，便于形成独特的露营休闲体验。各功能区之间的内部交通联络通畅。各功能区之间应通过绿化带等方式进行适度隔离。

（一）大门入口区

该区是进入园区的第一空间，主要包含三大功能：第一，集散交通，组织引导出入口人流及交通集散，尤其表现在节假日，集会及园内大型活动时，出入口人流及车辆剧增，出入口需恰当地解决大量人流的集散、交通及安全等问题。第二，门卫管理项目出入口除具一般门卫功能外，还具有售票、收票的功能。此外在可能的情况下，为游人提供一定的服务，如小商店、咨询、照相、物品寄存等。第三，大门形象具有美化露营地形象的作用，是游客映入眼帘的第一个景观，将给人们留下深刻的印象，其形象体现出项目的规模、性质、风格等。

（二）综合服务区

本区域主要为消费者提供信息、咨询、讲解、教育、休息、餐饮等旅游设施和服务功能的专门空间。游客中心规划设计的要素应根据其所需满足的功能而定。综合服务区布局和选址至关重要，需综合考虑多方因素。首先，要与项目的规划布局相一致。根据项目规模大小及资源分布情况，综合服务区可以单独设置，也可分级布置。其次，综合服务中心按容量布局可以使游客量相对分散或集中，使消费者合理地分布在项目内，实现控制和引导的功能。最后，还应考虑水、电、能源、环保、抗灾等基础工程条件，以及选址的自然环境、交通情况及地势等。综合服务区的建设应以最小的环境影响为代价，功能性设施的建设符合项目实际需求即可，避免重复、多余建设。综合服务区功能设施可分为服务设施、管理设施、交通设施及基础设施四大类，其中服务设施最为重要，包括接待、信息、餐饮、住宿、购物、娱乐、医疗卫生和其他辅助设施。当然，根据不同项目的实际情况，服务设施可以有所取舍，如餐饮、住宿设施等应根据项目实际情况来设置。综合服务区建筑外观除须具备醒目标识外，还应与周围环境相协调。边际建筑理论认为，综合服务区建筑具有典型的边际特征，其建筑色彩、体量、风格等应巧妙地融入自然环境，保持与自然景观的协调一致性。同时，建筑形式要充分体现本土人文特色，与地域文化氛围相融合。

（三）露营住宿区

本区是露营地的核心住宿功能，根据居住产品的形式大体可以分为：自驾房车露营区、拖挂房车露营区、各级别木屋露营区、各级别帐篷露营区、各级别特色露营区等。各项目应该根据项目的规模、投资、开发进度以及管理能力合理设置以及选择各类型产品分区。

具体而言，木屋露营区还可以分为小型木屋客房区和别墅木屋区。同时这样的露营木屋必须在综合服务区配有餐饮区。

帐篷露营区分为活动式帐篷区和固定式帐篷区。活动式帐篷区主要是为自驾游客提供，需要游客自行搭建，露营地仅提供场地及相关生活配套以供租赁。这样的帐篷内部设施显然不完善，且空间较小，以供就寝及简单生活用空间。需要使用营地配备的公共卫生或餐厨空间。固定式帐篷区内部空间可按照酒店客房设置，可采用标准、家庭等不同空间分割形式，具备独立的卫生和餐厨功能。这种类型的帐篷通常由露营地搭建，可以不全部采用帐篷用膜材料，部分可以考虑结合木材、钢结构、玻璃形成可移动的和半固定帐篷式构筑物。

房车区可以分为泊位区和租赁区两大类型，每一种类型又分为三类，自行式房车区、拖挂式房车区和移动别墅区，每一种都可以由露营地提供相应的车辆租赁，或者游客自带，由露营地提供泊位及附属设施。

此外，露营地还可以提供诸多有趣的主体露营建筑营位以供租赁，如集装箱营位，空中帐篷、树屋、船屋、蒙古包等营位。不同类型的营位可以满足不同类型露营者的需求。

（四）主题功能区

每一个项目都有一个确定的主题，而项目的主题往往根据主题功能定位而展开，主题功能区即是区别于其他房车营地的核心要素，也是营地经济收益的主要来源之一。目前，国内房车营地主题功能区有以下几个类别：军事科普主题、活动拓展主题、研学旅行主题、休闲体育主题、创意农业主题、景区依托主题以及其他特色主题等。

露营地的功能分区设置是一个既科学又系统的工作，在项目开发初期，一定要合理严谨地进行分析设置，才能使得项目的主题明确，经济效益可预期。目前，理论界关于露营地功能分区设置的关注和研究都不够，还不能发挥科学研究应有的描述、解释、预测和调控作用，以上只是根据现有实践经验及文献总结，对功能分区设置问题进行的初步划分。

三、露营地的分类

《休闲露营地建设与服务规范 GBN/T 31710—2015》中，规定了休闲露营地的分类和基础术语，对露营地建设和服务提出共性要求。根据进入营地所采用的交通工具不同，露营地可分为房车露营地、汽车露营地、骑行露营地（自行车/摩托车、马匹）和徒步露营地等；根据主要住宿设施的性质不同，其可分为房车露营地、木屋露营地、帐篷露营地和沙漠露营地等。

现实中，根据所处自然环境不同，大致可以将露营地划分为以下六种类型：

（一）山地型露营地

此种营地是指处于山脉间、以山川地势为主要背景的露营地。除具有露营区域、生活服务区域、通常的休闲运动设施外，山地露营地还会借助于地形设置攀岩、山地自行车等活动项目，如澳大利亚四星级山地型 Sonnenberg 露营地。

（二）海岛型露营地

此种露营地是指建于海岛之上的露营地。这种露营地以四面环海、处于小岛之上为特征、以水见长。除了基本必备设施，该种露营地还会向人们提供丰富多彩的海上运动项目，如德国海岛型 Spitzenort 露营地。

（三）湖畔型露营地

此种露营地顾名思义是指临湖而建的露营地，这里的湖应具备一定的规模。没有大海的波涛汹涌与澎湃，湖水大部分时间保持宁静状态，因此湖畔露营地更

图 2-1　德国 Spitzenort 露营地

多体现的是祥和、宁静。人们在这里可以开展垂钓、划船、皮筏、独木舟等活动，如匈牙利绍莫吉州四星级湖畔型 Wellness 露营地。

（四）海滨型露营地

此种露营地指建在海滨之上的露营地。该类型露营地依海而建，往往以丰富的沙滩、海上活动为特色。沙滩排球、网球、海底探险、船艇活动等是该类露营地所设的具有一定吸引力的项目，如克罗地亚达尔马提亚四星级海滨型 Solaris 露营地。

（五）森林型露营地

此种露营地指以森林为大环境的露营地。该类露营地处于茂密葱郁的林木中，环境优美原始、空气清新自然，而露营区域营位间隔较远，是人们静受度假时光、田园生活的理想选择。露营地周围的植物、动物都可以成为很好的娱乐项目，而这里休闲的小径更是放松身心的理想选择，如法国普罗旺斯五星级 Esterel 营地。

（六）乡村型露营地

此种露营地是一种建设在乡村村落中的露营地。这种露营地往往与乡村连成一体，乡村里的生活服务设施如商店等成为露营地的设施，人们在这里可以静享乡村独有的休闲、舒缓的生活，感受淳朴的民风与独特的习俗，如美国加利福尼亚州乡村型 Visalia Sequoia KOA 露营地。

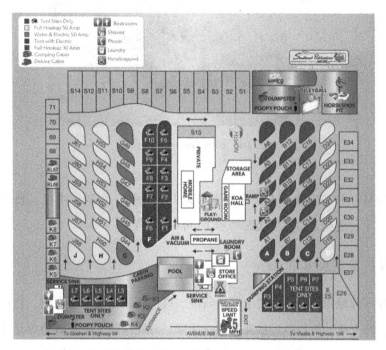

图 2-2　Visaliz/Sequoia KOA 露营地规划图

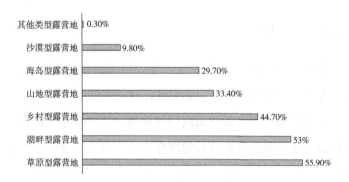

图 2-3　2021 年中国露营消费者露营地类型选择偏好

数据来源：艾媒数据中心，样本量 1044，调研时间：2021 年 10 月。

此外，国内露营业界常用分类中还有草原型和沙漠型等类型。根据 iiMedia

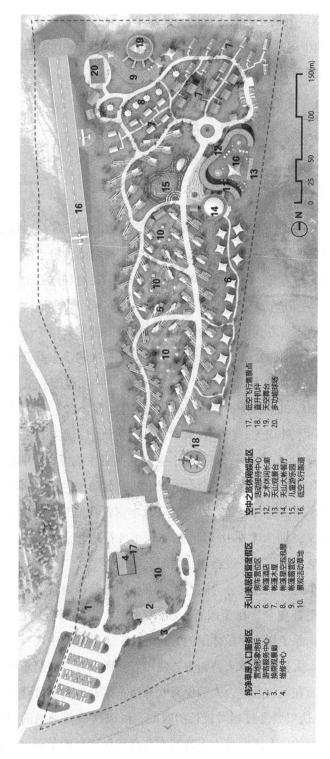

纯净车区入口服务区
1. 营地形象地标
2. 游客服务中心
3. 换和观景廊
4. 维修中心

天山美居宿营度假区
5. 房车营位区
6. 帐篷酒店
7. 帐篷木屋
8. 帐篷星空泡泡屋
9. 帐篷露营区
10. 景观活动营地

空中之旅休闲娱乐区
11. 活动接待中心
12. 艺术木屋长廊
13. 天山观景台
14. 天山大餐厅
15. 儿童游乐园
16. 低空飞行跑道

17. 低空飞行售景点
18. 直升机坪
19. 天空舞台
20. 多功能球场

图2-4　昌吉·江布拉克房车露营地及功能分区

注：此为西安山思旅游规划设计有限公司的修建性详细规划图

39

Research（艾媒咨询）数据，中国露营消费者超半数偏好于草原型、湖畔型露营营地，仅有9.8%的中国露营消费者喜爱沙漠型露营营地，平均每位露营消费者喜爱2~3个类型的露营营地。

第二节　房车露营地

一、房车露营地概念

房车露营地，全称为"RV Campground"。在国外，房车露营地最早起源于帐篷露营，因此大多数国家一直沿用"Campsite"这一名称。房车露营地是具有一定自然或人文风光，占有一定面积，可供房车停泊、补给和露营的娱乐休闲场所。随着时代的发展，房车露营地不仅仅局限于房车露营，也逐渐囊括了帐篷露营、移动别墅等其他露营方式。如今的房车露营地更多被视为一个综合性的休闲度假场所，功能更加全面和复杂。通常情况下，一个标准的房车露营地应具备生活所需的基础设施，主要分为四大类：（1）补给类：加油设施、电力设施（国际标准通常为15、20、30或50安培的容量）、饮用水等。（2）排污设施：下水管线、垃圾处理、污水处理等。（3）保障设施：消防设施、监控设施和明确的标识等。（4）公共服务设施：厕所、淋浴间、餐厅、网络系统等。特别地，一些规模较大、标准比较高的房车露营地还会有电视电话、运动场、便利店以及其他娱乐设施。我国对房车露营地的定义可以参照《汽车露营营地开放条件和要求》中对汽车露营地的定义，即为"乘用车、旅居车（自行房车、无动力旅居挂车）露营和野外生活、活动提供服务设施和住宿配套的场所"。

西方国家的房车露营地通常分为国有和私有，国有营地通常位于国家公园和州立公园内，设施更好更全。在美国有1600多个国有房车露营地和超过13000个私营房车露营地，除了作为娱乐休闲的方式之外，美国社会中还有一群人以房车为家，其中低收入人群和退休人群为主要使用者，所以有一些房车露营地被称为移动家庭社区。而在澳大利亚，人们更喜欢称房车露营地为假日营地"Holiday Park"，因为人们在这里要度过相对较长的时间，所以这些营地内的设施会更齐全，标准更高。欧洲的房车露营地大多数建立在高环保标准的基础上，而且补给设施兼容各种车型。

二、房车露营地特征

(一) 地域性

根据房车露营地的概念，露营"Camp"一词来自拉丁语"Campus"（校园）的释义，意为领域或区域，故其首先有一定的地域性。地域性一般是那些因地理坐标和生产力的差异而造成的自然、人文、社会结构的不同，随着时间的流逝，自然环境和人文社会环境的独特性也逐一体现。房车露营地的地域性被营地设计理念决定，主要是将本区域环境一定范围的人文地理的独特性和与大自然和谐的相处模式表现出来。受地理环境的影响，每一片地都有不同的风景。同时，房车露营地一般还与人类群落在一定地域范围聚集所产生的文化纽带相联系，具体表现在各个方面，如人类居住的建筑村落景观、城市里的高楼大厦景观等，形成别具一格的生活方式。房车露营地地域性将人文和大自然和谐的相处模式表现出来，地域性的设计既可以把区域环境的景观变化的内在规律传达出来，也可以加深人们对生活环境的了解和认知。

(二) 聚集性

从旅游者视角而言，房车露营地内基本是以"车"为单元，家庭为组团建立的活动交往关系，当然，现在也逐渐发展成为呼朋唤友式的休闲旅游形式。聚集性带来的是组织的合并、基础设施的共用和其他生活资料的集合。共享共建是房车露营地聚集性的具体表现，为房车露营地的可持续发展提供了前提条件。

从产业视角而言，房车露营地与传统旅游景区和度假酒店差异较大，不仅是因为它将旅游资源和住宿融合在一起，更重要的是，房车露营地可以扩展到旅游活动的各个方面，利益相关者更多，形成了一个较为完善的产业集群体系。通过扩大利益相关者的参与，不仅能降低集群内部企业的经营成本，实现规模效应，还有利于集群内部企业创新，获得相对差异化的竞争优势，发挥资源共享规模效应，形成房车露营地品牌，吸引资本集聚，扩大产业规模。可以说，房车露营地的集聚性符合产业发展的总体趋势，也是房车露营旅游产业规模化发展的前提。

（三）功能多样性

房车露营地具有功能的多样性，其基本功能是为房车提供基本的补给服务，在此基础上为房车旅游者及自驾车旅游者提供餐饮住宿、休闲娱乐等配套服务。从服务功能来看，不同级别的营地提供的设施及功能具有较大差异。最简单的房车营地至少包含：一是房车营位区，这是房车停靠的基本要求，需要选择地势平坦的区域；二是生活区，包括水电接口、洗漱间、卫生间等，这是房车补给的基本需求，属于生活必需品。营地还需要更多的功能，如商务、娱乐、运动等。

大型多功能综合性房车露营地功能设施更加齐全，包括了观光旅游、休闲度假、商业活动展览、房产开发等功能，综合服务功能更加完善；中型营地功能设施主要针对短期的旅游项目，方便人们休闲娱乐，以满足不同驻营游客需求为指向，但是相对于大型营地，功能略少；小型营地只解决驻营游客的基本需求，一般面向观光休闲游客，很少会建设大的功能设施和服务设施。与此同时，由于使用房车露营地的人群是以家庭为单位，这意味着露营群体的年龄跨度、受教育程度、社会分工等往往是复杂多样的，满足不同人群的需要是房车露营地必须考虑的问题。

（四）环境友好性

"环境友好"是指商品、服务、建筑、法律或政策对环境所造成的损害较少或无损害，它包含自然环境保护、能源资源高效循环利用、低污染公害、符合本地文化等基本内涵。因此，具备环境友好性特征的房车露营地就是在房车露营地规划设计中，全面考虑了露营地建设运营后对环境的影响，并将符合生态、环境、自然资源、原生地人类利益的理念融入规划、设计和运营。

环境友好性第一步就应该体现在规划设计中，具体表现在：环境友好性的房车露营地需要彻底调查和记录地形、地貌和当地的动植物情况；开发的面积尽可能对环境影响可控，保持山水原真性。为了有效地保护当地的动植物，材料要就地取材，还要考虑低冲击（Low Impact Development）；除了主要的道路使用沥青铺设外，次要的园路和辅助性的小路均用砾石铺设；主要的排水系统考虑安装排水管网外，其余的排水沟均用植草沟辅以鹅卵石铺底以利于污水下渗；搭建帐篷的地点就地取土撒播上当地的草籽，停车处和车道都要用当地的小鹅卵石铺上一层。该房车露营地应积极采用太阳能热水供应系统；营地所有的垃圾都要分类、循环处置，同时进行废物分解，油污和废水进行生化处理达标后再排入水沟；所有的建筑物均须与当地的自然与文化环境相协调，建筑物的颜色及形状要与自然环境协调，还要考虑当地的传统建筑和风俗习惯及自然通风和采光效果。

（五）体验性

游客体验的核心是强调游客自身在旅游前、旅游中、旅游后产生的综合感受，这些感受使游客在旅游过程中留下美好的记忆。游客体验本身包含体验和愉悦，而体验和愉悦在很大程度上是受自由度限制的。因此，要使游客在体验的过程中获得愉悦就必须兼顾自由度和娱乐性。房车露营地是体验经济时代里自驾车旅游和休闲旅游的必然产物，常建在风景优美交通方便的区域，为游客提供了了解自然的机会，使人们通过参与露营而获得娱乐性和教育性。露营游客可以根据自身的具体情况安排出游时间、地点，自由选择项目和产品，与传统组团游相比，房车露营旅游不必受旅行社的固定安排约束，也避免了相应的纠纷。在房车露营地，不仅有根据自然风光开发的传统观光型旅游产品，还包括很多具有娱乐价值的体验性项目，游客到露营地不仅可以欣赏美丽的自然景观，也可以亲自参与其中，深刻地感受大自然，得到精神的放松。因此，游客体验与房车露营地的本质，在体验性上不谋而合。

除了房车露营地开发上离不开体验性设计，在经营管理方面也要时刻以露营的游客为中心，实行人性化服务管理，以游客的体验度为服务标杆。在露营地规模发展方面要有节奏，有序地、合理地布局，通过产业联动带动露营地的发展。

随着休闲旅游产业的发展，旅游特色、业态创新、现代管理、营销模式等方面不断有创新举措，我国走出了一条极具特色的现代旅游发展道路。我国旅游资源丰富，拥有壮丽的山河，疆域辽阔、雄伟的古代建筑艺术，悠久的历史文化、名胜古迹，丰富多彩的民俗民风，已经形成了世界上规模最大的旅游市场。开着房车，载着家人，一路欢声笑语，在风光绚丽的大自然中露营，已经成为现代旅游中的一种时尚。从房车露营地未来的发展趋势来看，房车露营地选址、建设、经营等充分利用我国景观环境优势，减少改善环境方面的投资，同时与当地居民社区形成良性互动，围绕房车露营地开发参与性高、体验性好的项目，提升房车露营地的价值，各方主体协同致力于促进房车露营旅游产业的升级。

第三节 露营旅游与房车露营旅游发展

一、国外露营旅游与房车露营旅游发展

现代露营源于 1861 年的美国，最初是为了在自然环境中开展对青少年的理想教育而发起的。露营地生活是学校教育的重要补充，这项活动也一直延续至今。工业时代初期，人们开始进行以游玩休闲为目的的汽车露营。尤其在第二次世界大战后，美国纷纷掀起一股在大自然中集体生活的热潮，一个颇具规模的露营服务产业也悄然兴起。20 世纪 50 年代开始，美国的露营文化传入欧洲，并深受欧洲人喜爱。在欧洲，爱好者认为露营是一种自由健康的旅行方式，采用露营旅行方式，不仅消费低，还能超越游客体验高级度假的预期。

欧美露营旅游可以分为徒步露营和汽车露营两种，后者随着汽车工业的发展而发展。如今，露营旅游已成为欧美户外休闲业的重要组成部分，是欧美人日常生活的一部分。在美国，1/3 的旅游住宿设施、1/3 的旅游时间、1/3 的旅游土地以露营形式存在。目前，美国青少年营地产业年产值可达数百亿美元，且已细分为科技、摄影等多种主题。

有关露营旅游的文献中，出现有关旅游概念的词是" open air tourism""nature- based tourism" 和" outdoor recreation"。这说明露营旅游是户外休闲旅游的重要组成部分。目前，国外对露营旅游的定义基本达成一致，如 Edward Brooker 认为露营旅游是一种户外娱乐形式，由住宿和露营活动两部分组成；Echelberger 等认为露营旅游是发生在度假期间或因某种娱乐而外出的一种活动，通常需使用露营车、帐篷或其他形式的临时遮盖物在营地度过一个或多个晚上；Frank 等认为露营旅游是能代表西方文化的一种活动，露营旅游在西方是出于社交、休闲、教育和治疗目的的。可见，露营旅游是需要借助露营车或帐篷等野外生存设施设备开展的活动。

表 2-1　　　　　　　　　西方国家露营旅游市场发展阶段①

时　间	发　展　历　程
1860—1931 年	1860 年近代露营在美国发源。美国康涅狄格州葛内利中学校长 Frederick William Gunn 在校园内进行教育性露营活动。1910 年美国露营协会成立，专门为青少年露营活动服务。1920 年开始美国人把帐篷、床、厨房设备等加到家用轿车上，露营旅游初现雏形。而后木结构的简易房加在 T 形底盘上，接在福特 T 型车后，房车雏形出现，露营旅游出现了房车露营形态
1932—1938 年	1932 年荷兰的国际露营总会成立，是当时世界上唯一一个致力于汽车露营、房车旅游事业的机构，标志着世界露营旅游活动正式形成，而后西方各国的房车宿营俱乐部相继成立
1945—1960 年	汽车露营旅游在西方发达国家快速发展并形成热潮。同期美国的公路系统迅猛发展也使得房车露营迅猛发展，房车产品成熟
1961—1980 年	露营旅游市场开始细分，出现房车生产商、经销商，专门从事露营的组织或机构相继成立，如国际露营服务公司、美国营地公司。1976 年美国产生了首部露营地建设与管理标准
1981—1999 年	出现汽车旅馆、汽车营地。专门从事露营的组织或机构对露营地建设、管理、评级等建立相关标准或规范。新技术逐渐运用到房车中，如航空动力学技术，增加房车旅行的舒适性
2000 年至今	露营旅游已形成完整产业链，并带动了地产业、旅游业、汽车制造业、服务业、户外用品业的迅猛发展；美国营地国际职工不断增加以满足露营者接触异国文化需求；丰富了露营旅游活动项目，如挑战、探险类项目；引入互联网用于营地预订、登记、金融交易和用户数据管理；Glamping（露营，也称"豪华露营"）逐渐兴起

　　随着露营旅游的兴起，露营地的选址、布局与规划、经营与管理、露营地安全等方面的研究越来越受到国外从业者的重视，如何为露营地选择最佳的位置、进行合理的空间布局，找到露营旅游与环境保护之间的平衡点，已经成为露营旅游从业者和研究者关注的话题。

---

① 源于倪欣欣等（2015）的研究成果。

（一）露营旅游组织经验丰富且发展完善

1910 年，"美国露营地管理者协会"成立，标志着露营在西方国家成为一个正式产业。1932 年，国际露营总会在英国成立，标志着露营活动在世界范围内得到正式认可。目前，该组织已拥有 58 个成员国，其主办的国际汽车露营大会每年都会在全球范围内优选文化旅游资源丰富城市作为举办地。

在欧美地区，露营旅游从业经验丰富且成功的多为私营机构。如全球最大的私营露营机构 KOA（Kampgrounds of America，美国营地公司），它是美国最大的露营地网络运营商。1965 年成立的供给露营服务公司 ACSI（Auto Camper Service International），一直是欧洲露营旅游产业的领导者，无论在旅游旺季还是淡季都拥有稳定的客源。1994 年，领先露营者组织成立，该组织由欧洲 32 家顶级房车露营地联合管理，每年向 800 万人次提供露营服务。

如表 2-2 所示，这些欧美地区大型露营组织或机构在各自经营的地区制定了露营地的行业标准或规范，如营地分级标准、质量标准、检测标准等，为欧美露营地规范安全经营、露营旅游产业健康有序发展作出了贡献。

表 2-2　　　　　　　　　　欧美主要露营旅游管理机构

成立	机构成名	性质	主 要 贡 献
1910 年	美国露营协会（ACA）	露营专家组成的团体	食品健康安全标准、夏令营辅导员的考核标准；承担全美夏令营项目的认证、宣传、管理等职能，对每个夏令营活动的安全性、承办资质、活动预案等进行专业的审查
1932 年	国际露营总会（FICC）	联合国下属非政府组织	将营地按基本条件、营位空间、供水、卫生设备、卫生、急救、一般设备、娱乐等设施条件划分为 4 个等级；带领各国的房车露营事业持续健康有序发展
1962 年	美国营地公司（KOA）	私营机构	坚持向露营者获取年度露营地满意度评价，并认真检查其露营地，确保营地提供高品质的服务。KOA 针对露营检查有 600 个要点

成立	机构成名	性质	主要贡献
1965 年	国际露营服务公司（ACSI）	中介机构	欧洲露营地建立规范、露营地质量标准、标准化管理流程、欧洲露营地检测标准；制定了一系列欧洲露营地的行业标准，对欧洲 9873 家露营地进行监管，并向露营者提供有关露营及假日露营地的信息
1966 年	美国房车露营地协会（ARVC）	政府组织	是目前美国唯一代表所有商务房车公园、露营地利益的协会；授予奖学金以参加行业的教育活动和专业发展机会，包括国家房车公园和露营地管理学院以及 ARVC 的年度户外酒店会议和博览会（OHCE）；通过向受自然灾害影响的公园提供紧急援助来支持该行业
1994 年	领先露营者组织	组织会员为家庭经营企业	并未制定行业标准或规范，但其所有成员必须满足生态露营的标准，包括威尼托环境宣言、西班牙标准环境认证、欧洲环境管理审计体系、欧洲环保认证

（二）露营地建设合理且科学

随着科技的进步，人们对露营地规格的要求也逐渐提高。从最开始的帐篷露营地逐渐发展到现在设施齐全的房车露营地，游客对露营地的选择也更注重娱乐、休闲的体验。在选址方面，National Park Service 通过调查认为，露营地距客源地距离是露营地选址不可忽视的关键要素。随着露营旅游的全民化，诸多从业者认为，露营地的选址除了考虑自然环境外，还应该考虑露营地周边设备的智能化和便利化，露营地建设的焦点应在露营者的露营体验上，因为露营体验是动态的、建构的、情感的、多感官的，营地智能化的设备会极大地提高露营者的良好体验。国外露营地选址也兼顾了露营群体的多样性需求，露营地的选址考虑露营地环境、露营地位置、露营地附近的活动和费用（白天、晚上和住宿折扣）等因素。近年来，Glamping（"豪华露营"）的逐渐兴起，在一定程度上引导了游客们对露营地选择的倾向，当代游客要保证较高生活质量的同时还能获得良好的露营体验。据法国《费加罗报》报道，配备有豪华泳池、迷你高尔夫球场、室外运动场和舒适起居设备的豪华露营已成为法国人旅游度假的新选择。

在建设上，国外露营地更加注重露营者的需求和环境。随着露营旅游的迅速发展，对当地环境不可避免地造成了一定的影响，露营地的生态环境问题在国外已经引起了较大的关注。开发者更加注重对当地植被、生物等的影响，很多国外的露营实践者认为，露营地的建设必须考虑到当地的环境问题，认为露营地在建设中要考虑当地的植被资源、污染等问题，要求当地管理者和露营者共同协商合作保护当地的环境。如以新西兰沿海地区自由露营地为例，根据调研，露营地周边生态环境的质量和游客数量成正比关系，生态环境越好，游客数量越多。所以，国外露营地的发展将可持续发展原则纳入考虑，营地管理者在保护环境的基础上，从露营者的角度出发，制定长期的管理策略，提高露营者的娱乐体验。

随着露营者群体的年轻化，露营者对露营地设施智能化的要求越来越高，露营地不单纯是提供设施和场所，还要为露营者提供生活和娱乐空间。根据 2018 年美国露营报告可知，随着年轻群体在露营者群体中所占比例越来越大，高阶的设施（干净的浴室、免费 Wi-Fi、球场、泳池等多功能的活动区域和娱乐区域等）在提高露营者的体验度上更占优势，也激励着这部分群体的复游。

（三）露营地运营管理规范化和网格化

国外对露营地管理的研究较早，目前国外露营旅游在营地运营管理上呈现出典型网络化特征。如千路公司、美国露营地公司（KOA）、美国户外度假地公司、国际休闲东道主有限公司四大营地运营商作为较为成熟的露营地网络运营商，通过标准化网格系统，时刻为游客提供露营前沿信息。

此外，国外露营地的星级评价标准已实行多年，各国有自己的标准化评价体系。从标准体系来看，欧美国家对露营地基本分为4—5级，其中，美国、英国和法国的分级标准相对简单，并没有涉及露营服务质量的评价指标，丹麦的分级标准则更具有实际操作性。具体为，美国根据马洛斯需求层次理论，从生理需求到自我价值实现需求将露营地分为五个层次；英国依据露营地质量可分为优异、优质、良好、好、尚可五个星级；丹麦从建筑、场地、设施三方面评价营地的质量水平，对每个营地的建筑物外观保护设施保养、场地清洁、各种设施所使用的材料等方面进行打分评定星级。实行动态淘汰制评定，即同一级别的露营地相互横向比较，排名最后的被降级，排名最前的升级；法国主要依据露营地的容量大小，以 100 台露营车为单位，划分为 4 个星级。

目前，欧美为了大力推广房车露营旅游市场，不断拓展露营地功能，持续改进服务设施，丰富与露营、游览有关的各类休闲娱乐活动形式，建立了比较完善的房车露营地相关的标准法规体系、规章制度及配套设施，形成了一套完整的房车露营地经营理念、发展模式及服务体系。露营旅游的蓬勃发展，带动了旅游消费、旅游业转型升级及新的经济增长点，同时也为国家经济贡献了 GDP 产值。国外露营旅游的高速发展，为国内露营旅游的开展奠定了经济、技术、管理、开发模式等基础。

二、国内露营旅游与房车露营旅游发展

我国经济实力与综合国力不断增强，现已成为全球第二大经济体。伴随着生活水平的提高，人们的旅游需求层次也随之提升，开始有能力更多地尝试旅游新业态，追求更美好、更有品质的旅游体验。这些变化充分体现在人们对旅游休闲方式的选择上：人们已经不再满足于传统的"上车睡觉，下车拍照"的旅游状态，大家逐渐放弃之前浪费时间在路上、由导游带领的"购物游"以及在各旅游景点和酒店之间奔走的旅游方式。

露营旅游以其灵活性、便捷性、个性化、体验性等特点顺应了游客新的旅游需求。因此，在旅游业迅速发展并在国民经济中占据着越来越重要地位的社会大环境中，露营旅游有着巨大的发展潜力。而且，我国公共道路交通体系一直处于迅猛发展的态势，各类道路建设里程数持续快速增长，景区交通系统也不断完善。越来越便利的交通条件为房车露营旅游的发展提供了强有力支撑。

（一）露营地快速发展，区域分布不均衡

随着人们对个性化旅游的强烈需求，国家和地方政府正逐步认识到露营旅游的广泛市场前景和良好的经济效益，且露营旅游是生态旅游的良性补充。我国露营旅游的发展受经济、社会条件、文化、传统观念等方面的影响，与国外发达的露营旅游相比仍存在一定差距。2003 年，我国建立起房车俱乐部网络体系，次

年，翡翠岛、山海关汽车露营地的建成预示着我国房车露营旅游进入了发展期。

机动车保有量达 4.08 亿辆，机动车保有量跃居世界第一位。① 私家车的庞大拥有量为大规模的露营旅游提供了跨地域的工具性可能。中国拥有良好的公路交通网络体系，发达的公路网络缩短了城市间及城乡之间的距离，为自驾出游提供了便利的交通条件。以此为基础，露营旅游在我国各省陆续地开展，引发了不断增长的露营旅游需求。目前我国大众对露营旅游还处于向往阶段，大部分人没有真正地体验过，对露营地及露营旅游没有形成明确的认识。国内的汽车制造商和代理商，如中天、长城、金龙、五洲行等较早地涉入房车制造业，但受到我国房车露营地数量少、设施不完善、建设及运营标准尚未统一、市场狭窄等方面的限制，不得不将大部分业务转向国外，这对我国的露营旅游的发展造成了较大的阻碍。而且，我国露营地尚缺乏广泛认可的规划和建设标准，服务质量和设施提供方面与国外成熟的露营地相比也突显力量不足。露营地的监督和管理方面也存在许多问题，无法充分满足露营者对周到的服务、户外休闲和放松精神的需求。

受到经济、资源和交通等多重要素的影响，我国露营地分布呈现出明显的不平衡态势。从我国露营地分布情况来看，华东、华北沿海地区仍为露营地发展领头羊地区，在 2017 年已建成露营地数量排名中位列前茅，这两个地区露营地在建和建成数量占全国总量的 50%以上。② 此外，环渤海、长三角、珠三角及东南沿海的诸多区域为露营旅游的集中分布区，依托于优美的自然风光、发达的公路交通、庞大的私家车拥有量，完善的服务设施，为我国露营旅游主要的聚集区。其中，以北京、天津、大连、杭州等城市为代表，这些区域不仅露营地数量众多，而且露营旅游者收入水平也偏高。

与此同时，我国的东北、西北、西南地区，露营地数量稀少，露营旅游发展较慢，我国各项优惠政策的倾斜和实施，将为这些地区的露营旅游事业带来难得的发展机遇。近期，我国政府出台营地标准草案，提出了"三圈两线"的规划方案。未来发展中，我国将围绕"三圈两线"建成近 100 个符合国际标准的露营

---

① 我国机动车保有量 4.08 亿辆 [N]. 人民日报，2022-08-22.
② 我国房车露营市场发展现状分析及相关政策汇总 [EB/OL]. (2018-08-07) [2022-03-21]. https：//baijiahao. baidu. com/s? id=1608144600029560365.

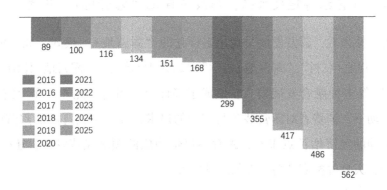

89　100　116　134　151　168

■ 2015　■ 2021
■ 2016　■ 2022
■ 2017　■ 2023
■ 2018　■ 2024
■ 2019　■ 2025
■ 2020

299
355
417
486
562

图 2-5　2015—2025 年中国露营营地市场规模及预测（亿元）

地。同时，在历年的"露营旅游论坛"中，专家对我国露营旅游业的发展不断进行详细评议与交流，提出合理化的建议，也极大推动着我国露营旅游事业的发展。新冠肺炎疫情的反复，全球出境游和长途旅行受到极大影响。在此情况下，主打周边游、短途户外、大自然和轻奢的精致露营在 2020 开始流行，并在 2021 年迎来更大范围内的普及和整个行业的快速发展。

目前，国内露营地数量突破 2000 个（有统计机构认为，截至 2021 年年底，我国已有 2500 个规模化露营地），我国房车保有量约为 20 万辆。① 显然，相对于房车保有量和私家车拥有量，露营地数量的缺失不利于各种形式露营活动的开展，但相对稀少的露营地数量和房车拥有量也体现出我国露营旅游市场巨大的发展潜力。与此同时，数据显示，我国目前有近 4.6 万家露营相关企业，近三年我国露营相关企业注册总量持续猛涨，以工商登记为准，2019 年、2020 年、2021 年我国分别新增注册超 3000 家、8200 家、20000 家露营相关企业，2021 年新增注册露营相关企业同比增长 144%。从注册时间来看，48%的露营相关企业成立于 1 年内，成立于 5 年内的企业占比达 8 成。②

① 2021 年中国露营地行业研究报告 ［EB/OL］. （2022-03-21）［2022-06-16］. https：// wenku. baidu. com/view/15f549ed5beef8c75fbfc77da26925c52dc591d9. html.

② 2021 年新增注册企业大增 144% 露营经济全面开花 ［EB/OL］. （2022-04-19）［2022- 05-07］. http：//www. news. cn/fortune/2022-04/19/c_1128573268. html.

（二）露营旅游延展性强，形成多样化"露营地+"模式

从延展性来看，露营发展呈现出多样化的"露营地+"模式。如"露营地+景区""露营地+乡村""露营地+研学""露营地+体育""露营地+休闲""露营地+演艺"等多种融合发展模式，形成了多样化的组合。此外，在"露营地+"模式的推动下，消费者对露营装备与体验的追求，催生了其背后的露营产业链。从露营带动的经济增长点来看，露营不仅带动旅游领域飞速发展，还带动了帐篷、睡袋、天幕等配套装备产业的蓬勃发展。

在种种因素的叠加下，露营旅游不再只是单一的消费行为，而是形成了多样化、组合化的特点，更加有利于实现规模化扩张。露营成为了旅游新风口，必然开辟"露营旅游"市场，催生出"露营经济"。

近年来，露营的持续走热与疫情防控息息相关，可以说是因为疫情防控引发的周边游、近郊游催生出来的产物。随着高速公路和帐篷营地等基础设施建设的完善，大量消费能力强、对品质要求高的年轻游客，尝试用精致露营等新方式打开国内旅游新业态，这种旅游新业态既有利于疫情防控，也能激发人们保护生态环境的意识。江苏省房车露营协会副秘书长姚亚敏表示，首先，户外露营作为一种户外小团体休闲娱乐的方式，有效避免了人员聚集，相比室内场所也更加符合疫情防控的要求，因此成为今年户外出游爆款的选项。其次，露营玩法的不断曝光也正向推动了更多玩家的加入。2020 年以来，国内外多档主打露营牌的综艺都为露营行业带来了极大的热度，社交媒体上的好友及各类大 V 相继晒照、晒视频也促使了越来越多的人跟风打卡。

根据艾媒咨询发布的《2021—2022 年中国露营经济产业现状及消费行为数据研究报告》显示，2014 年至 2020 年中国露营营地市场规模从 77.1 亿元增至 168.0 亿元，复合增长率 13.9%。疫情基本控制后，2021 年露营营地市场规模快速增长，增长率达 78.0%，市场规模达 299.0 亿元。① 预计 2022 年增速达 18.6%，市场规模达 354.6 亿元。露营营地市场规模受到整体旅游市场增长带动，以及消费者对短途旅游和更贴近体验自然的倾向，预计未来将持续增长。露

---

① 艾媒咨询｜2021—2022 年中国露营经济产业现状及消费行为数据研究报告 [EB/OL]. (2021-11-10) [2022-01-22]. https：//www.iimedia.cn/c400/81905.html.

营市场规模受到疫情影响之下消费者对短途旅游和更贴近体验自然的倾向的推动，已成为目前旅游业唯一逆势增长的细分市场。

"露营地+景区"模式、"露营地+农家乐"模式等各种新鲜娱乐形式被导入传统的度假供给体系，全方位满足新一代消费人群的需求，互促演变。市场快速发展下，在可以预见的将来，无论是露营装备、露营地运营方，还是露营营销平台方竞争都将加剧，并迎来爆发式创新。

（三）盈利模式单一，急需创新"露营地+"商业模式

目前国内露营地主要服务自驾游客，旅游消费以租赁和住宿为主，营位（包括木屋等住宿设施）出租收入占营地总收入的60%，盈利模式相对较为单一。在很多地方，露营地被设置为"度假酒店"，缺乏自驾游，房车停泊的空间和配套设施。事实上，我国优秀露营地毛利率仅为35%。而且由于露营地淡旺季分明，旺季平均入住率达到88%，淡季却只有14%，制约着营地的盈利能力。① 相较之下，美国露营地的盈利来源更加多样，主要有：一是出租营地营位，不同类型、时间点营位收费不同，另有房车、木屋出租；二是出租空闲场地，利用空闲场地出租，用于会展业务；三是房车的出租、修理和出售；四是开发收费性的休闲娱乐项目，利用周边风景、历史、文化等旅游资源，开发多样化休闲娱乐项目，如登山、水上、沙滩等运动及娱乐设施，出租运动设备等；五是附加服务收入，如自助洗衣店、投币式淋浴、酒吧等。

根据吕宁和吴新芳（2017）的建议，国内露营地应该强调构建创新性"1+X"式露营地商业模式，"1"是指露营地，露营生活体验是露营地的核心吸引物，与露营相关的住宿设施是露营地的重要利润来源，如房车、木屋、帐篷租赁。其中，可充分利用房车租赁盘活资产。如国外运用房车的管理费进行资金运作，将房车租赁的押金通过预授权进行投资，还有房车保险的收益，这些举措可在我国露营旅游市场更为成熟的阶段尝试探索。"X"是指围绕露营所增加的休闲娱乐活动和设施，由单一功能向复合功能转变，复合型营地将迎来黄金发展期。一方面通过"露营地+"模式提供主题化、多样化的休闲娱乐活动，融合观光游览、休闲度假、养生保健、会议聚会、户外拓展等。如中国台北三星级山地

---

① 数据来源于吕宁和吴新芳（2017）的研究。

型碧山露营地利用山地特色，融合登山、攀岩、远足等户外健康活动，打造"露营地+户外运动"模式。南京汤山房车露营地引入温泉资源，以"露营地+温泉"模式倡导休闲养生游。另一方面，要积极探索，大胆想象，丰富营地利用方式。露营地的运营具有季节性，"半年忙半年闲"的问题较突出，可考虑通过举办房车展销会、户外用品展销会、承接会议、集体婚礼等节日策划，开展户外知识讲堂、房车驾驶培训、营地广告位出租、社会派对等活动收取租金，聚集人气，提升知名度。露营地还具有旅游房地产的性质，建造木屋别墅、生态酒店等配套设施，能够提高营地的经济效益。综合来看，"1+X"盈利模式实质上是"露营地+"模式，是硬开发与软开发相结合的方式，通过主体元素加上附加元素，以此丰富露营地产品与服务体系，打造复合型露营地。但应注意，"露营地+"需要结合当地资源、文化等找准融合点，能够对应市场需求，且不能盲目追求越多越好，需与营地类型、规模、资源条件等相一致。

第四节　部分国家房车露营旅游发展历程

一、美国房车露营旅游发展

美国的房车旅游在全球业界一直处于翘楚地位，其发展模式已经成为成熟的、完整的产业体系，具有广泛且深远的借鉴意义。

美国国家森林局、国家公园管理局和美国陆军工程兵团对在联邦制公共土地上开展的房车旅游活动均进行了详细的规划与说明。美国国家森林局制定了在其管辖范围内的土地上进行房车露营活动的管理办法。除此之外，还提供了关于分散式露营的信息，以及游客寻找免费的、服务质量高的房车营地的建议。美国国家公园管理局说明了在国家公园内开展房车露营活动的具体信息。在这些美国最具历史意义与美学价值的土地上，分布着诸多质量上乘的房车营地，国家公园管理局对它们进行了详细介绍。美国陆军工程兵团管理着美国全境的水上娱乐区域，它提供了寻找其管辖范围内的湖泊路线信息，并说明了在湖泊区域开展房车露营活动的规则。

美国国家公园管理局管辖着400余处国家公园和历史遗迹，在这些公共土地上建设了诸多形式多样、独具代表性的房车营地。每年数百万游客进入这些营地内，欣赏优美的自然风光，开展丰富多彩的休闲娱乐活动。

通常情况下，房车营地邻近国家公园内拥有最优美的景色和最具历史意义的地带，游客需要至少提前5天进行预订。部分房车营地无需预约，但游客需要提前确认它们是否营业。房车营地的预订方式简单快捷。游客可在各国家公园的官方网站上点击"费用和预订"进入"露营"页面进行预订。由于大部分国家公园房车营地"先到先得"，因此游客需尽可能地在旅游高峰时间段之前进入营地。

房车营地很少为游客提供平和安静的度假氛围，但是其独特的户外活动和自然景观使得游客趋之若鹜。篝火是美国房车旅游中必不可少的活动。游客在各国家公园的房车营地内都可以买到木柴。很多房车营地都设置了夜晚户外篝火活动，游客围坐在篝火附近，倾听国家公园管理局护林员的讲解。该活动通常在黄昏时分开始，讲解内容涉猎极广，涵盖了天文学、动物学等诸多学科，且每晚的内容都不相同，游客尤其是儿童群体对此特别感兴趣。值得一提的是，一些国家公园内的房车营地为儿童群体提供了众多便利条件，例如，营地内的道路通常由沥青材料制成，方便儿童在路面上骑自行车和玩耍。

在美国国家公园管理局管辖的众多国家公园中，黄石国家公园（Yellowstone National Park）独树一帜，是美国以及国外游客最喜爱的房车旅游目的地之一。一直以来，黄石国家公园吸引着全球游客前来观光游览，而游览这里的最佳方式便是驾驶房车。有关民调显示①，游客热衷于驾驶房车游览该国家公园，主要鉴于以下原因：（1）黄石国家公园的覆盖范围宽广，且公园内的道路大多蜿蜒曲折，有时会因野生动物的行动导致徒步游览的速度缓慢，而驾驶房车游览能有效防止此类问题的出现。（2）如若居住在公园的旅馆内，通常会限制游览线路的空间规划。而驾驶房车游览，可以使游客自由前往他们想参观的景点。（3）驾驶房车游览黄石国家公园使游客在时间安排上更具灵活性。通常情况下，游客会因为各方面原因调整游览计划，如在特定时间内计划游览某一景点，但不想错过午餐；或计划在一天内游览多处景点，但因相距较远，受时间限制，需要从中做出

---

① 专题研究——房车旅游（上）［EB/OL］.（2021-03-01）［2021-10-19］. http：//www. china-npa. org/info/3091. jspx.

取舍。选择驾驶房车游览会使游客避免过多地调整计划，尽可能地满足自身游览需求。

游客在邻近黄石国家公园的犹他州盐湖城和爱达荷州瀑布市均可以租赁到房车，这两座城市是开启游览黄石国家公园旅途的绝佳地点。盐湖城市区与盐湖城国际机场相距较近，往返交通便利，房车的提取与归还均较为方便。游客若有计划游览黄石国家公园以外的地区，可选择从盐湖城出发，游览熔岩温泉等景点。如若游客的首要旅游目的地是黄石国家公园，可选择在爱达荷州瀑布市租赁房车，直接开车前往。由此，这两座城市联合构架了黄石国家公园及邻近区域房车旅游的体系化网络。

游客在黄石国家公园的房车营地内可以体验到各种各样的活动。如在位于西黄石镇的营地内，游客除了可以欣赏到自然风光，还可以开展游泳、迷你高尔夫、骑马、篝火等活动。每天早晨和夜晚，营地内的 Patio 饭馆会为游客烹饪美式早餐和烧烤晚餐。阿瑟顿溪营地位于下斯莱德湖湖岸，环境静谧，游客在此既可以开展钓鱼、划船等活动，也可以观赏野生动物。

二、澳大利亚房车露营旅游发展

澳大利亚拥有丰富独特的动植物资源和自然景观，是全世界热衷于户外旅游的游客心之神往的旅游目的地。房车旅游已成为澳大利亚旅游业发展最快、游客参与程度最高的旅游类型。澳大利亚房车工业协会指出，驾驶房车开展旅游活动的游客为国家和地区经济注入了巨大活力。为适应这一旅游业态，各地政府采取了积极的应对措施。例如，新南威尔士州政府已大力拓展当地娱乐休闲资源，为游客提供了免费包夜的房车营地，并在中央商圈建造停车场，以方便游客进行采购。

基于澳大利亚广袤的国土面积，驾驶房车在全境内旅游并不现实，相关数据显示，90%的游客更愿意在特定区域内开展房车旅游活动。① 澳大利亚六大州内均分布着规模可观的国家公园以及其他类型的自然保护地，极大地开拓了游客的视野。在这些保护地内，游客可以尽情体验冲浪、山地自行车、徒步、皮划艇、

---

① 风景世界丨国外专题研究：房车旅游［EB/OL］.（2021-04-13）［2022-01-19］. http：//zgfclydw. com/article/91011. html.

滑翔、瑜伽、漂流等多种探险活动。

新南威尔士州地貌多样，涵盖了雨林、海洋保护区、沙漠、森林和红树林沼泽等多种类型。该州拥有数百处国家公园和保护区，大多数国家公园都建设了房车营地。游客在国家公园内可体验各类户外探险运动。例如，在 Coolah Tops 国家公园的瀑布间徒步，在 Fortis Creek 国家公园的原始森林内观察鸟类活动，在 Jervis Bay 国家公园的海域内划皮划艇。该地区国家公园的房车营地为游客提供了轻松舒适的度假环境。大部分营地专为儿童建造了游戏区域，使孩子们在大自然中肆意玩耍。此外，游客们还可以开展排球、乒乓球和自行车骑行等活动。

南澳大利亚州的海岸线长达 3700 千米，在邻近首府阿德莱德的海岸线地带，散布着 Witjira 国家公园、库荣国家公园（Coorong National Park）以及纳拉库特洞穴国家公园（Naracoorte Caves National Park），其中纳拉库特洞穴国家公园是知名的世界自然遗产地。游客可在这些国家公园的房车营地内停歇，开展家庭游憩活动，也可前往海域驾驶帆船和喷射船、观赏海豚活动、进行洞穴探险，以及在内陆地区的沙漠步道上徒步。值得一提的是，拥有沙漠公园通行证的游客可以畅游南澳大利亚州所属的五处沙漠公园。

昆士兰州是闻名遐迩的世界自然遗产地大堡礁（The Great Barrier Reef）的所在地。该州的国家公园内同样建有房车营地，游客们在享受营地提供的便捷服务的同时，可以开展野餐、潜水、航行、冲浪和皮划艇等众多娱乐活动。

维多利亚州位于澳大利亚的东南部，坐拥面积广袤的崎岖不平的荒野地区。它虽然是澳大利亚最小的大陆州，但覆盖了雨林、草地和沿海地区。驾驶房车旅游的游客可以在该州 35 处国家公园的任一房车营地内或 500 余处私人营地内驻扎，并体验多样化的野外活动。例如，在水牛山国家公园（Mount Buffalo National Park），游客可以在 Catani 湖游泳和乘坐独木舟游览湖泊风光，在瀑布和花岗岩地貌上徒步、攀岩。克拉金固隆国家公园（Croajingolong National Park）环绕着吉普斯兰岛，游客可在岛上四通八达的栈道上开展徒步活动。家庭团体游客还可在艾尔登湖国家公园（Lake Eildon National Park）中央高地地带体验山地自行车、钓鱼、游泳和划船等活动。

西澳大利亚州是澳大利亚面积最大的大陆州，拥有森林、峡谷和沙滩等地貌，旅游资源丰富。全州 50 余处国家公园建设了房车营地，游客们在此驻扎停歇的同时，可在珊瑚礁附近开展潜水活动。内陆地区的沙丘和干旱平原也为游客营造了别具特色的徒步、自行车骑行和自然观察等活动的环境氛围。游客还可在Brockman 国家公园的考里木森林里探险、在 Cape Range 国家公园的石灰岩悬崖上攀岩或在 Stokes 国家公园的沙滩上嬉戏。

位于澳大利亚大陆中北部的北领地地势崎岖不平，因此只有少数国家公园允许开展房车旅游活动。该领地蕴藏着底蕴深厚的土著居民文化艺术，同时也是众多野生动物的避难所。格雷戈里国家公园（Gregory National Park）内的房车营地设施齐全，并为游客提供了划独木舟、徒步和钓鱼等活动场所。澳大利亚最负盛名的世界文化和自然混合遗产地卡卡杜国家公园（Kakadu National Park）覆盖了12400 平方英里的沼泽地、滩涂和丘陵，游客除在房车营地内露营外，在这些地带还可开展徒步活动，同时观赏沿途岩壁上的古老土著岩画。在南阿利盖特河泛舟也别具韵味，游客既得以观赏湖泊风光，还可以观察鸟类和其他野生动物的活动。

三、日本房车露营旅游发展

在国家公园内露营是欣赏日本秀丽自然景观的绝佳方式。日本国家公园包含了一系列适于露营的地带，如沙滩、森林、高纬度地区以及湖泊，露营地类型也呈多样化。房车露营是日本国内最受民众欢迎的露营类型之一。尤其在仅有极少数公共交通工具可以直接抵达的国家公园内，驾驶房车开展旅游活动对游客而言是非常便捷的方式。游客不仅可以灵活选择游览景点，还可自由决定游览线路。

日本国家公园房车营地有着统一规范的运营标准。当游客驻扎在房车营地时，需要做好全面的游览规划。国家公园营地收费标准各异，房车营地平均收取每位游客 3000 至 7000 日元不等。房车营地内通常为房车、帐篷、桌椅等留足空间，但一辆房车只允许搭建一顶帐篷。因此，大型团体游客需要预约多处场地。日本北方地区国家公园的营地于每年 5、6 月开放至 10 月，南部地区的大部分国家公园营地全年开放。在进入营地前，游客需提前确认火山喷发等安全警报。一般情况下，公众可在国家公园内的游客信息中心获取此类安全信息。为保护生态环境，游客在营地内不允许燃烧篝火。

坐落在北海道知床半岛上的知床国立公园（Shiretoko National Park）是最受

游客追捧的房车旅游目的地之一。其营地位于该国立公园的中心地带，便于游客游览和往返。游客在营地内可开展游泳、乒乓球等休闲娱乐活动，还可前往观赏宏伟的 Kamuiwakka 温泉瀑布、在蜿蜒绵长的步道上徒步，以及观察鹿、熊和狐狸等野生动物。

日本国家公园中还有很多适合开展家庭娱乐活动的房车营地。例如，Kirishima-Kinkowan 国家公园的 Miike 营地建设的水上游乐园，是父母与孩童们进行亲子活动的好去处。位于 Daisen-Oki 国家公园房车营地内的 Daisen Field Athletics 冒险游乐园，为儿童们提供了数十种游戏设施，便于父母陪伴孩童们玩耍。Ise-Shima 国家公园的 Shima Azurihama 营地开设了多个团体游览项目，如团体皮划艇运动，受到了众多家庭团体游客的青睐。

四、法国房车露营旅游发展

法国作为世界上第一大旅游目的地，拥有完善的旅游服务设施，丰富多样的旅游产品，能满足全球各地不同旅游者的爱好和需求。同时露营旅游对于追求浪漫和爱好户外休闲运动的法国人来说，也是其生活中必不可少的一部分。随着法国露营的发展，其露营地的建设经历了三代的成长。

法国的第一代露营地主要是以家庭自驾车载着帐篷等露营设施前去露营地进行露营活动。而露营地也是通常提供组团式的营位，对露营地区域内进行封闭式的管理，且提供基本的配套设施和简单的服务设施，有烧烤场地、汽车影院、度假木屋等，可以满足野外营地的基本生活所需。

第二代露营地是在第一代的基础上进行升级的，主要对应的是房车（拖车）旅游产品的出现（房车是自带引擎，而拖车则没有，只是一个厢式的拖挂车，需要依靠汽车的牵引）。这一阶段露营旅游者多是开着房车（拖车）随季节的变换在不同的露营地之间移动，总是向往气候舒适，景色优美的度假区，且度假者在一地停留时间相比第一代更长，通常为一至两个月，甚至更久。此时的主要露营旅游者为退休人群，以及具有充足休闲度假时间的游客，同时在配套服务设施上与第一代相比，更加齐全和生活化。

第三代露营地本身就提供了非常完备的设施，有度假木屋、公共运动场、阅览室、电影院、酒吧以及购物场所等各类休闲娱乐设施，呈现出露营地社区化的现象，此时的露营地严格来说应是露营区，主要为满足季节性居住者和长期度假者的需要。完善的服务设施的提供，适合更广泛的人群休闲和度假，极大地降低了露营旅游的门槛，使其从中上层社会少数人的度假活动扩展为大众化的休闲旅游活动。

无论是第几代露营地，其露营市场都主要以家庭度假为主。同时在露营地的度假活动也可以大致分为以下两个方面：回归自然类活动，主要是依托户外优美的自然环境而展开，不需要依赖太多的配套设施，如野外探险、户外拓展、徒步、漂流、骑马、骑自行车等，体现了人们回归自然的思想；露营地内部提供的休闲活动，主要是借助露营地内部配套娱乐服务设施而展开，如游泳池、团队拓展项目、篝火晚会等，更多的是体现了人们的一种社交需求。

从法国露营旅游的发展历程以及其露营地发展的三个阶段来看，法国房车露营的发展有一些典型特征。

（1）房车露营旅游在露营性质上属于度假旅游的一种。在法国，露营地或是作为度假区内的某一功能分区存在，或是作为独立的度假地存在，但不论哪种露营旅游都是属于度假旅游的一种。一个家庭通常开着私家车到一个露营地度假8天到10天左右，或者更久，在露营地展开度假活动。也只有在营地度假，生活一段时间，才能远离尘世的喧嚣，心灵接受自然的洗礼，达到一种和谐的宁静，也只有通过度假才能深刻体会到大自然的美和身心的彻底放松，达到最初参加露营旅游活动之目的。

（2）房车露营旅游在露营产品开发上应该与其他度假产品相结合。露营旅游在开发上，需要丰富多样的度假活动项目作为支撑，而露营地所依托的海滨、湖泊、森林、河流等地，具有空旷的场地和优美的自然环境，往往可以为游客提供多样化的度假活动，如垂钓、徒步、划船、拓展训练、户外探险等。只有将露营地与其他的度假产品相结合，才能丰富游客的度假生活，提供多样化的度假体验。

（3）房车露营旅游在露营服务上应具备较高专业化水平的个性化服务。露营旅游作为度假旅游的一种，其专业性同样较高。突出表现为"四专"，即：专业化的人员以专业化的设施，为专业化的市场提供专业化的服务。露营旅游不同于传统的旅游形式，其服务必然要求具有更高的针对性和个性化。目前，国内传统的旅行社并不能为露营旅游者提供专业化的服务，越来越多的将是专业化水平更高的俱乐部，为露营旅游者提供组织或咨询服务。

（4）房车露营旅游在露营服务设施上应该尽量完善。既然是作为度假地而存在，那么露营地在其建设过程中，就必须要为游客提供度假所需的基础设施和服务设施。虽然露营地相对较为简单和自然，不如通常的度假酒店或温泉宾馆那样豪华舒适，但是对于基本的公共厕所、浴室、盥洗室、医疗室等还是必需的。尤其是对于自驾车与骑车一族，更应设有机动车（非机动车）维修服务点，而在休闲娱乐设施上常可以配置室外乒乓球、羽毛球、吊床、篝火基地等，完善的基础设施与丰富的休闲娱乐设施是露营者度过一个愉悦假期的保证。

（5）房车露营旅游在露营地建设与管理上应构建分级引导机制。法国的露营地如酒店一般，从低到高可以划分为不同的星级，不同等级的露营地建设标准各不相同，满足不同市场顾客的需求，同时便于管理与游客的识别。在打造精品旅游露营地的同时，也为游客提供更为优质的服务和难忘的露营经历。

第三章　房车露营地战略环境分析

房车露营地企业和一般企业一样，其生存和发展总是受到周围环境的影响和制约。战略环境分析是指对企业所处的内外部竞争环境进行分析，以发现企业的核心竞争力，明确企业的发展方向、途径和手段。战略环境分析是战略管理过程的第一个环节，也是制定战略的开端。战略环境分析的目的是展望企业的未来，这是制定战略的基础，战略是根据环境制定的，是为了使企业的发展目标与环境变化和企业能力实现动态的平衡。

第一节　房车露营地宏观环境分析

PEST 分析模型（PEST Analysis）是关于宏观环境分析的国际通用工具。宏观环境又称企业外部环境，是指影响一切行业和企业的各种宏观力量。对宏观环境因素作分析，不同行业和企业根据自身特点和经营需要，分析的具体内容会有差异，但一般都应对政治（Political）、经济（Economic）、社会（Social）和技术（Technological）这四大类影响企业的主要外部环境因素进行分析。简单而言，称之为 PEST 分析法。

一、政治法律环境（Political）

政治环境包括一个国家的社会制度，执政党的性质，政府的方针、政策、法令等。不同的国家有着不同的社会性质，不同的社会制度对组织活动有着不同的限制和要求。即使社会制度不变的同一国家，在不同时期，由于执政党的不同，其政府的方针特点和政策倾向对组织活动的态度和影响是不断变化的。法律环境则包括国家制定法律、法规、条例以及国家的执法机关结构等环境要素。通常情况下，有一些重要的政治法律变量必须纳入 PEST 分析：执政党性质、政治体制、经济体制、政府的管制、税法的改变、各种政治行动委员会、专利数量、环境保护法、产业政策、投资政策、政府补贴水平、政局情况等。国内房车露营产业面临的政治法律环境整体向好，主要体现在以下三个方面：

第一，总体规划。2016 年，国家旅游局发布的《"十三五"全国旅游公共服务规划》中提出，到 2020 年，推动建设 200 个国家级自驾车、旅居车营地公共服务示范点，各类自驾车、旅居车营地达到 2000 个，形成一批精品自驾游线路。2021 年，文化和旅游部的"十四五"文化和旅游发展规划中明确提出，完善自驾游服务体系，推动自驾车旅居车营地和线路建设，依托铁路、游轮、房车营地及自驾游等产品和线路，形成多程联运的一体化格局。

2017 年，国家体育总局等八部委联合发布的《汽车自驾运动营地发展规划》，对我国自驾车房车营地进行了总体规划：到 2020 年，基本形成布局合理、功能完善、门类齐全的汽车自驾运动营地体系；建成 1000 家专业性强、基础设施完善的汽车自驾运动营地，初步形成"三圈三线"自驾线路和汽车自驾运动营地网络体系。所谓"三圈"，指的是以北京为核心的京津冀经济圈、以上海为核心的泛长江三角经济圈、以广州为核心的泛珠三角经济圈。所谓"三线"，是指北京至深圳沿海精品线、南宁至拉萨"进藏"自驾线、北京经乌鲁木齐至伊犁"丝绸之路"自驾线。

第二，用地政策。2016 年，国家旅游局、国家发展改革委等十一部门发布的《关于促进自驾车旅居车旅游发展的若干意见》提出三点用地建议：其一，房车营地的选址可以在总体规划确定的城镇规划区之外，"其公共停车场、各功能区之间的连接道路、商业服务区、车辆设备维修及医疗服务保障区、废弃物收纳与处理区等功能区可与农村公益事业合并实施"。这就为房车营地建设与美丽乡村建设、乡村扶贫、全域旅游的融合发展创造了机遇，让"农村公益事业+房车营地"成为乡村和农业旅游的切入点，成为全域旅游向乡村和农业区域全覆盖的先行军。其二，房车营地建设可以使用集体用地，"其自驾车营区、旅居车营区、商务俱乐部、木屋住宿区、休闲娱乐区等功能区应优先安排使用存量建设用地"，明确房车营地可以使用集体建设用地，并提出优先安排和供给的政策建议。其三，在"其他功能区使用未利用地"建设房车营地的，"在不改变土地用途、不固化地面的前提下，可按原地类管理"，这就为房车营地的选址在湿地、滩涂、林地等使用受限制的区域提供了有条件性的用地许可，具有更多灵活性和优势。

第三，建设标准。2017 年，中国旅游车船协会在《自驾游目的地基础设施与公共服务指南》中，规定了自驾游目的地在线路、道路交通、集散中心、露营地、支持设施、标识导引等基础设施以及安全保障与应急救援、公共信息等公共服务方面的基本原则和要求。加上 2015 年发布实施的《休闲露营地建设与服务规范》系列国家标准，以及云南省发布的《云南省露营地与自驾游专项规划（2016—2030 年）》、上海发布的《房车旅游服务区基本要求》《营地型房车服务功能与设计导则》，四川省发布的《四川省自驾车旅游汽车营地建设标准》等地方性标准，在自驾车房车和露营旅游领域，初步形成了国家标准、行业标准和地方标准相辅相成的标准框架。这些鼓励性政策都为房车露营地的发展注入了强心剂，更多的房车企业加入研发房车的队伍，房车产品越来越丰富。同时，房车露营地建设也更加规范和标准化，"房车露营旅游时代"即将到来。

表 3-1　　　　　　　　　　国家层面房车露营相关政策汇总

2022.4	公安部	机动车驾驶证申领和使用规定	新增房车 C6 驾照，拥有 C6 驾照可以驾驶总质量低于 4.5 吨的拖挂房车
2021.4	文化和旅游部	"十四五"文化和旅游发展规划	完善自驾游服务体系，推动自驾车旅居车营地和线路建设，依托铁路、游轮、房车营地及自驾游等产品线路，推动形成多程联运的一体化格局
2019.8	国务院	关于进一步激发文化和旅游消费潜力的意见	着力开发海洋海岛旅游、自驾车旅居车旅游、森林旅游等产品
2019.6	国家发展改革委、生态环境部、商务部	推动重点消费品更新升级 畅通资源循环利用实施方案（2019—2020 年）	积极探索住行一体化消费模式，统筹规划建设旅居车停车设施和营地，完善配套水电、通信等设施，促进旅居车市场发展。

2018.3	国务院	关于促进全域旅游发展的指导意见	加快建设自驾车房车旅游营地，适度扩大旅游产业用地供给，优先保障旅游重点项目和乡村旅游扶贫项目用地。
2016.9	国家旅游局、公安部等六部委	关于加快推进2016年自驾车房车露营地建设通知	落实国务院提出的"加快自驾车房车营地建设，2016年建设500个营地"的部署。
2016.7	国家发展改革委	关于推动积极发挥新消费引领作用加快培育形成新供给新动力重点任务落实的分工方案	推动乡村旅游、自驾车、房车旅游、邮轮旅游、工业旅游及配套设施建设，以及集多种服务于一体的城乡社区服务平台、大型服务综合体等平台建设；加快旅游咨询中心和集散中心、自驾车房车营地、旅游厕所、停车场等旅游基础设施建设，大力发展智能交通，推动从机场、车站、客运码头到主要景区交通零距离换乘和无缝化衔接，开辟跨区域旅游新路线和大通道。其中，一方面推动自驾车、房车旅游，另一方面则加快自驾车房车营地的建设，助力产业形成良性的发展循环。
2016.4	交通运输部	关于印发2016年全国公路服务区工作要点的通知	明确提出，要科学规划设置长途接驳客运车辆、房车、危险化学品运输车辆专用停车位，明确监管主体和监管责任，强化安全管理和服务，以便继续加强公共场区秩序管理，为行业提供一个有序的环境。
2016.3	国家发展改革委办公厅	关于印发2016年停车场建设工作要点的通知	要积极发展房车营地建设，鼓励应用集约化立体停车库并同步配建充电桩，为营地基础设施的搭建提供保障。
2016.12	国家发展改革委、国家旅游局	关于实施旅游休闲重大工程的通知	完善提升观光旅游景区、乡村旅游景区，引导布局国家级、省级旅游度假区及自驾车房车露营基地、国际特色旅游目的地和低空旅游示范区。明确了完善自驾车房车露营基地作为旅游业产品开发的任务，继续为房车露营地建设发力。

2016.11	国家旅游局、国家发展改革委等十一部委	关于促进自驾车旅居车旅游发展的若干意见	满足国内自驾车旅居车旅游快速发展需要，培育旅游消费新热点，发挥自驾车旅居车旅游的带动作用，使之成为引领旅游供给侧结构性改革，推动我国旅游产业向中高端迈进的重要载体。
2016.1	国务院办公厅	关于加快发展健身休闲产业的指导意见	推动汽车露营营地和中小型赛车场建设，打造"三圈三线"（京津冀、长三角、泛珠三角，北京至深圳、北京至乌鲁木齐、南宁至拉萨）自驾路线和营地网络。
2015.9	国家旅游局	自驾游管理服务规范	该标准规定了自驾游组织机构、管理服务系统、路线与服务、合同与文件、人员、工作车及设备管理、安全与应急等管理的基本要求。
2015.7	国务院	关于进一步促进旅游投资和消费的若干意见	第一次将露营旅游呈现在国家发展台面。提出了6个方面、26条具体政策措施，以充分挖掘旅游投资和旅游消费增长潜力。并在时间节点和量级规模上对自驾车、房车营地作出明确要求。制定全国自驾车房车营地建设规划和自驾车房车营地建设标准，明确营地住宿登记、安全救援等政策，支持少数民族地区和丝绸之路沿线、长江经济带等重点旅游地区建设自驾车房车营地。到2020年，鼓励引导社会资本建设自驾车房车营地1000个左右。
2015.4	公安部	关于规范旅居挂车上路通行管理工作的通知	要求各地公安机关交通管理部门准确理解"全挂拖斗车"的定义概念，切实保障旅居挂车的通行权利。
2015.12	国土资源部、住建部、旅游局	关于支持旅游业发展用地政策的意见	《意见》在用地政策方面提出了诸多利好，包括支持自驾车、房车营地旅游，营地应与自然人文环境协调，按旅馆用地管理。

2015.11	国务院	关于加快发展生活性服务业促进消费结构升级的指导意见	明确指出，今后一个时期，重点发展包括房车露营在内的贴近服务人民群众生活、需求潜力大、带动作用强的生活性服务领域，推动生活消费方式由生存型、传统型、物质型向发展型、现代型、服务型转变。提出适应房车、自驾车、邮轮、游艇等新兴旅游业态发展，合理规划配套设施建设和基地布局
2015.11	国务院	关于积极发挥新消费引领作用加快培育形成新供给新动力的指导意见	露营地将着重发挥"基础设施网络支撑"作用，通过"系统构建和完善基础设施体系"，"加快旅游咨询中心和集散中心、自驾车房车营地、旅游厕所、停车场等旅游基础设施建设"，以"适应消费结构、消费模式和消费形态变化"。
2015.1	国家质检总局、国家标准委	休闲露营地建设与服务规范	提出了休闲露营地通用的基础性规范要求，也突出强调了彰显特色，塑造差异，以避免露营地出现千篇一律、雷同建设。这样有利于为消费者提供多样化的休闲露营生活，并有助于提高露营地经营管理的综合效益。
2014.12	国务院	关于加快发展体育产业促进体育消费的若干意见	明确规定鼓励在有条件的地方制定专项规划，引导发展户外营地、徒步骑行服务站、汽车露营营地、航空飞行营地、船艇码头等设施。
2013.12	国家体育总局	汽车露营地开放条件要求	第一部国家标准诞生，中国汽车露营营地标准化建设全新起航。

表 3-2 　　　　　　　　**地方层面房车露营有关政策汇总（部分）**

长三角	联合签署了《共同推进长三角休闲度假旅游发展合作协议》并发布《长三角房车旅游大纲》	到 2020 年，苏浙沪皖将建成由 250 个房车营地组成的房车服务设施网络。作为一级节点城市的南京将建设 20 个营地，苏州、无锡、常州分别建设 15 个营地，南通、泰州、盐城、淮安、徐州等城市分别建设 5 个营地。力争 2020 年，整个长三角区域形成 400—500 家不同等级、不同类型、设施完备、服务规范的营地规模。

续表

云南	《云南省露营地与自驾游专项规划》编制	提出建成中国首个自驾友好型旅游目的地，把露营地与自驾游培育成为推动云南旅游产业转型升级的重要抓手，将建成 500 个露营地的发展目标（其中：景区依托型露营地 221 个，道路依托型露营地 154 个，乡村依托型露营地 101 个，城镇依托型露营地 24 个）。
四川	四川省自驾车旅游汽车营地发展规划	2012 年至 2020 年，三阶段打造自驾车旅游营地的样板，建设驿站型、目的地型、景区依托型三大类型营地网络体系，构建"中国西部自驾车旅游第一省"。 规划范围包括成都市和 17 个地级市、3 个自治州。届时将建成一个自驾车旅游营地系统，包括九环线、大熊猫线、长江线、香格里拉线、藏区北环线、秦巴生态线在内的六大自驾营地环线，317 川藏体验线、318 中国景观大道、成绵乐三国及世界遗产、雅攀阳光生态度假四条自驾营地走廊。 到 2020 年，规划建成 300 个重点自驾车旅游营地项目。包括 20 个示范营地，80 个精品营地，200 个特色营地。营地可提供餐饮、购物、医疗、租赁、汽车保养、露营、垂钓、烧烤、采摘、攀岩、滑草等服务。
甘肃	丝绸之路甘肃省交通房车露营地发展规划	以兰州为全省房车露营地综合服务与管理中心，构建"一心六带九点"的房车营地空间结构，形成全省房车露营服务体系的骨干，将甘肃省打造成为世界级房车露营目的地、中国西部房车旅游大本营。
山东	山东省自驾车和房车营地规划	打造自驾车与房车营地大省。加快温泉度假型、森林观光型、山地运动型、田野乡村型、漂流体验型、海滨休闲型等主题类型自驾车与房车营地建设。 制定汽车露营地建设标准，出台旅居全挂车上路通行政策，推出一批旅居全挂车营地和露营地示范单位。支持自驾车房车营地连锁经营或联合经营，组建"山东露营地联合会"。
湖南	《湖南省自驾车房车营地发展规划（2017—2020年)》	坚持以产业化、信息化、标准化、国际化为原则引领全省自驾车房车营地发展，从终端扩容，推动房车旅游产业良性健康发展。

续表

海南	海南省旅游发展总体规划(2017—2030年)	发展自驾车房车露营旅游。近期研究房车管理和运营机制，重点加快推进示范性房车营地建设，做好游线规划。建立房车管理和运行机制，加快标准制定；重点建设雷琼世界地质公园、铜鼓岭、尖峰岭、棋子湾、火山海岸、五指山等一批国际化、标准化、生态化的汽车旅馆和自驾车房车露营基地。中远期构建覆盖全岛的自驾车房车露营服务体系。鼓励发展房车露营地、帐篷酒店等住宿新业态。
湖北	湖北省旅游业发展"十四五"规划	建设大别山、武陵山、秦巴山、幕阜山等一批旅游风景道，配套建设自驾车房车营地等体验式设施。

二、经济环境（Economic）

经济环境主要包括宏观和微观两个方面。宏观经济环境主要指一个国家的人口数量及其增长趋势，国民收入、国民生产总值及其变化情况以及通过这些指标能够反映的国民经济发展水平和发展速度。微观经济环境主要指企业所在地区或所服务地区的消费者收入水平、消费偏好、储蓄情况、就业程度等因素。这些因素直接决定着企业目前及未来的市场大小。

GDP（国内生产总值），是一个国家（或地区）所有常驻单位在一定时期内生产活动的最终成果。GDP是国民经济核算的核心指标，也是衡量一个国家或地区经济状况和发展水平的重要指标。按照全球旅游休闲业发展的一般规律，当一个国家人均GDP达到3000美元时，该国将进入休闲消费的快速增长期。我国在2007年人均GDP已超过3000美元，并逐年增长，2021年中国国内生产总值1143670亿元，我国人均GDP达到80976元，按年平均汇率折算达12551美元，超过世界人均GDP水平。[1] 我国经济保持了中高速增长，各项经济指标稳居世界前列，人民生活水平大幅提高。大众休闲消费时代已经到来，主要体现在：旅

---

[1]　同比增长8.1%，两年平均增长5.1%——我国经济总量跃上110万亿元台阶［EB/OL］.（2022-01-18）［2022-04-19］. http：//www. gov. cn/xinwen/2022/01/18/content_5668994. html.

游消费大众化，旅游已经成为人民群众日常生活的重要组成部分。旅游休闲出行方式发生显著变化，自助游、自驾游成为主要的出游方式。特别是随着国内高铁和民航的快速发展，"高铁+自驾""飞机+自驾"的落地自驾方式也成为自驾游快速发展的重要因素之一。而房车旅游作为自驾游中的"新鲜血液"，更是受到了广泛的关注，随着房车技术的不断创新，房车产量的节节攀升，房车旅游不再是遥不可攀的梦想，而是切实地走进了人们的生活。驾着房车到房车露营地感受"房车文化"成了新的时尚。

旅游需求的品质化，人民群众休闲度假需求快速增长，对基础设施、公共服务、生态环境质量的要求越来越高，对个性化、特色化旅游产品和服务的需求越来越多，旅游需求的品质化趋势日益明显。而房车露营旅游作为"自我设计的生活"正符合了这一旅游发展需求，得到越来越多人的青睐。房车露营地在我国的发展也从最初的"停车场"，转变为重视个性化、体验化旅行感受的旅游目的地。基础设施的保障性建设、服务体系的网络化构建、生态环境的保护性建设共同构成房车营地可持续化发展的完整链条。这些因素促使人们对房车旅游从好奇到体验再到理性选择，是旅游需求品位化的具体实现。

房车产业及交通基础设施建设突飞猛进，经济全球化使得金融资本在全球范围内流动，国际贸易的增长促使全球市场逐步形成，越来越多的国外房车企业将资本投入大有发展前景的中国市场，而国内也崛起了相当多数量的房车生产企业和研发部门，我国房车的产量和保有量都在逐年递增。自 2001 年我国有了第一辆自行研发的房车之后，便开启了房车产业发展的新阶段。"十一五"规划期间，汽车厂商产能扩张，国产品牌集体爆发，2018 年我国房车销售量达到 31026 台，与 2017 年的房车销售量相比，增幅达到 48.9%。① 截至 2018 年年底，我国房车总保有量超过了 10 万台，已经超过日本居亚洲第一。截至 2021 年年底，我国综合房车保有量预估为 192000 辆（含营地房车、专用车改装房车、商用房车和自改房车等），预计保有量年增长率约为 27%。这个数据相较于世界房车行业依然属于较低水平：2021 年，美国房车总保有量在 1350 万辆，欧洲房车市场保有量超过 600 万辆，增幅均在 4% 左右。考虑到人口差距，中国的房车保有量并不高，

---

① 我国房车保有量突破 10 万台，2018 年房车销量暴涨 60% [EB/OL]. (2019-03-12) [2022-03-19]. http://www.autor.com.cn/index/business/9169.html.

仍有提升的空间。①

在购买房车的群体中，有充足的休闲时间及经济基础的老年人群是绝对的主力。近年来，人口老龄化程度持续加深。2021年中国60岁及以上人口26736万人，比上年增加992万人，占全国人口的18.9%，比上年提高了0.7个百分点。随着人口老龄化持续加剧，房车消费群体将不断扩大。此外，富裕人口增加，房车消费群体也将不断扩大。《2021胡润财富报告》显示，中国拥有600万元人民币总财富的"富裕家庭"数量已经达到508万户，比上年增加7万户，增长率为1.3%，其中拥有600万元人民币可投资资产的"富裕家庭"数量达到183万户；拥有千万人民币总财富的"高净值家庭"数量达到206万户，比上年增加4万户，增长率为2%。②

与此同时，交通基础设施建设突飞猛进。根据国家发展改革委发布的《国家公路网规划2013—2030年》规划，国家公路网规划总规模40.1万千米，其中国家高速公路共计36条，总长11.8万千米；普通国道共计200条，总长26.5万千米。到2030年将建成布局合理、功能完善、覆盖广泛、安全可靠的国家公路网络。其中，农村公路建设发展迅速，全国通公路的建制村占全国建制村总数99.9%，其中通硬化路面的建制村占全国建制村总数96.7%，自驾游提供了建设基础和发展机遇。③ 另外，随着社会经济的发展，中国居民人均可支配收入和消费支出进一步增长，进而人们的消费能力提高也为露营产业的快速发展提供了基础条件。

中国露营行业目前已经历了20年的发展，2020年和2021年兴起的精致露营，像是一台动力十足的发展引擎，全方位、多维度地拉动着整个产业的升级迭代。据统计，精致露营占到总露营人数的20%，人群集中于21—45岁，以年轻一代和年轻家庭占主导。据《阿里巴巴2021"十一"假期消费出行趋势报告》显示，以帐篷为代表的露营产品预订量环比增长超14倍，超半数国内露营消费者曾购买过帐篷、防潮垫、睡袋和帐篷灯。其他诸如充气垫、折叠座椅、户外厨

---

① 房车，看上去很美 [EB/OL]. (2022-05-06) [2022-05-12]. https：//finance. sina. cn/chunjing/cyxw/2022-05-06/doc_imcwiwst5927625. shtml? cref=cj.

② 中商产业研究院数据库 [EB/OL]. https：//www. askci. com/reports/.

③ 我国这些公路命名将调整完善 公众出行更安全便捷 [EB/OL]. (2018-04-27) [2021-11-03]. https：//news. sina. com. cn/o/2018-04-27/doc-ifztkpip2313323. shtml.

具、露营灯等产品也广受追捧。2021 年 12 月底，淘宝发布"年度十大商品"清单，以露营（Camping）、垂钓（Fishing）、冲浪（Surfing）为代表的"三兄弟"强势入榜，户外露营火热毋庸置疑，这些产品的入榜也从侧面证明了国内强大的网购消费力。2022 年第一季度，大型帐篷、天幕、折叠桌椅、睡袋等露营装备成交额同比增幅超 2 倍。① 我国目前拥有 33000 余家帐篷相关企业、1100 余家天幕相关企业、5000 余家睡袋相关企业、1200 家折叠椅相关企业。携程发布的《2022 清明假期旅行消费数据报告》也显示，刚过去不久的清明小长假，"露营"搜索量上涨 315%，野餐露营地相关笔记攻略浏览量上涨 145%。亲近自然，自己动手搭建营地，让人们不用出远门，也能拥有"生活在别处"的乐趣。② 根据专业机构相关预测：2022 年中国露营市场规模同比增长 18.6%，整体市场规模达354.6 亿元。因此，有理由相信，未来中国露营产业或将继续高速增长。③

三、社会环境（Social）

社会文化环境包括一个国家或地区的居民教育程度和文化水平、宗教信仰、风俗习惯、审美观点、价值观念等。文化水平会影响居民的需求层次；宗教信仰和风俗习惯会禁止或抵制某些活动的进行；价值观念会影响居民对组织目标、组织活动以及组织存在本身的认可与否；审美观点则会影响人们对组织活动内容、活动方式以及活动成果的态度。

早在 1995 年国家就颁布了《国务院关于修改〈国务院关于职工工作时间的规定〉的决定》规定，调整我国职工的法定作息时间为工作 5 天、休息 2 天，随后双休制在企事业单位和民营企业人群中得到了基本落实。另外还有清明节、劳动节和中秋节都调整为了 3 天的小长假；春节和国庆节调整为了 7 天长假时间。2008 年国家又相继公布实施了《机关事业单位工作人员带薪年休假实施办法》和《企业职工带薪年休假实施办法》，绝大部分职工每年都有 5—20 天不等的带

① 国庆消费季呈现五大趋势 "长假经济" 凸显 [EB/OL]. （2021-10-06）[2021-10-08]. http：//finance. people. com. cn/n1/2021/1008/c1004-32246848. html.

② 《2022 清明假期旅行消费数据报告》显示：民宿露营受关注 本地游成主流 [EB/OL]. （2022-04-05）[2022-04-07]. https：//www. ccn. com. cn/Content/2022/04-07/1108031839. html.

③ 2022 年中国露营市场规模将达 354.6 亿元，多元素露营更受年轻人喜爱 [EB/OL]. （2021-11-29）[2022-03-11]. https：//www. sohu. com/a/504317982_120536144.

薪休假。我国人口及经济红利不断持续释放，中产阶级人群规模不断扩大，这部分人群不仅有闲暇时间，还有经济能力购买汽车、房车去消费相关休闲旅游产品。

改革开放后，人民生活水平不断提高，社会更加稳定，经济迅速发展，公路设施发展迅猛，人民对美好生活的向往越发强烈。我国是一个旅游大国，国内旅游资源丰富，文化遗产众多，旅游产业早已成熟。而以汽车为载体的自驾游近几年也已蓬勃发展。当长途奔波劳累和景点人头攒动等问题出现后，越来越多的旅游爱好者开始想方设法地提高旅行质量。由于现代人多居住在城市，工作、生活压力大，人们渴望远离日常生活和工作的烦琐，希望去到自然资源较好的旅游目的地（通常也可以成为房车露营地）体验不同于日常工作与生活的体验与感受，房车文化恰逢时机，开始在国内发芽成长。

新冠肺炎疫情更加加速了游客旅行方式的转变，为推动未来的露营旅游需求提供了潜在动力。对于投资生活品质，并与家人密友一起共享的新兴需求，在房车露营生活方式上得以充分体现，这让目标客户能够私密和安全地旅行，同时为休闲娱乐活动提供了丰富的选择。房车露营旅游不是旅游者的一时热情，而是会形成一种新常态。在此背景下，长途旅游、度假均受到一定程度上的限制和存在诸多不便。以本地、近郊和周边为主要游览区域，以周末及小长假为主要游览时间，以网络为主要发酵平台，以兴趣和时尚为主要聚合因素的新型微度假式露营旅游契合了当下大众的需求。中央电视台制作的《你好，生活》、芒果台的《向往的生活》等综艺的热播，展示了跳脱出都市生活的在绿水青山等室外美景中生活的美好场景，让年轻人渴望亲近自然、远离城市、回归生活本质地出行。据相关数据显示，近一半的国内露营消费者从综艺节目或家人朋友口中获得并了解露营资讯。随着公路系统不断完善，法律法规的引导，国家政策的支持，可以预期，房车露营旅游会成为我国人民休闲生态旅游的最主要方式之一。

四、技术环境（Technological）

国外自驾车房车营地已实现互联网+网络化运营，有成熟的借鉴模式，国内的互联网技术、大数据技术和 AI 技术飞速发展，这些经验和技术可以让自驾车房车营地运营企业分析出主流服务对象、参与者的偏好和市场经营规模，有利于企业研究实施差异化服务，并及时制定市场营销策略和提升服务水平。中国的车企创新能力极强，对市场嗅觉灵敏，国产房车的发展空间巨大，随着国产房车的介入，房车将不断向普通家庭普及，自驾车房车营地将成为不可或缺的重要旅游产业支柱之一。

新媒体助力露营风尚，也将成为行业宣传重地。自疫情常态化以来，综艺宣传兴起到自媒体平台全方位种草，精致露营在短短两年内完成破圈效应。微博、抖音和小红书等平台充斥着各种相关话题，精致的城市白领朋友圈也在各种花式晒露营，露营成为高频话题。2021年，各大旅游报告数据都向人们反复提到短途游、周边游的火热，在这当中，野餐、露营等关键词的搜索量持续攀升。小红书官方数据显示，2021年十一假期小红书露营笔记发布量较上年同期提升1116%。① 房车露营旅游行业投资运营主体应研究应对这种现象，善于运用新媒体宣传营销，抓住窗口期，把握趋势。

第二节　房车露营地微观环境分析

波特五力模型是迈克尔·波特（Michael Porter）于20世纪80年代初提出，主要观点是：行业中存在着决定竞争规模和程度的五种力量，这五种力量综合起来影响着产业的吸引力以及现有企业的竞争战略决策和分析。

根据波特的观点，行业中的竞争，不只是在原有竞争对手中进行，而是存在着五种基本的竞争力量，这五种基本竞争力量的状况及综合强度，决定着行业的竞争激烈程度，从而决定着行业中最终的获利潜力以及资本向本行业的流向程度，这一切最终决定着企业保持高收益的能力。五力分别是：供应商的议价能力、购买者的议价能力、潜在竞争者的进入能力、替代品的替代能力、行业内竞争者现在的竞争能力。五种力量不同组合变化，最终影响行业利润潜力。

因此，波特五力分析应偏向于外部环境分析中的微观环境分析，主要用来分析本行业的企业竞争格局以及本行业与其他行业之间的关系。本质上是一种管理思想在企业营销管理实践活动中战略层面的应用工具，要求我们的企业市场营销

① 2021年中国露营产业火热，未来有望持续高速发展［EB/OL］.（2022-02-18）［2022-04-10］. https：//new. qq. com/omn/20220218/20220218A097RHOO. html.

管理者从战略分析的角度来管理企业。强调的是一种战略意识，或者说战略性思维的运用。

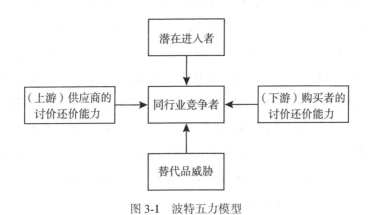

图 3-1 波特五力模型

一、行业竞争对手现在的竞争力

大部分行业中的企业，相互之间的利益是紧密联系在一起的，其目标都在于使自己的企业获得相对于竞争对手的优势，所以，在实施中就必然会产生冲突与对抗现象，这些冲突与对抗就构成了现有企业之间的竞争。现有企业之间的竞争常常表现在价格、营销、广告、产品介绍、售后服务等方面，其竞争强度与许多因素有关。

目前，我国共有超过 2000 家标准化露营地企业。其中排名靠前的品牌有港中旅、途居等。一般来说，出现下述情况将意味着行业中现有企业之间竞争的加剧：行业进入障碍较低，势均力敌的竞争对手较多，竞争参与者范围广泛；市场趋于成熟，产品需求增长缓慢；竞争者企图采用降价等手段促销；竞争者提供几乎相同的产品或服务，用户转换成本很低；一个战略行动如果取得成功，其收入相当可观；行业外部实力强大的公司在接收了行业中实力薄弱企业后，发起进攻性行动，结果使得刚被接收的企业成为市场的主要竞争者；退出障碍较高，即退出竞争要比继续参与竞争代价更高。在这里，退出障碍主要受经济、战略、感情以及社会政治关系等方面的影响，具体包括：资产的专用性、退出的固定费用、战略上的相互牵制、情绪上的难以接受、政府和社会的各种限制等。

从更宽泛的视角来看，露营不仅带动了旅游领域的资源，还带动了配套装备的蓬勃发展。随着精致露营产业越来越卷，帐篷、天幕、桌椅、睡眠、做饭装备等露营产品品类越来越丰富，各个垂直品类的设备、品牌逐渐高端化，且价格不菲，随着越来越多年轻人追赶露营风潮，露营相关设备产品销售量大增。天眼查数据显示，我国目前有近4.6万家露营相关企业，近3年我国露营相关企业注册总量持续猛涨，以工商登记为准，2019年、2020年、2021年我国分别新增注册超3000家、8200家、20000家露营相关企业，2021年新增注册露营相关企业同比增长144%。从注册时间来看，48%的露营相关企业成立于1年内，成立于5年内的企业占比达8成。从露营相关企业地域分布上看，据天眼查数据显示，山东、海南和广东三地相关企业数量最多，分别拥有4600余家、3900余家以及近3900家，此三地都地处沿海地区。① 从产业模式上看，露营逐渐呈现出多样化发展特点："露营地+景区""露营地+田园""露营地+研学""露营地+社交娱乐"等多种融合方式涌现，露营产业实现快速规模化扩张。

早期的露营营地只提供一个场地，内容全靠客户自己输出，目前这种模式越来越没竞争力。随着露营游客们的露营体验越来越丰富、越来越刺激，随之而来的是烧烤、烟花、篝火、旅拍、拍星、电音狂欢等活动，甚至已逐渐成为露营地标配。因此，目前房车企业及露营地企业虽然数量上不少，但是整个房车露营的市场潜力并未完全释放，仍处于培育和快速增长交叠时期，因此整体的竞争空间仍然较大。下一步，除了打造更加丰富的房车露营地功能性分区和活动，房车露营相关企业应更加着力品牌培育，扩大品牌的影响力。在竞争越来越激烈的背景下，虽然房车露营产业迎来更广阔的发展空间，但也正在朝着规范化、品牌化方向路上狂奔，落后者势必被淘汰。

二、新进入者的威胁

新进入者在给行业带来新生产能力、新资源的同时，也希望在已被现有企业瓜分完毕的市场中赢得一席之地，这就有可能会与现有企业发生原材料与市场份额的竞争，最终导致行业中现有企业盈利水平降低，严重的话还有可能危及现有

① 2021年新增注册企业大增144% 露营经济全面开花［EB/OL］.（2022-04-19）［2022-05-14］. http：//www. news. cn/fortune/2022-04/19/c_1128573268. html.

企业的生存。总的来说，竞争性威胁的严重程度取决于两方面的因素：进入新领域的障碍大小和预期现有企业对于进入者的反应情况。进入障碍主要包括规模经济、产品差异、资本需要、转换成本、销售渠道开拓、政府行为与政策、不受规模支配的成本劣势、自然资源、地理环境等方面，这其中有些障碍是很难借助复制或仿造的方式来突破的。而预期现有企业对进入者的反应情况，主要是采取报复行动的可能性大小，则取决于有关厂商的财力情况、报复记录、固定资产规模、行业增长速度等。从新进入者的角度来看，新企业进入一个行业的可能性大小，取决于进入者主观估计进入所能带来的潜在利益、所需花费的代价与所要承担的风险这三者的相对大小情况。

对于房车企业而言，新进入者有专门生产房车的企业，也有传统车企的生产经营领域向房车扩张。后者对于房车企业而言竞争威胁更大。因为传统车企拥有成熟的汽车生产技术、销售能力及供应链资源。

对于露营地企业而言，露营的火爆点亮了疫情下的文旅消费，吸引资本竞逐，露营投资热度持续上涨势必吸引五部分群体加大投入：（1）原本露营相关行业的企业加码进入露营地市场。（2）房车企业进入露营地市场。（3）外部私人资本进入露营地市场。（4）酒店行业从业者进入露营地市场。（5）现有露营地企业连锁化、品牌化和集团化扩展。在 2021 年 11 月，露营品牌"大热荒野"连续获得两轮超千万元人民币融资。2022 年以来，连锁营地品牌嗨 king 野奢营地获百万天使轮融资，估值达数千万元。显而易见，露营地也进入了竞争白热化阶段。

三、替代品的威胁

两个处于不同行业中的企业，可能会由于所生产的产品互为替代品，从而在它们之间产生相互竞争行为，这种源自替代品的竞争会以各种形式影响行业中现有企业的竞争战略，如现有企业产品售价以及获利潜力的提高，将由于存在着能被用户方便接受的替代品而受到限制；由于替代品生产者的侵入，使得现有企业必须提高产品质量，或者通过降低成本来降低售价，或者使其产品更具有特色，否则其销量与利润增长的目标就有可能受挫；源自替代品生产者的竞争强度，受产品买主转换成本高低的影响。总之，替代品价格越低、质量越好、用户转换成本越低，其所能产生的竞争压力就越强，而这种来自替代品生产者的竞争压力的强度，可以具体通过考察替代品销售增长率、替代品厂家生产能力与盈利扩张情况来加以描述。

房车露营地的替代品有度假酒店、民宿等。其中，度假酒店功能较为齐全，并且住宿空间相对比房车宽敞，很多度假型酒店也是设置在青山绿水、环境优美的地方。所以这类酒店是房车露营地的主要竞争者之一。而民宿比起房车露营而言，预订更加便捷、价格更为实惠。因此，房车露营的替代品竞争还是相对比较激烈的。房车露营地经营企业需要深耕产品，为消费者提供良好的产品及服务，以避免当房车文化热度减退，或者游客由于初次体验房车露营旅游后不满意而导致的向酒店或民宿等替代品转换的可能。2022 年 5 月 24 日，全球民宿巨头爱彼迎决定关闭在中国大陆的业务，预计将有一定数量的旅游者从民宿旅游转为房车露营旅游，这对于房车露营地企业而言，算是重大利好消息之一。

四、供应商的讨价还价能力

供方主要通过提高投入要素价格与降低单位价值质量的能力，来影响行业中现有企业的盈利能力与产品竞争力。供方力量的强弱主要取决于他们所提供给买主的是什么投入要素，当供方所提供的投入要素其价值构成了买主产品总成本的较大比重、对买主产品生产过程非常重要，或者严重影响买主产品的质量时，供方对于买主的潜在讨价还价力量（也被称为供应链权力）就大大增强。通常情况下，以下情况会给供方带来供应链权力：供方行业为一些具有比较稳固市场地位而不受市场激烈竞争困扰的企业所控制，其产品的买主很多，以至于每一单个买主都不可能成为供方的重要客户；供方各企业的产品各具有一定特色，以至于买主难以转换或转换成本太高，或者很难找到可与供方企业产品相竞争的替代品；供方能够方便地实行前向联合或一体化，而买主难以进行后向联合或一体化。

房车露营地客源供应商主要有在线 OTA（如携程、去哪儿、马蜂窝）、官方自营以及专业集成平台等预订渠道、旅行社自驾游组团方、自驾车俱乐部以及网络和新媒体广告运营商。在项目的起步阶段，利用第三方平台能迅速扩大客源和打造知名度。市场现存网络预订平台和网络自媒体广告运营商较多，面对僧多粥少的情况，房车露营地经营企业反而具有一定的讨价还价能力，尤其是具有一定市场规模房车露营地连锁品牌，议价能力更为强大。

五、顾客的议价能力

购买者主要通过压价与要求供方提供较高的产品或服务质量，来影响行业中现有企业的盈利。影响购买者议价能力强弱主要有以下原因：购买者的总数较少，而每个购买者的购买量较大，占了供方销售量的很大比例；供方行业由大量相对来说规模较小的企业所组成；购买者所购买的基本上是一种标准化产品，同时向多个供方购买产品在经济上也完全可行；购买者有能力实现后向一体化，而供方不可能前向一体化。

由于我国的地理气候条件，大部分土地属于亚热带、温带气候，房车露营地的适宜季节为春秋两季，加之学生暑假这一特殊休假制度，因而房车露营产品的旺季为春季（4、5 月）、夏季（7、8 月）及秋季（9、10 月），其余时间均为淡季。旺季消费者议价能力较淡季弱一些。同时，长三角、珠三角、华北等众多房车露营地都离市区不太远，周末就能实现房车露营游。因而，周末消费者议价能力较周中相对弱一些。最后，消费者的议价能力还受房车露营地的经营情况影响。消费者面对经营状况较好、营位出租率高的露营地比起经营状况差的露营地的议价能力也会差一些。

第三节　房车露营地企业 SWOT 分析

SWOT 分析法（也称 TOWS 分析法、道斯矩阵）即态势分析法，20 世纪 80 年代初由美国旧金山大学的管理学教授韦里克提出，经常被用于企业战略制定、竞争对手分析等场合。

在现在的战略规划报告里，SWOT 分析应该算是一个众所周知的工具，包括分析企业的优势（Strengths）、劣势（Weaknesses）、机会（Opportunities）和威胁（Threats）。

优势，是组织机构的内部因素，具体包括：有利的竞争态势；充足的财政来源；良好的企业形象；技术力量；规模经济；产品质量；市场份额；成本优势；广告攻势等。

劣势，也是组织机构的内部因素，具体包括：设备老化；管理混乱；缺少关键技术；研究开发落后；资金短缺；经营不善；产品积压；竞争力差等。

机会，是组织机构的外部因素，具体包括：新产品；新市场；新需求；外国市场壁垒解除；竞争对手失误等。

威胁，也是组织机构的外部因素，具体包括：新的竞争对手；替代产品增多；市场紧缩；行业政策变化；经济衰退；客户偏好改变；突发事件等。

因此，SWOT分析实际上是将对企业内外部条件各方面内容进行综合和概括，进而分析组织的优劣势、面临的机会和威胁的一种方法。按照企业竞争战略的完整概念，战略应是一个企业"能够做的"（即组织的强项和弱项）和"可能做的"（即环境的机会和威胁）之间的有机组合。通过SWOT分析，可以帮助企业把资源和行动聚集在自己的强项和有最多机会的地方，并让企业的战略变得明朗。

通过对国内外自驾车房地营地的发展现状、宏观环境和行业环境的分析，可以发现项目所处环境的机会和威胁，通过内部资源和外部环境的结合来确定分析对象的资源优势和劣势，下面将用SWOT分析法对项目的环境进行综合评估与分析。

一、优势

作为常规露营的升级版，房车露营具有舒适性更好，移动性更强，且露营时间更易掌控等优点。具体体现在：（1）房车旅游方式更自由。房车不仅能提供自由化、个性化的旅游，而且还能提供休闲和探险等户外活动方式。（2）房车旅游开发和度假别墅开发相比，可以节省土地资源，因为房车可以是由度假旅游者购买也可以是租用，对不同旅游者而言，房车宿营地可重复使用。（3）房车旅游中参与者体验性强。房车上备有做饭设施，旅游者兴致所到随时可以下厨，与家人朋友一起品尝、用餐，其乐融融。也可以利用车上的电视、音响等丰富行车生活，打发旅途中的无聊时光。停泊露营地后，还可以利用有条件的宿营地所开设的游泳场、烧烤场、钓鱼场等多种休闲娱乐设施，增加旅游的体验和乐趣。（4）房车露营的主要受众经济稳定，闲暇时间充裕，体验兴趣浓厚。房车粉丝群体中，30—60岁人群为房车的主要关注者，退休一族为主要购买者。房车受众呈年轻化趋势发展，"90 后"作为拥有购买力的年轻族群，其接受新鲜事物的能力更强，并且愿意为所喜欢的休闲旅行、休闲娱乐付费，更愿意享受自驾游所带来的乐趣。且随着近几年国产房车的屡次破圈，房车正逐渐被大众关注，同时在后疫情时期，大众对于安全、私密旅行的追求以及在房车相关政策的不断完善、支持下，国内房车行业发展提速，销售量及保有量都实现了大幅增长。疫情后时代，全球房车市场热度持续上升，中国房车市场快速发展，将促进房车露营产业持续升温。

二、劣势

目前，国内由于营地发展条件、政策限制（如部分路段限高）、驾照级别等问题，给房车露营旅游带来极大的制约性。房车露营旅游目前面临诸多劣势。

（1）房车成本高、舒适性差。目前，我国的旅游房车都是改装而成的，选用国内各型客车改装而成的售价在 30 万—50 万元，选用进口客车改装的售价在 80 万—300 万元，而且保养维护费用也很高。如果向房车租赁公司租借房车，每天需要付 800—1500 元的租金，房车停靠在宿营地还要每天交 100—300 元，加上路费、桥费、油费，所花费用也比较高，所以有一些人在考虑成本之后，选择自驾车+住酒店的方式出游，因为自己有车，车辆的成本可以省掉。由于房车多数是卡车底盘、柴油发动机。行驶舒适性与乘用车相比就太差了。当然，舒适性更好的价格就自然更加昂贵（50 万元以上）。当前国内典型的 C 级房车基本上是按蜗居设计睡眠空间，很多床长不到 2.0 米，宽度、高度也有限，旅游者的睡眠质量难以保障。

（2）房车露营旅游配套服务设施不健全。首先，缺乏相应的旅游信息系统和配套服务。目前，我国在标志指示、房车维修补给服务等方面，还存在许多有待改善的地方。其次，急救救援设施欠缺，缺乏安全保障。由于房车旅游涉及车的安全、道路交通的安全、野外露营的安全，因此其安全防范问题更加复杂。房车旅游者遇到异常天气、突发疾病、交通事故等意外事件时往往难以得到及时救助。最后，标准化房车露营地欠缺。房车旅游离不开房车露营地，而专业化和标准化营露地的欠缺是制约当前我们选择房车旅游的重大问题。

（3）相关交通法规不完善。目前，我国有关房车旅游的法律法规还不完善，交通管理部门对房车的界定、上牌、行驶、停靠等都没有明确的规定，仅按照国家有关部门的规定对房车进行特殊处理，"限行"和"限停"问题也普遍存在。

（4）房车露营地消费习惯有待规范。受疫情影响，中国房车保有量也在快速增长，这有利于促进房车露营的发展。但还存在一些问题，国内房车露营者偏少，房车及营地等硬件配置相对偏少，价格不透明，收费昂贵问题依然突出。不同于欧美地区，房车露营市场已经足够成熟，有房车停驻营地的具体法律规范，而国内的房车进露营地消费和停泊的规范仍没有形成。与此同时，房车露营地经营状况也不容乐观，60%的房车露营地处于关闭或转型的状态。市场上存活下来且经营状况良好的房车营地主要为大型品牌连锁营地，主要业务在接待自驾游露营，经营露营地营地房车、木屋或酒店等功能设施租赁方面，有时甚至并不欢迎房车进入（消费较低）。

三、机遇

露营在国内市场的火爆，很大程度上源于疫情影响下的自驾游爆发。当前出境游被迫按下"暂停键"，露营成为挖掘国内旅游市场的一条新路径。与此同时，在疫情的冲击下，游客对旅行安全的重视度日益提高，亲山亲水类景区、自驾和露营的新玩法备受关注。事实上，房车露营旅游正在从慢速发展期向快速发展期迈进，具体原因有以下几点：

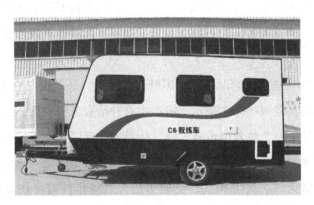

图 3-2 嵊野房车按照国家标准面向全国驾校推出 C6 教练车

（1）利好政策不断推出。2022 年 1 月底，《"十四五"旅游业发展规划》提出，丰富旅游产品供给，推进自驾车旅居车旅游，实施自驾游推进计划，形成网络化的营地服务体系和比较完整的自驾车旅居车旅游产业链，推出一批自驾车旅居车营地和旅游驿站。为了更好地满足群众驾驶房车出游的需求，2022 年 4 月 1 日起，公安部新修订的《机动车驾驶证申领和使用规定》正式实施，驾驶证新增轻型牵引挂车准驾车型（C6），允许驾驶小型汽车列车。随着自驾游人数增长、营地数量增加、租赁业务发展以及供给端日趋丰富，我国旅居车市场将迎来良好的发展机遇。

（2）公休日、节假日以及带薪休假制度的不断完善。人们的闲暇时间增多可以让处于城市高压力、快节奏的工作方式的人们利用更多的节假日外出进行休闲度假旅游产品的消费，这在一定程度上能均衡旅游淡旺季客流量的巨大差别。

（3）营地标准化建设也将逐步渐成体系，整体成长空间很大。作为房车产业及房车露营产业的起源地和市场规模最大的美国，截至 2020 年，拥有超过 9450 万个露营家庭，超过 26000 个房车露营地。根据调查，2020 年至少有 4820 万户家庭露营一次，其中包括 1010 万户首次露营的家庭。疫情之下，越来越多的人参与或计划进行房车露营。而在亚洲最早兴起房车及房车露营产业的日本，目前有 3000+营地，当下超过 50% 的 20—60 岁的人每年会去露营，近 50%的 14—40 岁的日本男性喜欢露营活动，男女比例相近；日本 60% 以上的年轻群体期待房车露营旅行，认为房车露营更加方便。在房车千人拥有比例上，根据路程网与房车行相关数据统计，美国和欧洲每千人的房车拥有量分别约为 40 辆和 10 辆，而在亚洲房车市场发展最早的日本每千人房车拥有量约为 1 辆，在房车才刚刚起步发展的中国每千人则不到 0.2 辆。[1] 对比之下差距明显，但这也恰好表明了广阔的行业发展前景。

（4）中国自驾基础设施完善，汽车驾驶用户基数大，旅居养老产业市场潜力巨大，露营产业发展基础雄厚。目前我国公路总里程已达 528 万千米，形成了以高速公路为骨架、普通干线为脉络、农村公路为基础的全国公路网，说明中国拥有完善的自驾公路体系。截至 2020 年，汽车行业总体表现出了强大的发展韧性和内生动力，2021 年，乘用车产销分别完成 2140.8 辆和 2148.2 辆，同比分别增

---

[1] 从房车产业看房车露营地发展格局与运营思路 [EB/OL].（2022-05-21）[2022-05-25].http：//www.fangche1920.com/car/yd/2022/0525/2022EYNuqG76hM.html.

长 7.1% 和 6.5%，增幅高于行业增速 3.7 和 2.7 个百分点。在国内强大的消费市场促进下，我国乘用车市场已经连续 7 年超过 2000 万辆。① 与此同时根据全国老龄办数据，2020 年全国 60 岁老年人口将达 2.48 亿，老龄化水平为 17%。从 2015 年到 2020 年，随着经济发展、国人养老观念的改变，老年人消费水平也将有所提高，以 GDP 增速作为老年人均年消费金额增长率计算，假设未来五年 GDP 复合增长率为 6.5%，那么到 2020 年，则每位老人每年消费金额约为 1.37 万元，养老产业市场规模达 3.4 万亿元。而中国驾驶人数据全球第一，疫情后自驾游市场快速增长。2020 年年底，机动车驾驶人达 4.56 亿人，目前汽车驾驶人员有 4 亿人。从驾驶人的年龄分布看，主要集中在 26 至 50 岁年龄段之间，其中 26 至 35 岁年龄段的有 15173 万人，占驾驶人总量的 33%；36 至 50 岁年龄段的有 17528 万人，占 38%。而 51 至 60 岁年龄段的有 6086 万人，超过 60 岁的驾驶人数量达 1530 万人。② 目前，国内人均 GDP 将超 1 万美元，也迎来了第三次消费升级，主要特征为：数字消费、旅游消费、个性化消费，消费模式与露营产业契合度很高，将进一步带动自驾露营的快速发展。

四、威胁

（1）房车露营地经营压力大。尽管国土资源部、国家旅游局等在 2015 年年底出台了相关的土地政策，但综合来看，国内露营地相对来讲还是成本高昂，造成了经营层面巨大的资金压力，如果仅仅依靠房车停靠的费用收回成本并不现实。其他问题例如汽车及房车营地的立项、土地性质、配套建设指标、生态环保政策、污水处理、消防验收、特行审批等都是急待解决的现实问题。

（2）相关政策出台缓慢。由于相关政策不明朗、部分政策执行偏差等原因，造成目前国内房车普及速度慢，保有量较小，房车数量远远不能满足快速发展的露营地需要，也决定了国内营地的经营方式必然不同，另外相关的各类如房车上路、收费、驾驶等执行层面的政策一直较为模糊，造成房车短时间内普及仍存

---

① 工信部举行 2021 年汽车工业发展情况新闻发布会 [EB/OL]. (2022-01-13) [2022-03-09]. https：//wap. miit. gov. cn/jgsj/zbys/qcgy/art/2022/art ＿ cb78a63a1bb54a56b009db8ab6da720a. html.

② 2020 年度国家老龄事业发展公报 [EB/OL]. (2021-10-15) [2022-04-23]. http：//www. nhc. gov. cn/lljks/pqt/202110/c794a6b1a2084964a7ef45f69bef5423. shtml.

困难。

（3）国内房车营地的经营服务水平有待于进一步提升。从目前的实际情况看，国内房车露营地并没有形成统一的服务标准，尽管已经开始有行业协会致力于推广"星级标准"，但存在诸多版本，如"五星级"和"5C"的差异，标准化体系尚未得到广泛确立，要达到目前成熟的酒店行业这样的服务标准还有待时日。加之房车营地内住宿单元的分散性导致了服务成本的提升，如何提出更有效的解决办法也需要作进一步的探讨。随着港中旅、国旅、首旅等一些实力很强的旅游类企业加入，会快速地带动营地服务水平和快速的规范化。

此外，由于房车露营行业在近两年才开始真正起步，作为分散非标准型的房车酒店、木屋酒店、集装箱酒店、帐篷酒店等到底什么样的产品更能适应国民的口味和喜好，由于缺乏足够的数据支撑，还是需要作进一步的探索。同时，国民的消费习惯也需要逐步培养，从习惯传统的酒店到喜欢上个性化自然的营地住宿产品是需要一个过程的。另外包括房车营地的各类配套设施，如娱乐设施、亲子设施、住宿产品、景观配套等，都是在未来运营中需逐步探索的内容，不可能一蹴而就，这也许是一个漫长的过程。

（4）房车制造规模过低。由于房车普及速度需要提升，众多房车企业的制造能力没有得到充分发挥，业内形成的一种共识是，在三到五年内，房车露营地还是房车企业的主要客户，尤其是拖挂式的营地房车类型，但现在国内自行式的房车数量在市场上占据着绝对主流，拖挂车上路的很多环境还不成熟。不过可以预见，相关的政策法规等彻底明朗后，房车可以迅速走入大众家庭，房车产业才会进入发展快车道。

房车旅居生活是美好的，从需求端来讲，房车露营旅游首先需要质量可靠、功能完备而舒适的房车，其次还需要能将大家带向远方的高速公路、国省道组成的路网，最后是旅游沿线安全舒适的房车露营地和相应的服务。和欧美国家相比，国内除了有比较发达的交通路网之外，另外两个方面还有很大的进步空间。同程研究院高级研究员张明阳认为，从长期来看，房车露营旅游必然会迎来新的发展机遇，要想保持产业的健康发展，不仅需要有关部门进行持续性推进和引导，还要形成一套完善的房车露营旅游产业链，在如何提高房车出行的周期利用率上也需要社会各方共同解决。比如，中国房车露营旅游的特点是聚会型，这一点与国外以小家庭式为主的出游方式不同。因此，房车露营旅游的发展需要更多标准、管理办法、奖励政策的出台，但这些都应是基于露营游客消费习惯以及装备制造、营地建设等方面协调发展来制定的。

第四章　房车露营地市场细分与定位

房车露营地市场细分是从露营游客的需求差异出发，根据露营游客消费行为的差异性，将整个房车露营地市场划分为具有类似性的若干消费群体。用来划分房车露营地市场的标准必须是可以确切衡量的，因此必须对游客各方面的消费需求作全面、准确的了解，以使划分标准的确定能够准确合理。而且，市场细分必须在一定时期内保持相对稳定，不能经常变化，以便能在较长的时期内制定有效的定位和营销策略。

第一节　市场细分与房车露营地市场细分

一、市场细分

市场细分（Market Segmentation）的概念是美国市场学家温德尔·史密斯（Wendell R. Smith）于 20 世纪 50 年代中期提出来的。

（一）市场细分的含义

市场细分是指营销者通过市场调研，依据消费者的需要和欲望、购买行为和购买习惯等方面的差异，把某一产品的市场整体划分为若干消费者群的市场分类过程。每一个消费者群就是一个细分市场，每一个细分市场都是具有类似需求倾向的消费者构成的群体。

（二）细分消费者市场的基础

地理细分：国家、地区、城市、农村、气候、地形。

人口细分：年龄、性别、职业、收入、教育、家庭人口、家庭类型、家庭生命周期、国籍、民族、宗教、社会阶层。

心理细分：社会阶层、生活方式、个性。

行为细分：时机、追求利益、使用者地位、产品使用率、忠诚程度、购买准备阶段、态度。

受益细分：追求的具体利益、产品带来的益处，如质量、价格、品位等。

(三) 市场细分的作用

细分市场不是根据产品品种、产品系列来进行的，而是从消费者（指最终消费者和工业生产者）的角度进行划分的，是根据市场细分的理论基础，即消费者的需求、动机、购买行为的多元性和差异性来划分的。市场细分对企业的生产、营销起着极其重要的作用。

1. 有利于选择目标市场和制定市场营销策略

市场细分后的子市场比较具体，比较容易区分不同子市场消费者的需求，企业可以根据自己的经营思想、方针及生产技术和营销力量，确定自己的服务对象，即目标市场。针对较小的目标市场，便于制定特殊的营销策略。同时，在细分的市场上，信息容易了解和反馈，一旦消费者的需求发生变化，企业可迅速改变营销策略，制定相应的对策，以适应市场需求的变化，提高企业的应变能力和竞争力。

2. 有利于发掘市场机会，开拓新市场

通过市场细分，企业可以对每一个细分市场的购买潜力、满足程度、竞争情况等进行分析对比，探索出有利于本企业的市场机会，使企业及时作出投产、销售决策或根据本企业的生产技术条件编制新产品开拓计划，进行必要的产品技术储备，掌握产品更新换代的主动权，开拓新市场，以更好适应市场的需要。

3. 有利于集中人力、物力投入目标市场

任何一个企业的资源、人力、物力、资金都是有限的。通过细分市场，选择了适合自己的目标市场，企业可以集中人、财、物及资源，去争取局部市场上的优势，然后再占领自己的目标市场。

4. 有利于企业提高经济效益

前面三个方面的作用都能使企业提高经济效益。除此之外，企业通过市场细分后，可以面对自己的目标市场，生产出适销对路的产品，既能满足市场需要，又可增加企业的收入；产品适销对路可以加速商品流转，加大生产批量，降低企业的生产销售成本，提升生产工人的劳动熟练程度及产品质量，全面提高企业的经济效益。

（四）有效市场细分的条件

企业进行市场细分的目的是通过对顾客需求差异予以定位，来取得较大的经济效益。众所周知，产品的差异化必然导致生产成本和推销费用的相应增长，所以，企业必须在市场细分所得收益与市场细分所增成本之间做权衡。由此，我们得出有效的细分市场必须具备以下特征：

1. 可衡量性

可衡量性是指用来细分市场的标准和变数及细分后的市场是可以识别和衡量的，即有明显的区别，有合理的范围。如果某些细分变数或购买者的需求和特点很难衡量，细分后无法界定，难以描述，那么市场细分就失去了意义。一般来说，一些带有客观性的变数，如年龄、性别、收入、地理位置、民族等，都易于确定，并且有关的信息和统计数据，也比较容易获得；而一些带有主观性的变数，如心理和性格方面的变数，就比较难以确定。

2. 可进入性

可进入性是指企业能够进入所选定的市场部分，能进行有效的促销和分销，实际上就是考虑营销活动的可行性。一是企业能够通过一定的广告媒体把产品的信息传递到该市场众多的消费者中去；二是产品能通过一定的销售渠道抵达该市场。

3. 可盈利性（规模性）

可盈利性是指细分市场的规模要大到能够使企业足够获利的程度，使企业值得为它设计一套营销规划方案，以便顺利地实现其营销目标，并且有可拓展的潜力，以保证按计划能获得理想的经济效益和社会效益。

4. 差异性

差异性指细分市场在观念上能被区别并对不同的营销组合因素和方案有不同

的反应。

5. 相对稳定性

相对稳定性指细分后的市场有相对应的时间稳定。细分后的市场能否在一定时间内保持相对稳定，直接关系到企业生产营销的稳定性。特别是大中型企业以及投资周期长、转产慢的企业，更容易造成经营困难，严重影响企业的经营效益。

此外，市场细分的基础是顾客需求的差异性，所以凡是使顾客需求产生差异的因素都可以作为市场细分的标准。由于各类市场的特点不同，因此市场细分的条件也有所不同。

二、房车露营地市场细分

（一）按地理细分

按照地理位置细分房车露营市场，可将全国市场分为华东市场（包括山东、江苏、安徽、浙江、福建及上海）、华南市场（包括广东、广西及海南）、华北市场（包括北京、天津、河北、山西及内蒙古）、华中市场（包括湖北、湖南、河南及江西）、西南市场（包括四川、云南、贵州、西藏及重庆）、西北市场（包括宁夏、新疆、青海、陕西及甘肃）及东北市场（包括辽宁、吉林及黑龙江）。从我国露营地分布情况来看，华东市场、华北市场为房车露营发展领先地区，在 2021 年已建成露营地数量排名中位列前茅，而由于东西部露营旅游资源的分布及发展现状，我们预计未来露营地供给主要来源为西部地区。

形成目前的房车露营地格局主要有以下几点原因：一是受区域总体经济水平的影响。地区经济的发展程度和总体发展水平为房车露营旅游资源的开发和露营地基础设施建设提供资金保障，同时，华东、华北及华南市场较高的经济发展水平带来了当地居民较高的收入，为房车露营旅游的开展提供了必要的经济条件。二是受交通状况的影响。房车露营地所处的交通状况直接决定了其可进入性，影响房车露营旅游者的露营目的地选择。行是旅游的要素之一，交通也是联系房车露营旅游各要素之间的纽带。因此，华东、华北及华南地区由于其良好的交通区位条件，使得该区域房车露营旅游先行。三是受区域旅游者的接受程度影响。华东、华北及华南地区旅游者对于房车露营文化的欢迎及接受程度较高，热爱尝试新鲜事物。

（二）按资源优势细分

按照资源优势细分房车露营市场，可将全国市场分为东部客源市场和西部下沉市场。

根据中国旅游研究院的相关资料数据显示，国内旅游客源市场呈现出显著的区域分布特征。综合考虑出游次数和停留时间，2020 年东部区域占据了 51.5%的国内旅游客源市场，其次是西部区域占据了 26.4%，中部区域占据了 19.9%，而东北区域仅占 2.1%。① 东部占一半以上客源市场。因此，根据我国人口、经济等分布特征，东部地区人口基数大、人均可支配收入高，具有明显的客源优势，根据其优势特征，我们称之为东部客源市场。而西部地区有着广袤的土地、丰富的自然生态资源和历史文化资源，根据其优势特征，我们称之为西部下沉市场。

由此可以预见，以房车自驾+露营旅游的形式连接东部一线城市和西部乡村地区，实现精准旅游扶贫，通过房车露营旅游促进脱贫攻坚与乡村振兴的有效衔接。

（三）按距离细分

按照距离细分房车露营市场，可将全国市场分为周边房车露营游市场、国内中长房车露营游市场及境外房车露营游市场。

以房车露营旅游客源地为中心点，画出不同的露营地半径范围，半径 150 千米以内作为周边房车露营游目的地，半径 150 千米以上则为国内中长房车露营游市场，其中 150—250 千米为两日游目的地，250—350 千米为 3—4 日游目的地，350 千米及以上作为一周游或更长旅游时间的目的地。市场从近至远，房车露营旅游者根据周末、法定节假日及其他休假的可供旅游的时间，再结合露营地范围，进行房车露营旅行计划。

---

① "十四五"开局，国内旅游迈进高质量发展新阶段［EB/OL］．（2021-10-19）［2022-03-27］．http：//www.ctaweb.org.cn/cta/gzdt/202110/357550c0eb0444d4b59534d51b590373.shtml.

图 3-3　武汉 150 千米周边露营范围示意图

除了以上周边房车露营游市场及国内中长房车露营游市场外，还有境外房车露营游市场，同样涉及房车买卖、租赁、线路规划设计等。

（四）按目标客户细分

按照房车露营游市场目标客户的年龄不同，可将全国市场划分为青少年市场、中年市场及老年市场。

其中，青少年市场主要为房车露营游的参与人群，房车露营地相关企业可创新开展面向广大青少年学生的特色教育实践活动和红色主题研学露营旅行，打造红色研学露营线路，开展富有特色的红色旅游体验活动，同时开发红色旅游文创产品。

而中年市场则是我国房车露营市场的中流砥柱，该群体一般收入较稳定，在露营旅游产品选择上更加注重品质和内涵，房车露营旅行中重视舒适度及安全性，对细致、充满人性关怀的个性化服务需求较高。房车露营企业可根据该群体的消费能力、旅行需求等，在露营产品上下工夫。

老年市场，又称"银发市场"。2022年4月1日起，公安部新修订的《机动车驾驶证申领和使用规定》（以下简称《规定》）正式实施，驾驶证将新增轻型牵引挂车准驾车型（C6），自此，轻型拖挂房车上路有了驾驶规范。《规定》中专门增加了"对60周岁以上、70周岁以下人员，确有驾驶轻型牵引挂车需求的，通过记忆力、判断力、反应力等能力测试后，也可以申请增驾C6驾驶证"的内容。这说明国家在制定政策规定过程中关注到该群体的特殊需求。随着人口老龄化进程加快，老年旅游市场蓬勃发展，而在规模庞大的老年群体中，绝大多数人都身体健康，也有一定的经济基础和提高生活品质的愿望，这就使得"银发族"成为房车自驾游的主力军之一。

为适应房车旅游市场的快速发展，房车露营地企业在加快建设及完善房车露营地的同时，更要突出房车露营旅游产品服务供给的丰富性，为不同的目标客户群体提供多元化的消费活动，不断丰富露营游客的旅游体验。

（五）按房车拥有方式细分

根据房车露营游中房车拥有方式的不同，可将房车分为自有房车、租赁房车及共享房车。

通过房车交易（包括二手房车交易）而实现的房车露营游为自有房车游，许多房车露营爱好者认为只有拥有自己的房车，才是真的房车露营游。我国目前房车消费者主要购买自行式房车，该类型较拖挂式房车可选车型更多、机动性更强、停泊更为便利。

除常规的房车销售、二手车交易之外，租赁房车也是实现房车自驾游的一个重要方式，很多房车露营游客认为买房车贬值率高、使用率低、闲置率高、闲置期停靠不便。而租房车费用低、现租现用、自由灵活，对比自购房车而言，不需长期停车位。租赁房车主要是"B2C"的商业模式，即传统的旅游企业或线上OTA企业、专业的租车公司新增房车租赁业务、新型的专门房车租赁线上线下企业及露营地自身提供的房车租赁业务等。

除了自有、租赁房车外，实现房车露营游还可以采用共享房车的方式。共享房车主要是"C2C"的商业模式，一种是房车车主在一定的信用体系依托下，将自己的闲置房车共享给其他的有需要的房车车主，以改变房车利用率不高、使用频次较少的弊端；二是类似分时度假酒店，多个潜在房车购买者以众筹的形式，共同出资购买车辆，车辆的产权共有，大家协调分配使用时间（或者交由平台代管），不同的认购金额可享受不同的使用时限及优先使用权。

第二节　市场定位及房车露营地企业市场定位策略

当房车露营企业确定好细分市场后，应结合自身资源、市场需求选好赛道，进行市场定位，确定细分市场以及所需的主要产品及服务。在一个相对竞争不那么激烈的细分赛道上，做好推广，尽快占据消费者心理，以期获得一定的市场份额。市场定位策略及房车露营地企业市场定位如下：

一、USP 定位

20 世纪 50 年代初由美国学者罗瑟·瑞夫斯（Rosser Reeves）提出 USP 理论，要求向消费者传递一个"独特的销售主张"（Unique Selling Proposition），简称 USP 理论，又可称为创意理论。其特点是必须向受众陈述产品的卖点，同时这个卖点必须是独特的、能够带来销量的。

运用 USP 定位，在同类产品品牌太多、竞争激烈的情形下可以突出品牌的特点和优势，让消费者按自身偏好和对某一品牌利益的重视程度，将不同品牌在头脑中排序，置于不同位置，在有相关需求时，更迅速地选择商品。例如白加黑的"治疗感冒，黑白分明"就是采取的 USP 定位策略，使得其在感冒药市场中突出了"黑白分明"的优势及特点。

房车露营虽然不是新鲜事物，但是由于我国该产业的发展特征及新冠肺炎疫情后旅游者心理的改变这一因素的催化，促使其最近开始流行。在突如其来的井喷式需求面前，各行各业都开始涌入这一赛道。A 股市场上具备露营相关业务的公司已有近 10 家，其中际华集团（601718.SH）、三夫户外（002780.SZ）、浙江永强（002489.SZ）牧高笛等表现优异。露营企业融资案例也很多，2021 年 11 月，露营地品牌"大热荒野"连续获得两笔天使轮融资，融资金额均超千万元；2022 年 3 月，露营品牌"嗨 King 野奢营地"获得百万级的天使轮融资；2022 年 4 月，"ABC Camping Country"获得数百万美元的天使轮融资；同年，户外装备品牌"挪客 Naturehike"也完成近亿元融资。然而，尽管如此，我国的房车露营仍处于成长期，还有很大的发展空间。因此还将会有更多相关资本或企业涌入这一赛道，可以预见的同质化、相似化将日益严重，房车露营行业相关企业需要创造心理差异、个性差异，从房车露营旅游消费者角度出发，由外向内在传播对象心目中占据一个有利位置。而要由外向内，就需要研究了解消费者的所思所想，通过调研寻找到一个独特的市场位置。

例如，汤山大陆温泉房车营地的"温泉牌"就是采取 USP 定位策略，使得其在房车露营地市场中突出"温泉"的优势及特点。

汤山大陆温泉房车营地缘起于 2012 年，王静平（时任南京汤山温泉房车露营地的董事长）等人接待了美国房车协会主席库恩一行，到江苏进行调研，了解到房车营地在中国具有巨大的发展潜力和市场，当时就与对方签订了一个协议，即主办 2013 年美好江苏房车巡游及交流活动。此后王静平等管理方开始马不停蹄地张罗装备，飞往欧洲参观考察，并从汤山管委会获批了土地，用时一个月建设一批展示车位。2013 年美好江苏房车的巡游及交流活动成功举办，获得数十家国内外媒体报道，美国驻上海领事也亲自站台，引起巨大轰动。但是，热闹过后一片冷清，再无来客，徒留一片废墟。

该事件后，王静平等人开始反思，认为创办房车营地的思路和定位出了问题，"思路决定出路"，应该扩大视角，找准定位。2013 年下半年，王静平等赴德国等 10 余个国家考察房车露营地经营理念，重点参观了国外典型的五星级营地。整体上来看，国外的市场比较成熟完善，标准详尽，配套齐全，管理服务规范，大多数露营地都有自身的定位和品牌特色。王静平等管理人员通过参观考察更加坚定了信心。此后公司再次筹谋，通过重新设计、找准定位，露营地最后选择了汤山度假区作为调整后的房车营地地址：①汤山度假区当时已经成为了国家级旅游度假区，每年的人流量为 950 万人，人流量足够。②汤山度假区于 2014 年被授予世界温泉小镇，拥有丰富的温泉资源。

此后，营地管理方与政府重新沟通，划定 239 亩地，总投资达 1.2 亿元，将汤山大陆房车营地定位为"华东地区首家房车温泉露营地"，主打温泉牌，依托汤山千年温泉的底蕴，以户外露营为主，兼顾温泉养生、房车体验生活文化展示、休闲旅游功能为一体的三体式的综合型温泉房车露营地。更新定位后的营地于 2015 年初开建，经过 1 年多的时间，2016 年 5 月 18 日开始试营业，直至正常营业，获得了广大游客的认可。①

汤山大陆温泉房车营地正是通过 USP 定位实现了完美的翻盘，从"一地狼藉"到"红红火火"，正是由于其善于借鉴国内外先进经验，先谋划，再筹划，最后做规划，找准营地的定位，建什么样的营地，打造什么样的品牌，靠什么样的策略留住游客，把这些问题理清才能避免为抢登第一班车而匆忙上马，导致最后资本方、管理方和政府都骑虎难下。

二、档次定位

不同的品牌常被消费者在心目中分为不同的档次。品牌价值是产品质量、消费者心理感受及各种社会因素如价值观、文化传统等的综合反映，档次具备了实物之外的价值，如给消费者带来自尊和优越感等。高档次品牌往往通过高价位来体现其价值。

2019 年国家文化和旅游部发布的两个行业标准：《自驾游目的地等级划分》和《自驾车旅居车营地质量等级划分》中，将自驾游目的地划分为国家和省级两个档次，用 3C、4C 和 5C 三个级别对自驾车营地进行了详细划分。另外，标准还提出了对自驾游线路规划、政策支持、规划建设、服务质量和安全应急等方面的要求。而汽车露营地星级评定由中国汽车露营营地评定委员会组织评定，由低到高，分别为一星级汽车露营营地至五星级汽车露营营地。基于此，作者认为房车露营地企业在采取档次定位法定位时可以参考我国星级酒店的档次定位策略。

国外方面，美国、法国、英国等大部分国家对露营地设施或服务质量等方面设置了星级评价标准，通过该标准为露营者提供选择露营地的设施和服务的参考。美国依据交通条件、公路状况、停车场条件、自然环境的质量、娱乐设施与

---

① 王静平：打造房车营地品牌的四个转变 [EB/OL]. (2016-09-08) [2022-06-17]. https：//m. 21rv. com/channel/cms/article/detail/783209.

娱乐场所状况、淋浴、厕所、过夜设施、管理、正常环境容量和正常人员密度等因素综合考虑，将星级评价划分为五个星级。英国根据质量差异将露营地分为突出、优质、很好、好、尚可五个星级。法国依据容量的大小，以 100 台露营房车为单位，将露营地划分为四个星级（评价标准包括对建筑物、场地、设施三方面评估露营地的质量水平，对每个露营地的建筑物外观保护、设施保养、场地清洁及其他设施的评估等方面）。丹麦则对露营地使用的建筑材料等进行打分评定星级，共分为五级，并实行动态淘汰制评定，即同一级别的露营地相互横向比较，排名最后的被降级，排名最前的被升级。

如英国四星级乡村型 Penmarlam 汽车露营地，按照英国露营地质量分类，Penmarlam 露营地属于"好"的四星级营地，该营地位于 Fowey Estuary，这里景色宜人，可以看到周围的大部分村庄和山脉。附近还有许多有趣的步道，包括著名的"Hall Walk"。露营地内有商店、盥洗室、自助洗衣店、婴儿照顾室、方便残疾人使用的设施，包括电源接口和宽带网络服务。其周围还有岩石海湾和独特的村庄，是划船爱好者的天堂。游客可以从露营地走路去周边那些各具特色的村庄游玩或居住，也可以在 Old Ferr Inn（老式渡口旅馆，有些是建造在岩石上面）过上一晚。该营地除了按照营地质量分类之外，还会按照季节进行营地档次划分，分低、中、高三个档次，标准的价格分别是每晚 6.5 英镑、7 英镑、8 英镑，从而将更多露营者纳入自己的潜在客户群众。

国内的宜昌三峡国际房车露营地是国内最早一批 5C 认证的房车露营地。5C 是 2019 年 9 月 4 日文化和旅游部正式颁布的针对自驾车旅居车营地质量等级划分的行业标准。5C 评定要求严格，评定工作包括资料提交及专家现场查验两部分，其中需要企业提交资料 150 多项。评定工作前后历时 5 个月，首批认定中，全国近百家营地参选最终确定名单仅 6 家，5C 的认定，也代表着国家主管部门及整个行业对上榜营地的权威认可。

三峡国际房车露营地位于长江之滨、西陵峡畔的森林公园内。营地多为山地峡谷，重峦叠翠，沟壑幽深，奇石嶙峋，风景奇瑰。周围景区景点众多，区位优势显著，交通便利。距三游洞景区（AAAA）仅 6 千米，三峡人家景区（AAAAA）仅 17 千米，三峡大坝（AAAAA）仅 30 千米，距宜昌中心城区仅 15 千米。该露营地遵循"重生态、重绿色、重环保、重和谐"的高标准建设理念，结合自然生态，借势造景，分为营口形象区、房车露营区、休闲养生区、康体活动区、高端木屋区和森林步道六个区域。目前，露营地有房车营位21个，由30台拖挂式房车和2台自行式房车组成；风格各异的野奢木屋41栋；背包客露营区及自助烧烤营位百余个。露营地配套设施齐全，除拥有3000平方米的游客服务中心外，各类餐厅、会议室、室内活动区等一应俱全。另有可同时容纳上千人的下沉式篝火广场、户外体验项目丛林飞跃、极限大秋千、山巅无边游泳池、林中健康步道、崖顶步步惊心、儿童乐园、攻防箭、泡泡足球、飞镖足球、射箭、蹦蹦云等。

三、首席定位

首席定位，即强调品牌在同行业或同类中的领导性、专业性地位，在现今信息爆炸的社会里，消费者对大多数品牌毫无记忆，但对领导性、专业性的品牌印象较为深刻。首席定位又称"领先定位"，适用于企业拥有独一无二、不可替代的产品或服务，追求占据消费者心目中第一位置的定位策略。首席定位的依据是人们对"第一"印象最为深刻的心理规律，能使消费者在短时间内记住该品牌。

如旅游行业中，"桂林山水甲天下，阳朔山水甲桂林"就是首席定位在旅游目的地品牌塑造中的典型应用。

近年来，在各级政府的重视和相关政策推动下，房车露营市场前景越来越被看好，投资房车露营的企业也越来越多，房车露营已经进入快速发展期。对于房车露营市场而言，如果有资本找到该细分市场的空白，则不应该放弃争做第一个吃螃蟹的机会，选择该房车露营产品或服务最具优势的形象将之推到旅游者面前。这时候，运用首席定位是推出新产品最有效的策略之一。

"途居露营"正是采用首席定位的大型连锁房车露营地品牌。途居露营地投资管理股份有限公司，隶属于奇瑞控股集团所辖地产板块，10余年来专注于房车露营地的建设与运营，并于2017年2月成功在新三板上市，成为首个汽车露营地连锁上市公司。现有直投直营房车营地10家，连锁加盟房车露营地51家，在建直营营地2家，共计60余家，当前为全国房车露营行业第一品牌。

途居以"第二个家"作为途居露营地的经营理念。途居所有的开发、建设、构思、创意都围绕着这个理念来的——给入住途居的客人提供旅途中的第二个家。为响应国家号召，在促进自驾游、自助游市场的规范运作方面，途居以"自然、野趣、益智、亲为"为营地设计开发准则，构建并打造汽车房车露营全新价值生态圈，拟于"十四五"期间发展到 200 家营地规模，在我国中、东部规划重点省份内打造以大型旗舰型营地（需占地 200 亩以上、营位 80 个以上）为中心、周边布局若干中、小型营地的区域网络小气候，并进而连接构成途居露营全国营地网络总布局，推动国家房车露营产业发展。①

---

① 　参见途居露营官方网站，http：//www.tjcamp.com/article/35933。

第五章　房车露营地运营管理

　　运营管理（Operations Management），是管理学领域的一个概念，指的是企业在商品生产制造或提供服务过程中对控制生产制造过程、服务流程和商业运作再规划等流程的管理。运营管理的目的是在确保企业提供的产品和服务满足顾客的需求的基础上尽可能节约资源。对于房车露营地，应该说是始于运营，终于运营，前一个"运营"是运营的市场化思维，后一个"运营"是产品和服务的运营效益。总之，运营是市场倒推条件、环境和场景下的产品内容的运营，没有产品，任何活动都是虚的，注定不持久和无效益。房车露营地运营需要遵从市场规律，从吸引力打造，到市场需求下的主题设计、露营规划、景观提升、建筑设计，再到建造、运营管理、安全管理等，这一系列过程共同构成了一个完整的房车露营地运营管理架构。

第一节　房车露营地运营基础

一、产品定位

　　产品定位就是针对用户对某种产品或服务的某种属性的重视程度，塑造产品或企业的鲜明个性或特色，树立产品在市场上一定的形象，从而使目标市场消费者了解和认识本企业的产品。房车露营作为一种新型的旅游业态已逐渐进入中国人的旅游生活。特别是近两年来，在各级政府的重视和相关政策的推动下，房车露营市场的前景越来越广阔。什么是房车露营地？如何建造房车露营地？如何运营房车露营地？这些问题不仅是相关政府部门，也是房车露营相关企业必须直面和思考的问题。因此，建设房车露营地应首先对当前我国房车露营旅游的发展阶段和房车露营地的产品定位要有清醒认识。

(一) 发展阶段

目前国内房车制造企业、房车保有量、营地数量都比较少,相比发展成熟的欧美房车露营旅游,我国还处于发展初级阶段,更具体地说,尚处于启蒙期和发展期的融合阶段。该阶段的主要特点有三:一是房车露营旅游发展还存在诸多瓶颈问题,如房车停放、房车上路、驾照定级、全民休假制度、营地工商及消防许可等政策还在推进和完善之中;二是大众对房车露营旅游还处于认识和接受的过程,人们认为房车露营旅游是高不可攀的高端消费,大多数人还抱着观望、好奇的心理看待房车旅游和露营;三是房车露营旅游尚处于市场培育期,自驾游还是当前旅游出行的主要方式,自驾游仍是市场主体和主导力量,怎样将广大的自驾游客逐步引向房车旅游消费市场还需要培育的过程。

(二) 产品定位

在欧美发达国家,房车露营旅游已经成为大众休闲度假的一种生活方式。但国内房车露营旅游尚处于发展初级阶段,我们认为初级阶段的房车露营旅游应以"体验"为主,其产品定位是:立足建设标准化露营地,发展房车租赁业务,瞄准自驾游客,打造"露营地+自驾游"和"露营地+租赁房车旅游"的体验产品。"体验"的关键词为"自驾、租赁、住宿、互动"。

(三) 产品分类

目前,房车露营地产品分为两类:一类是综合性房车露营地,即"露营地+"产品模式;另一类是驿站式房车露营地,即"+露营地"产品模式。"露营地+"式房车营地的自然环境好、功能配套全、游乐项目多,相当于一个小型的休闲度假区,游客的"吃、住、行、游、购、娱"基本能在营地解决,因此也称为综合性房车露营地,如三峡国际房车露营地、苏州太湖1号房车露营地、途居扬州瓜洲国际露营地、途居南通沙岛房车露营地等。"+露营地"式房车露营地也被称为"依附型营地",更多是其他旅游产品的一个功能配套。通常情况下依附于景区、特色文化活动或旅游城镇等,规模小、功能少、游乐设施少或没有,如提供房车住宿、停靠、补充水电的服务功能等，因此也称为驿站式房车露营地。

目前国内营地多采用"+露营地"的结合景区发展模式，能推动景区从单一自然、人文景观向多元的休闲、体验、养生发展，扩宽了观光、探险、休闲旅游内涵，发展了人与人之间、人与自然之间交流互动的体验，使旅游方式更加自主自助。景区的收入不再依靠短时旺季游客暴涨，旅游周期也由短期、高负荷向长期低负荷转化。比如黄山，一年四季皆有不同风貌，但是短期旅游仅能让游客欣赏到某一时节的美，而房车营地提供了长期停泊住宿，收费又较为便宜的可能，使游客可以欣赏到不同时节的黄山美景，丰富旅游体验。对营地来说，依托景区能形成不同的特色主题，开发特色活动和旅游线路，发展个性化；对景区来说，营地的建设对环境影响较小，属于较为环保的开发，相对于酒店及度假村等，对管理和排污要求相对较低，并且能起到一定的环保教育作用。

二、市场分析

市场分析是根据已获得的市场调查资料，运用统计原理，分析市场及其销售变化。从市场营销角度看，它是市场调查的组成部分和必然结果，又是市场预测的前提和准备过程。市场分析是一门综合性学科，它涉及经济学、统计学、经济计量学、运筹学、心理学、社会学、语言学等学科。市场分析已经成为现代管理人员不可缺少的分析技术。本部分主要对当前房车旅游产业的市场容量、市场空间进行论述，详细分析国内房车旅游市场。

(一) 行业竞争格局

房车行业已经在发达国家或地区形成较为成熟的消费市场，现阶段行业受益于消费理念的转变，消费需求持续提升，行业市场规模在全球范围内呈现持续增长态势。与此同时，行业内企业数量和规模也在不断扩大，并逐渐呈现与体育、旅游、文化等领域融合发展的新业态。由于国民收入和市场发展阶段不同等原因，全球房车市场呈现出明显的发达国家市场较强、发展中国家市场较弱的竞争态势，全球主流房车品牌和市场也集中于欧美发达国家或地区。按照技术和品牌实力，行业内逐渐形成国际知名企业、区域性代表企业和以 OEM/ODM 业务为主的小规模企业共同参与的市场竞争格局。

（二）市场容量

根据美国房车工业协会（RVIA）统计数据，2010 年至 2017 年，美国房车销量从 24.23 万辆上升至 50.46 万辆，其间保持 11.05% 以上的年均复合增长率；2018 年和 2019 年两年间，房车市场受进出口政策和居民消费模式转变的影响，销量有所放缓，但仍然高于近 30 年的平均销量；2020 年初新冠肺炎疫情暴发以后，房车的安全性和舒适性更是得到充分体现，越来越多的消费者开始选择房车露营的生活方式。[①] 根据美国房车工业协会（RVIA）统计数据，2020 年美国房车销量小幅回升至 43.04 万辆，且根据 2021 年历月的销售情况，美国房车工业协会推测 2021 年美国房车销量有望达 60.22 万辆，较 2020 年增加 39.91%。从房车保有量来看，2021 年，美国有 1120 万个家庭拥有房车。而根据 RVIA 的报告，绝大多数受访的美国消费者有为房车添置、更换零配件的需求，其中，关注房车水循环系统和卫生设施的购置、升级的群体超过 40%，以 1120 万个家庭拥有房车进行推算，有约 450 万个家庭存在更换、升级零配件的需求，房车售后服务市场容量及发展空间巨大。消费量和保有量的不断增长，不仅带动房车制造领域企业的业务提升，提供零配件的供应商也迎来不断增长的机遇。与此同时，2015 年至 2020 年，美国千禧年一代露营者占比从 34% 上升至 41%，稳居首位。这一现象在精致露营中更加显著。2018 年，48% 的精致露营者为千禧年一代。在所有户外赛道细分休闲活动中，露营的市场规模位于前列。根据 2018 年北美户外行业协会报告，露营经济实现了超 310 亿美元配件产品销售，超 1350 亿美元旅行相关收入，为户外赛道贡献了近 18.8% 的营收，仅次于田径运动。[②]

房车旅行度假在欧洲也是最受欢迎的休闲活动之一。据德国房车工业协会和欧洲房车联盟公布的数据，2010—2021 年欧洲房车年注册量从 15.23 万辆增加到 26 万辆，年均复合增长率达 4.48%。截至 2020 年，欧洲房车保有量为 589.81 万辆，已形成了庞大的房车保有规模。德国是 2021 年欧洲房车市场新车注册量的冠军，达 10.61 万辆，占欧洲全年总注册量的 40.82%，成为拉动欧洲房

[①]　根据美国营地协会（KOA）于 2020 年 10 月底发布的《北美露营报告》显示，59% 的被调查者认为营地露营是最安全的旅行类型。

[②]　根据美国房车工业协会（RVIA）统计数据计算所得，https://www.rvia.org/reports-trends。

车新车注册量增长的动力源泉。奥地利、斯洛文尼亚、芬兰、比利时和荷兰分别以 49.9%、38.1%、29.2%、27.3% 和 24.4% 的高增长率排名注册量增幅前五位。①

国际经验表明，在人均可支配收入达到一定水平时，人们在健康、旅游、休闲娱乐等方面的支出会显著增加。我国 2020 年人均 GDP 已超过 10000 美元，大众消费偏好已进入个性化、定制化阶段；人们在消费过程中开始追求更高品位、更高质量的生活方式，房车旅游这类新型户外休闲运动方式逐渐为国人所接受。此外，房车露营地、房车泊位等相关基础配套建设也在不断完善，这为国内房车市场带来新的发展契机。自 2020 年起，露营在中国市场迅速升温。根据穷游网数据，2020 年，该平台露营热度增长了 303.5%。携程发布的《2021 年中秋假期旅游数据报告》显示，平台露营产品在中秋假期的订单量较端午假期增长了近50%，GMV 增长逾 60%，成为平台头号黑马。此外，"露营、野炊、野营"等字段内容的发布量在平台用户交流社区同比去年上涨逾 400%，阅读量增长超 11倍。②

（三）适合客源

房车露营在国内还属于新业态、新事物，适合年轻人天生喜好"新奇特"口味。因此，目前的房车露营还是以年轻人结伴露营居多。其次是家庭亲子游，儿童天生喜欢户外活动，每逢节假日，以两三个家庭组成自驾游团体，带儿童到露营地体验户外活动，放松身心，亲近自然。营地良好的生态环境、自在开放的空间、丰富多彩的活动，吸引着越来越多的企业年会、同学聚会、单位团建、员工聚会、企业培训等集体活动来到露营地组织开展。由于国内房车私人保有量较低、房车出租仍不成熟，露营活动的客群大部分还是以乘用车自驾的方式，自驾游才是房车露营的主力军。

---

① 根据欧洲房车工业协会官网网站数据整理，https：//www.e-c-f.com/artikel/registration-figures/。

② 携程发布《2021 年中秋假期旅游数据报告》超五成用户选择周边游［EB/OL］．（2021-09-21）［2021-09-22］．http：//www.ctnews.com.cn/lyfw/content/2021/09/22/content_111993.html.

（四）房车租赁

由于国内市场房车保有量不高，个人拥有房车的人更不多，即使有房车，使用率不高，且房车无处停放。因此，初级阶段的房车旅游偏向于房车租赁，自驾游客大多以"租用房车住宿"和"租用房车旅行"的方式体验房车生活，特别是"租用房车住宿"这种形式很受游客的喜欢，目前露营地大多投放营地式房车，以"自驾游+房车住宿"的产品来适应市场需求。"租用房车去旅行"也是国外房车旅游的一种常见方式，约占全部房车旅行的2/3，但国内"租用房车去旅行"还处于起步阶段，对于游客而言，房车租赁在操作上还存在诸多不便和不利的因素，真要让市场火起来还有待时日。

三、资源分析

资源就是财富，拥有资源才能拥抱市场。房车露营地在资源和选址方面对自然因素要求较高，特别强调区位条件的优越性、自然资源可利用性以及生态环境的质量等方面。其中，要综合考虑环境、气候、水源、土壤、植被、地势等条件的协调配合。

（一）自然资源

露营是一种亲近自然、放松心情的户外体验活动，露营山水之间、仰望蓝天白云、呼吸清新空气、让身心放轻松。因此自然生态环境是露营地的第一资源，是露营活动必须具备的基本条件，良好的自然生态环境才会使游客产生露营冲动。那么露营地的生态资源包含哪些呢？森林、山谷、大海、湖泊、温泉就是生态资源，虫鸣鸟叫、蓝天白云、清新空气也是生态资源。因此，营地的选址必须充分考虑生态资源，有资源才会有生命力，有资源才会有市场。从目前国内成熟的房车露营地的分布情况看，主要分布在环渤海、长三角等经济发展水平较高或者西南自然资源丰富的地区等。

（二）区位优势

区位优势即区位的综合资源优势，即在发展某一经济方面客观存在的有利条件或优越地位。其构成因素主要包括：自然资源、地理位置，以及社会、经济、科技、管理、政治、文化、教育、旅游等。区位优势是一个综合性概念，单项优势往往难以形成区位优势。一个地区的区位优势主要由自然资源、劳动力、工业聚集、地理位置、交通等决定。同时区位优势也是一个发展的概念，随着条件的变化而变化。显然，区位优势对房车露营地的生存和发展至关重要。可以这样说，区位是房车露营地的生命线。地处经济发达区域、靠近城市周边、交通道路通达、位于度假区内、旅游目的地的附近或必经之处，这样的区位优势天生自带流量，只要有好产品，就不愁没有客流。如南京汤山温泉房车露营地、扬州瓜洲国际露营地、苏州太湖一号房车露营公园都具备良好的区位优势，因而有着一定的客流基础。

（三）周边旅游点

旅游点可以成为房车露营地的承载依托。当前国内房车露营地周边一般都集聚各类旅游业态，如景区（点）、度假区、乡村旅游区（点）、休闲农业等，露营地与各类旅游业态能够形成相互配套、相互吸引，共享人气与财气，这是营地必须具备的另一类资源。当然在我国西北广袤草原或沙漠地域，露营地可能只是自驾游客到达目的地必须途经的驿站，也可能营地只是单个景区的特色功能配套，起到短暂休息和补充水电的作用。

四、建设方式

当前存在以下三种建造房车露营地的模式，每种模式都有其优点和缺点。

（一）政府建设

国有企业或管理委员会直接投资和经营的房车露营地，如港中旅投资开发的密云南山房车小镇、盐城大宗湖绿山露营基地和南京慢城房车露营地。这种模式的优点是企业与有关部门之间的关系畅通，营地建设所需的各项指标（如土地指标）和运营过程中政策的运用都不困难，政府自然而然地占据了高质量资源，建设进度一般较快。但政府建设模式的缺点也很明显。首先，专业精神较弱。从规划到计划，再到项目落地施工及运营管理，可能不是专业人员所为。二是市场分析薄弱。没有经过深思熟虑的市场分析，也没有从市场需求和收益中考虑露营地的建设，可能更多的是政绩需要。第三是经营管理薄弱。基本上采用政府企业管理和服务形式，营地活动少，营销不力。

（二）民营企业建设

由大型私人企业从事房车旅游投资和运营的房车露营地。最典型的是奇瑞途居房车露营管理有限公司。奇瑞途居露营（原名"SMSC日月星"）是隶属于奇瑞控股，是奇瑞汽车以市场为导向成立的一家汽车营地连锁运营服务机构。旗下现设途居露营地连锁管理、黄山奇瑞房车制造、奇瑞旅游、中国露营网等。综合来看，奇瑞途居模式的核心要点在于依托优势区域内营地的规模化建设和运营形成强有力的市场竞争品牌，充分发挥样板营地的品牌示范效应，从而为后续的大规模复制和扩张奠定基础。然后以品牌输出的轻资产运营模式和网络化的发展布局，快速抢占市场份额，构建展示和销售平台，从而成为国内汽车露营地建设和房车露营消费市场中的引领者。在这一战略的实施过程中，途居露营的实际行动也可圈可点，其充分发挥了所在区域的综合优势和房车制造的产业优势。

奇瑞依托营地网络体系在全国范围内培育出一个巨大的房车购买群体，巩固和加速主营汽车制造产业的发展。但纵观途居的发展模式不难看出，在长期发展战略目标中过度依赖加盟方式来拓展市场，这就要求途居露营在发展初期，要切实提升直营营地的服务水平和标准，尽快完善加盟方式、选择标准和监管方式等制度体系的建设，为后续加盟管理提供精细化示范样板，才能保障途居露营的长足、有序发展。私营企业大举进入房车露营旅游行业，从房车制造到露营地的规划设计，着陆建设，运营管理，系统建设和平台开发，全部由专业人员完成，充分考虑市场需求和利益，形成规范的施工和运输管理模型，形成露营地的连锁经营。

（三）政府与社会资本合作的PPP模式

房车露营地还可以采取政府和社会资本合作的PPP模式，由政府投资建立，由个体企业来运营，例如镇江金山湖房车露营地。如果各地政府严格按照十部委联合印发的《关于促进自驾车旅居车旅游发展的若干意见》来管理露营地建设用地的话，国内大部分营地存在或多或少违规占用农村集体土地的问题。因此，政府流转出土地，明确公共服务用地性质，企业再来建设运营营地。文旅部和财政部联合发文的关于在旅游领域推广运用 PPP 改善旅游公共服务供给方面，自驾车旅居车营地是重点领域推动项目之一。PPP 模式与现有的欧美营地建设运营模式相似，可以考虑在我国推广。

五、经营模式

经营模式决定了企业的生存和持续发展。房车露营地的生存和发展必须依靠科学的业务概念和业务模型。如何运营和管理房车露营地以及如何产生收益是企业必须认真研究的关键命题。

（一）运营成本

在国外，大多数是以家庭为单位经营公共房车露营地。营地使用了大量的智能自助服务设施，并采用多合一卡管理。营地的大门由出入控制系统控制。游客凭一卡通可以享受营地的电、水、公共洗浴、洗衣、超市购物、咖啡吧休闲等服务，这可以大大降低管理成本。大多数营地是休闲和度假营地，依托优美的自然环境，创造舒适的休闲度假空间。其中，有体育和休闲设施、娱乐和休闲设施以及生活和休闲设施，它们通常表现出"休息"风格。大多数国内营地是体验营。通常游客只住 1—2 晚。营地需要更多娱乐项目、丰富的活动及体育运动项目。唱歌、跳舞、烧烤、现场 CS、攀岩、篝火晚会等活动会使人们"嗨"起来，这需要大量人员提供服务保证，大大增加了管理和服务成本。

（二）管理和服务

目前，房车露营地的管理和服务方式包括酒店式、物业式、管家式等，再加上智能设施的普及，露营地的管理和服务形式趋于多样化、集成化、智能化和自我化。服务方面，由于房车散布在室外，因此存在很大的管理和服务空间。房车中没有固定线路连接（客户一般使用移动电话联系服务台）。与酒店设施和服务的标准化相比，房车营地的服务需要更具针对性和个性化，可以参考酒店管理和服务理念中的管家风格和酒店风格。

（三）软件平台

作为美国最大的房车营地连锁集团，KOA 拥有最全面的信息平台和预约平台，可以让露营客很方便地找到自己附近的露营地，进而很方便地预订自己喜欢的露营地。KOA 同时又是一个露营社区，会员习惯时不时地登录 KOA 社区，浏览房车知识、露营知识和优惠信息，和露营爱好者交流。旺季时，会员可通过预订系统，预订他们所要的地点及日期。

目前国内也有企业开发了房车露营地服务软件，如途居岛和路程网，以及在线 OTA 平台等，露营地分布、服务项目、营地空缺、营地预订、服务电话等的基本介绍都可以在应用程序上呈现，这大大节省了露营服务的人工成本，同时满足了游客追求时尚、方便和舒适的个性化需求。但是由于国内房车露营行业发展较晚，集团化、连锁化和协同化并不成熟，当前软件平台虽然技术层面较为成熟，但在连通性、普及性和标准化方面不足。

第二节　房车露营地商业模式

一、知名景区拉动型

景区拉动型是最为普遍的模式，受传统观念的影响，游客大多选择风景优美的景区为出游目的地，而全国知名景区受风景名胜区或自然保护区等制度限制，建设用地极为有限，无法满足日益增长的度假需求。在接待设施供不应求的情况下，建设汽车营地是较为理想的选择，因汽车营地相关设施属于临建设施，不需要变更土地利用性质的特殊性，而且当前出行自驾游大于团队游，也促进了知名景区汽车营地的建设发展。据 2021 年十一长假相关数据统计，10 月 1—7 日，九寨沟自驾散客共计 67174 人次，占旅游接待总量的 39.85%；OTA 电商预订 57336 人次，占旅游接待总量的 34.01%。① 自助自驾游客占比强劲，对汽车营地的需求大大加强，自 2013 年起九寨沟景区开始筹建九寨沟后花园露营地，服务

---

① 十一黄金周圆满收官，全域开放后九寨沟热度不减 [EB/OL]. (2021-10-7) [2022-03-18]. https：//www. jiuzhai. com/news/scenic-news/7960-2021-10-07-04-47-02.

自驾游、高端休闲游游客，规划建设家庭奢华露营地、素质拓展基地、极限突破露营地等内容，满足九寨沟旅游的家庭露营体验、野外观星、素质拓展、生态学习等户外体验活动。

二、生态旅游依附型

随着国家公园建设提上日程，以及游客对环境优美的原始自然地旅游的向往，生态旅游在国内也越来越受到旅游者的欢迎。但在生态旅游开发中，对环境保护有严格要求，不允许大规模开发，不适宜开发建设高档酒店、度假村等高强度建设，但适合汽车营地建设以满足游客的度假观光需求。汽车营地的旅游接待设施力求轻便小巧，住宿多为帐篷露营、房车露营等，尽一切可能将旅游对生态环境的影响降至最低。

例如距离乌鲁木齐 700 千米的新疆喀纳斯露营地，位于国家级综合自然保护区喀纳斯湖自然保护区内。该营地所在地一面为喀纳斯湖，三面为广袤无边的大草原，风景优美。营地内可同时停放拖挂式、自行式房车各 10 辆，提供房车出租业务，营区内拥有简单的接待设施，主要提供汽车露营服务，以满足自驾车游客的基本需求。该营地无大规模的固定建筑，力求保护当地脆弱的生态环境，以中高档消费的自驾车游客为主要客源市场。虽然地理位置相对偏僻，却得益于原生态环境的优美风景，使得该营地在国内自驾车旅游市场享有较高声誉，每年吸引不少自驾车游客前往。

三、郊游市场驱动型

市场驱动型汽车营地是建在大城市附近，2—3 小时内车程，为满足城市居民近郊露营需求的汽车营地。目前北京、上海市郊区等城市周边都有此类汽车营地出现。如北京的枫花园汽车影院，是典型的位于城市中心的汽车营地。另外北京怀北国际汽车营地，是北京首家集露营、房车、户外、休闲、食宿为一体的自驾车主题度假营地，规划总面积 12 万平方米，可容纳 400 辆汽车进入景区露营。内设帐篷露营、自驾车露营、房车露营等，有徒步穿越、垂钓、户外烧烤等户外休闲活动，也能在营地内举行大规模的露营大会、精彩的烧烤派对、品牌推广活动、团队拓展训练等大型活动，满足了北京企业团建和个人野外休闲活动的需求。

四、高端户外带动型

近年高端、野奢项目崭露头角，单一的野外露营已不能满足现代郊野活动的需求，相应的规模强大、功能完善、产品高端的旅游休闲项目带动高端汽车营地的建设，项目设置如射击场、跑马场、高尔夫球场、沙漠探险、丛林探秘等高端休闲产品，另有豪华野奢的户外度假住宿、温泉、SPA 等配套产品。并以俱乐部形式定期举办大型户外活动，走规模品牌路线，用品质休闲、娱乐吸引中高端游客群。

第三节　房车露营地盈利方式

盈利模式指按照利益相关者划分的企业的收入结构、成本结构以及相应的目标利润。盈利模式是对企业经营要素进行价值识别和管理，在经营要素中找到盈利机会，即探求企业利润来源、生产过程以及产出方式的系统方法。还有观点认为，它是企业通过自身以及相关利益者资源的整合并形成的一种实现价值创造、价值获取、利益分配的组织机制及商业架构。

一、出租营地营位

营位出租包含露营营位、房车营位、自驾车营位等出租，另有中长期停车位出租。一般来讲，一个中等规模的 40 营位的房车露营地需要投入 300 万元左右，包括服务区、宿营区、活动区以及公用设施等，考虑营地的经营管理、固定资产折旧等，估算出该汽车营地的年收益率约为 1。因此，纯粹靠营位出租和提供简便餐宿收入，收益并不足以支撑房车露营地的发展。

二、多样性度假设施

除营位出租外，房车露营地内建设多种营地设施，如房车住宿、小木屋、帐篷、树屋、巢屋、花屋等多种形态的营地度假住宿形式，具有简洁轻便、开发强度较低、生态性、自然性等特点，较能吸引露营度假者的喜爱。

三、出租空闲场地

房车露营地大多选址于风景优美的郊野区和旅游景区周围，营地的建设需要大面积较为空阔平坦的场地，在营位出租不饱和的情况下，营地也考虑场地的整体出租用于企业的会展、展销、婚礼及群体的聚会等用，或者将营位中的部分商业铺面出租给商户，丰富房车露营地的商业主体。此种经营需要考虑营地的区位、环境等优势以及营地的承载容量等问题。

四、房车展售

房车露营地是车辆展销的理想地，可在营地内开辟展位出租给汽车或房车经营公司做车辆展销，并提供房车出租业务，做好房车旅行的宣传工作，扩大影响面和普及面。一般一辆房车6人租用，一天租金800—2000元，如果是会员，还会再打7折或8折，人均分摊，比住酒店或许会实惠许多，因此可通过适当的宣传和引导，普及房车露营文化及消费习惯。

五、配套开发休闲、游乐项目

以露营地为自身主要吸引物，配套开发各类型休闲娱乐旅游产品，形成一个综合性的旅游休闲度假地。根据营地资源情况和周围市场情况，开发不同的休闲、游乐配套项目，在水上、林间、草地建设各种收费性的游乐设施，形成休闲娱乐区、体育运动区、儿童游乐区等。例如北京南苑国际汽车露营公园，坐落在0.4万平方千米的天然林地中，园区设有300辆可移动性露营房车，并可同时容纳150顶露营帐篷、1000人同时露营休闲。露营公园还依托原有林木设有英式马术训练基地、儿童活动中心、昆虫馆、红酒窖藏、鸟语林、麋鹿园、四季滑冰场、露天剧场、阳光游泳池，少年先锋营、露天温泉、中医养生堂、花园式养老院等设施和场地，是集休闲运动、青少年科普、儿童娱乐、养生养老院、休闲会所、房车营地体验为一体的综合休闲度假营地。

六、其他盈利方式

除上述经营方式外,另有多种功能开发和升值空间,如出租广告牌、办理户外知识讲堂、各类社会派对活动、驾驶初学者练习场等。此外,一些新兴的盈利模式正在悄然流行,如年卡和会员卡服务,通过办理年卡和会员卡,露营游客可以在本年度内享受一定免费次数、兑换积分、享受折扣等,类似酒店及航空公司的会员或常旅客计划等。

七、实例——北京龙湾国际露营公园

北京龙湾国际露营公园是一家五星级汽车营地,并于 2014 年 5 月举办第 80 届世界汽车房车露营大会。公园位于北京市延庆县金牛湖畔,占地 180 公顷,距北京市中心 58 千米。公园共分主入口广场区、主会场区、房车营位区、儿童游乐区、移动木屋区、帐篷区、篷房区以及服务中心 8 个功能区。园内提供 200 多个房车营位,营位之间留有户外活动的空间,并在设计中考虑中国游客的使用习惯,为房车提供水、电等辅助设施。房车营区与儿童游乐场相结合,方便儿童游客前往游玩。

营地内共配套有 30 座度假木屋,10 座水景帐篷,65 座木屋别墅,10 座集装箱房屋等不同风格、不同类型的住宿设施,不仅营造了区别于酒店、区别于景区的特色住宿体系,还能够尽可能地满足细分市场的不同需求;此外,营地内部还配有电瓶观光车和一条 10 千米长的健康步道,即使身处营地内部也能拥有不一样的度假体验。

入口区域是占地 3300 平方米的大型广场,由白色帐篷覆盖,塑造户外露营的整体风格形象,可以容纳 500 人参加大会开闭幕式和文艺演出,同时还配备了餐饮、商业和体育运动等功能。

营地会定期举办草地音乐会、户外烧烤节、户外电影欣赏等趣味活动。公园北部的综合服务中心提供餐饮、住宿、购物、休闲娱乐和商务会议等功能,在活动期间作为主会场,平时可作为酒店向普通游客开放经营。

图 5-1　北京龙湾国际露营公园①

第四节　我国房车露营地运营和发展现状

一、"中国式"房车主题特色酒店

目前国内很多房车露营地严格意义上来说是"房车主题特色酒店"，支撑其运营的并不是房车自驾游客进入营地产生的消费，而是普通游客入住其特色的固定拖挂式房车，甚至修建的其他住宿类型来维持其经营。总体来说，造成"中国式"营地现状的主要原因是国内的房车保有量少，再加上房车营地数量少和部分营地设施不完善，愿意入营的房车游客并不多。然而，房车营地并不是圈一块地就够了，而是应在水电供应、安保等方面不断完善，并根据国内的特点，将房车露营地打造成多元化的度假体验地。

另外，消费者也是促成"中国式"房车露营地诞生的主要原因。在国内，房车营地如果仅仅满足给房车补给，在消费者眼里与一个加油站的服务区并无实质区别。与平日的代步用车不同，房车内的设施除了能够满足日常生活外，其实还

---

① 图片来源于马峰窝。

是一种旅行生活方式的转变。所以房车的营地，首先应该是一个旅游目的地，如果房车营地就像景区的停车场，实际上并没有满足消费者对房车旅行的需求。其次房车群体中约七成是家庭用户，出行方式基本是家庭结伴出行，所以房车营地需要考虑孩子、老人，甚至是宠物的需求，植入亲子拓展、老年康养、娱乐设施等项目，才能让房车营地有足够的内涵来应对旅游市场竞争。

二、投资主体多元化

作为一个新兴产业，房车营地建设需要较大的资金投入，国有资产的进入可能会慢慢淡化，民间融资的需求逐渐增多。国家及政府对自驾游与房车露营这一行业越来越重视，其在 2014 年已被列为重点推进的 6 大领域消费之一，2016 年 11 月 9 日，国家旅游局会同国家发展改革委等多部门联合印发《关于促进自驾车旅居车旅游发展的若干意见》，提出 2020 年建成各类自驾车旅居车营地 2000 个房车营地（至今已完成该目标）。

巨大的消费潜力不断吸引着国家政策的扶持和多元资本主体的进入，旅游、汽车及保险公司等主体纷纷加速在房车营地方面的布局。房车露营旅游行业投资热度持续上涨。露营的火爆点亮了疫情下的文旅消费，吸引资本竞逐。在 2021 年 11 月，露营品牌"大热荒野"连续获得两轮超千万元人民币融资。2022 年以来，连锁营地品牌"嗨 king 野奢营地"获百万天使轮融资，估值达数千万元。除投融资火热外，一些商家也嗅到了商机，纷纷进入露营经济的赛道，截至 2022 年 3 月底，我国共有超过 4.1 万家"露营地"相关企业，其中 2020—2021 年新增注册量快速上升，仅 2021 年一年，新增注册量达 20975 家。①

三、盈利模式模糊化

但从国内营地整体经营的情况来看，盈利的房车露营地依然屈指可数。一方面，虽然庞大的自驾游市场群体已经显著存在，但潜在的消费群体和直接的市场客源之间缺乏有效转换，如何将游客引导并促进游客形成稳定的营地消费习惯仍然是未来一段时间需要面临的问题。另一方面，我国自驾游产业和营地尚处在无

① 2021 年中国露营行业市场现状分析：行业发展迅猛 ［EB/OL］.（2021-01-21）［2022-05-13］. https：//www.chyxx.com/industry/1108538. html.

序发展的初级阶段，缺乏整体性的统一规划，与自驾游产业发展相关的上下游产业协作程度不高，尚未形成高效的产业链条。此外，我国营地数量快速增长，但最终真正能够形成接待能力的营地可能不会太多，品质高的将会更少，这就会造成供给与需求的脱节。最后，营地建设依赖于国家政策，但又受困于其中。

卓爱房车小镇 CEO 张卓根据实践经验总结认为，"国外的房车汽车露营地很多都是政府投资，作为一个公益或半公益的公共设施、场所设立的，一般投资回报在 4 年左右。国内目前的房车露营地主要还是个人投资，从规模方面来看，如果是停靠式营地，20—30 亩的体量比较适宜；如果是目的地式的，至少需要占地面积在 150 亩左右。以 100 亩为例，建设三星级营地基础投资在 1000 万元左右，四星级营地基础投资额在 3000 万元左右，五星级基础投资则需要 5000 万元左右"。房车露营地的投资都比较大，少则千万元，多则上亿，而营地最快也需要在 3—5 年内投入产出实现平衡，从当前实践来看，盈利的难度很大。

四、综合开营率不高

目前我国的汽车营地存在开营率不高的问题。例如一个中等规模 40 营位的汽车露营地，如果综合开营率为 35%，减去各项综合支出，此营地年度收益率为 1。对于当前汽车营地的综合开营率不高问题，有多方原因，这也是阻碍我国目前房车营地发展滞后的主要原因，例如我国带薪假期未真正实施，休闲旅游的理念和观念未深入人心，乡村住宿、青年旅馆价格低廉，快捷酒店网络发达，以及汽车露营地自身的旅游资源、产品、经营管理、营销等处于初级开发阶段。此外，房车露营地缺乏有效的会员激励体系，忽视淡旺季规律也是综合开营率低的重要原因之一。

第五节　国外房车露营地发展经验

一、英国及欧洲其他地区房车露营地发展经验

英国房车营地系统的开发主体分为三类：政府及非盈利组织、企业、私人。政府及非盈利组织主要包括国民信托组织（N. T.）、森林委员会（F. C.）和其

他政府机构。其中国民信托组织（N.T.）是指英国自然环境和历史文化环境保护组织，其可控资源包括湖区、峰区等国家公园、峡谷、滨海等；森林委员会（F.C.）是指英国森林林地管理机构，可控资源主要是森林、林地。政府及非盈利组织开发的房车营地以公众为主要的使用客户。

企业中最具代表性的房车营地运营及开发企业有天堂假日营地公园运营机构（Haven Holidays）、房车-露营俱乐部（The Caravan Club）和露营和宿营俱乐部（The Camping and Caravanning Club）。天堂假日营地公园运营机构（Haven Holidays）是英国大型旅游集团 Bourne Leisure Group 旗下的专业运营营地公园联盟，掌握大量的滨海及沙滩资源，开发并管理运营 35 个滨海营地公园，主要使用客户以公众为主；房车-露营俱乐部（The Caravan Club）是全世界最大的营地运营商之一，拥有和控制营地达 200 个，年营业额达 8600 万英镑，主要使用客户包括公众、俱乐部会员、经营方受益人及特定人群；露营和宿营俱乐部（The Camping and Caravanning Club）是全世界最早的营地运营商，拥有和控制营地达 110 个。

个人包括以家庭为单位的投资开发和个人投资开发。其存在形式一般为私人农场、牧场、庄园等，受众群体以公众为主。

英国房车营地系统经营方式有连锁经营、委托经营、特许经营、产权出售几种。一般，政府及非营利组织、俱乐部和旅游集团采用连锁经营方式；政府及非盈利组织还会采用委托经营的方式；有时俱乐部和旅游集团也会采用产权出售的经营盈利模式；而私人营地会根据其发展需求采用特许经营模式。英国旅游营地建立了相对完善的质量管理体系，由政府、政府授权和认可的质量管理机构两类主体进行管理。政府主体为英国旅游委员会（National Tourist Boards），其有权对各种类型的营地进行营地质量等级的评价和管理，分为 1 星到 5 星共五个等级，并有统一的认证标志。政府授权和认可的质量管理机构主要有三个：一是露营俱乐部（The Camping and Caravanning Club），主要对私人小型营地进行质量管理，对营地规模、人数设施、服务等方面都有详细的规定；二是 ECOCAMPING 机构，对各类营地进行场地设计、功能区规划、日常运营、能源管理、环境管理、游客安全、员工培训等各个方面的标准指导和质量管理；三是绿色旅游业经营计划（Green Tourist Business Scheme），主要以酒店、营地住宿型旅游企业为主，且侧重从绿色环保的角度进行管理，有金、银、铜及候选四个等级。英国还在全国范围内的房车露营地建立了统一的品牌口号，即 Enjoy the Great Outdoors（享受大自然），并基于此建立了统一的图示图例，统一规范营地设施、环境、区位、主题活动等多达近 100 种标识。

除了英国，欧洲大部分国家的历史也比较悠久，人口也比较稠密，所以在房车的管理上，欧洲的标准跟美国有很大不同。欧洲因为土地相对紧张需要控制大型车辆的使用，在城市狭窄的街道中大型车辆的驾驶也相对更困难。其次，欧洲管理政策普遍更为严格和细致，只要是超过 3.5 吨的车辆就需要更高级的驾驶执照。如果只有小型汽车驾照，在欧洲就只能驾驶没有卫生间的露营车或者是最紧凑的房车。同样，欧洲的房车营地也跟美国很不一样。美国房车营地大多为公有设施，设立在国家公园等自然景区里面或者旁边，房车营地基本保持了自然原貌，除了简单的水、电、烧烤架和公共厕所以外，并没有什么人工建设。还有大量的露营区甚至没有水电设施，只有一个公共厕所供住帐篷的人使用，因此很多美国房车也配备了大号蓄电池，车位也比较宽松。而欧洲的房车营地则多为私有营业性设施，设立在市郊风景比较好的地方。除了给房车和自驾帐篷露营的人提供车位以外，还往往提供了不少拖车、移动房屋、小木屋甚至是公寓给自驾车旅行的人租住，而密度也相当大。除此之外，很多欧洲房车营地有极为完善的娱乐设施，包括浴室、洗衣房、儿童游乐设施、篮球场、足球场、沙滩排球场、户外乒乓球桌，桑拿室、游泳池、SPA 房、马场、饭馆、便利店，等等，有的甚至有剧场或者是大篷车，有各种音乐、脱口秀表演，附近一般也有骑山地自行车的地方。

与美国房车营地往往为参观自然景区服务不同，欧洲的房车营地主要提供给居住在城市里的家庭周末去郊区休闲使用，或者是给退休的人长住。可以发现，国内的情况更接近于欧洲，可能欧洲的模式也更适合中国。

二、国外房车露营地发展经验总结

（一）种类多样、特色各异的个性吸引物

在考虑营地的各种配套和设施之前，首先要从旅游者出游目的的角度出发，

如果论在营地与营地的竞争中，我们依靠何种吸引取悦游客选择我们的营地，最先考虑的是旅游吸引物。在美国，自驾车营地按照依托资源景观类型的不同，被分为乡村营地、湖畔营地、海滨营地、山地营地、林区营地、沙漠营地等。

（二）多元化的经营运作方式

在经营模式上，O2O 已经作为一种强大的手段在营地宣传推广中占有越来越重要的角色。从运作模式来看，私营与公共相结合、单店与连锁穿插的方式较为普遍。如 1962 年商人杜林首创美国营地，到 1963 年夏天，杜林和其他两名合伙人借鉴假日连锁酒店特许经营的管理模式，在全美建立起第一个露营地的连锁体系，到 1982 年，营地数量一度接近 900 个，曾经在美国资本市场上市。

（三）多样化、人性化的服务系统

与其他旅游方式有共性特点的是旅游营地同样强调多样化、人性化的服务体系建设。在美国，多数自驾车营地对车型没有严格的限制、设立儿童游乐园、对残疾人等特别关注，很多营地还为游客提供友善的宠物服务，专门为宠物建立的游乐场也会为那些爱好宠物的露营者提供方便，当然还包括车辆维修、设备租赁、提供保险、餐饮住宿、休闲度假等户外活动的一体化服务。

（四）完善的标准化管理体系

根据旅游者的大众需求，国外综合性标准营地一般分为几大区域：生活区、娱乐区、商务区、运动休闲区等。美国为了规范自驾车营地市场的发展，将自驾车旅游营地划分为一级旅游营地、二级旅游营地、三级旅游营地、四级旅游营地，整体模式与国内星级酒店的管理体系标准化、功能与服务标准化、监督评估系统标注化相同。

（五）严格的生态环保系统设置

国外强调建设生态的或环境友好型的自驾游营地，并采用立法形式明确最小限度破坏自然环境的责任。如，迪斯尼营地进行改造大工程，为了有效地保护当地的动植物，首先彻底调查和记录地形、地貌和当地的动植物情况，同时使开发的面积尽可能小。

　　在建设营地时，除了主要的公路可用沥青铺设外，其余次要的公路和辅助性的小路均用石砾铺设，用多孔渗水性材料和环境友好型建筑方法，使用节能型建筑设施，最大化地安装人性化的现代设备，使营地保持它原始的自然风貌。如美国 Seibt 沙漠型营地的绿化做得很好，全部采用滴灌式浇水、人工生态除草。游客在这样的营地上与当地的动植物达到和谐共存的境界，这样的营地发展才是可持续的。

第六章　房车露营地规划与设计

房车露营地规划是指在适合房车停泊和露营的地理位置内，根据房车补给和人们露营生活的需求，对露营地区域的大小、自然环境资源、技术资源和人力资源进行布局、配置和设计，使营地规范合理，具有完整的管理运营体系，具备现代化的标准。

第一节　房车露营地规划

一、选址要素

作为中转用途的房车露营地对选址要求不高，周边环境良好，交通便利即可。但是作为旅游目的地的露营地由于游客停留时间长，通常要选择周边风景优美、具有吸引力的场地，最好依附于大型景区。具体地说，露营地的选址需要满足自然环境、社会环境、地块环境三方面要求。

自然环境——以保护动植物及其生存环境为选址的前提，尽量选择开阔的环境，要素如绿树、河流、湖泊最好皆有之，而多雾地区不宜选址。房车营地应尊重自然景观，处理方法是近景尽量以自然景观为主，避免建造太多的人工设施。在打造人工景观的时候，要与周边的自然环境相结合。中景则微加修饰，远景保留原生态。

社会环境——符合国家和地方对环境和资源保护的要求，交通较便利，距离高速公路、国道、省道或景区专用道路较近；比较容易配置给排水、电力、电信等基础设施；适建游泳池、网球场等体育设施或游乐场等娱乐设施；50千米车程范围以内最好分布有加油站。

地块环境——相对平坦，通风和排水良好的土地，远离滑坡、洪水等自然灾害区域；远离有害动植物，在营地植物搭配上，应考虑四季，尽量做到四季皆有植物。严禁栽植会危及游客生命安全的植物（如有毒、带刺等）；不宜选择视线不佳的盆地；夜晚较安静。

此外，房车露营地的选址还可以依托以下理念选择，(1)都市游憩腹地城市周边放射状分布：城市周边，按游憩者的路径半径设置放射状的营地布局，以满足城市人群的短距离露营需求。(2)游憩性度假区非线状组群：以集中游憩区为中心，按游憩度假者的路径组团式分散营地布局，并与城市区相呼应。(3)度假服务区沿公路为发展呈线状环路：根据度假者路径，沿公路布置营地，形成路径线状营地布局，与城市、度假区等相串联，形成布局环路。

二、功能分区

露营地根据其类型、自身特色及目标客源市场的消费特征而设置不同的功能区。但是，现代化和标准化的露营地往往具有一些共性：现代化的卫生设备，淋浴、卫生间等公共服务设施；有超市、邮局、诊所、酒吧、餐馆等，可以满足游客日常生活的需要；有健身、球类、游泳、儿童游乐园等多种运动场地和多功能厅，供游人使用；有车辆维修、宠物托管等各类后勤保障设施。

事实上，无论什么类型的露营地，通常都有这几大功能区域：大门入口区、综合服务区、露营住宿区、主题功能区等。其中，房车营位的规划有以下两个要点：一是房车的营位至少要宽4米，长8米，每个营地预留作为A型房车或五轮拖挂车的车位。二是房车营位的进出形式。进出形式分为贯通式和倒进式。营位与道路的角度方面，营位与道路的角度最好是呈40度到45度，驾驶员容易倒车进入为最佳。营位之间的间隔不应小于2米，有条件的营地也可以种植高1到1.5米的绿植以体现营位的私密性。

三、规划布局形式

露营地规划受道路、地形地貌、植被、日照、通风等因素影响，规划风格宜与周边环境协调，体现对天然地形及自然资源的保护，因地制宜，交通流畅，功能分区明确，方便游客使用。国内外房车露营地的规划布局多为单中心布局，主要有三种形式：层递型、环绕型和串联型三种布局形式。

（一）层递型布局

层递型布局较明显的特点是管理区位于入口，可提供咨询、登记、录入等服务，各种服务和餐饮集中于之后的区域，露营区位于其后。优点是各露营区到达中心娱乐休闲区的距离较平均，娱乐休闲服务能辐射到每个营区，同时也能方便管理区管控。营区相对独立又集中，根据供电供水设施的差异，形成不同价位的营区。

图 6-1　Spreewald 露营地（Lübbenau）

如德国的 Spreewald 露营地，它位于有"德国威尼斯"之称的吕贝瑙（Lübbenau），紧邻著名的小河迷宫，众多河流穿过森林，形成风景如画的水上迷宫。露营地位于其中，在管理区和营区之间是大面积的公园绿地，人们在此进行自行车、游戏场、热气球游览、独木泛舟等活动，沿河布置帐篷区、房车营地和自驾车营地，将沿河风景收揽其中。

这类营地能充分利用环境资源，并将娱乐休闲设施与环境充分融合，以对自然最小的干预达到最好的使用效果。营区的排列又相对规整，节约土地资源。层递型营地通常适合建设营地的场地是海滨、广阔平原等本身平整、开阔的区域。道路可以直线通达，使营区内的游客方便到达，同时使管理辐射到各区域。场地是微型台地式，不连续成片分布，结合地形形成层状结构，不同营区位于不同台地上，利于分类规划和设置。场地有较好的风景资源需要保护，在营地建设时结合现状布置路网，设置营位。

如果该露营地原来较为空旷，可以减少成本将道路设计成放射状，使营区内通达，也有利于营位排布。种植规划以规则式为主，主要用于分隔各营区。如地形或生态情况特殊，用地形状不利于整合布局的情况，先由主路进入公共性强的娱乐休闲区，再分支形成各条支路到达各营区。

（二）环绕型布局

这种布局方式相对层递型更加紧凑，各营区围绕管理服务和娱乐休闲区均匀发展，每个营区相对独立又具有向心性，能发挥各自特色，根据需要设立分区的小型活动点。由于中心和周围的功能性质不同，在营区内也较容易识别方向。美国北卡罗来纳州的 Adventure Trail 露营地是典型的环绕型布局，管理区和娱乐休闲区分布在连接入口的主路附近。儿童户外活动区域、游泳池、篮球场、排球场、临时展厅、篝火圈、休息咖啡屋、室内游戏厅布置在主路两侧，是整个营地的中心地带。向外是洗衣房和浴室，方便营区内游客使用，房车营位分四个区环绕在娱乐休闲区周边，小木屋和仓体是给没有房车的人准备的，散布在营区周边的树林里。

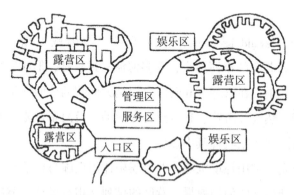

图 6-2　环绕型布局的图示

环绕型布局的最大特点是管理中心和服务设施中心都建在整块场地的中心或是各块地的连接处，以方便对整个营地各个区进行管理和提供服务。各个露营区根据场地地形和环境特点，不规则地分散布置于管理区和服务区周围。该布局方式可以将分散又相对集中的零散地块有机结合起来，根据地块的自然条件灵活选择场地用途。露营区独立、景观各异，还可结合环境在露营区内增加娱乐活动场地。

环绕型布局适合建设条件：

（1）景区内可利用空间成辐射型分布，如一些森林、河流冲击沿岸等。

（2）可用场地形成不连续成片状分布，片状土地之间距离相差不大。

（3）丘陵地带可以用来露营的辐射状空间布局的缓坡地带。

（4）具有相对复杂地形的景区。

（5）景区内有分散的资源需要保护。

（三）串联型布局

串联型布局的营地主要特点是一条主路贯穿始末，串联起不同类型的营区。采取一个主控中心，多个分散点发散服务模式，根据情况设置不同出入口，方便游客进入和撤出。因为每个营区自成单体，又较为分散，在统一管理上较为不便，不像环绕型可以共用，所以管理区除了在出入口处也会在主路中间布置，再根据规模在每个营区设有局部管理点。如果营地范围较大，一些公用设施需要重复排布，成本较高。每个串联的组团中心是服务点，有必备设施。如果范围较小，可以根据营位供水、排污、供电的程度不同划分区域。

串联型营地通常适合地形复杂多样，无大面积平整土地的地区，比如山地丘陵中沿山谷线设计营地。主路结合排水排污，连接城市管网系统，景点较为分散的大型风景区，营地范围较大，可以根据地形地势单独分成几种不同类型的营区，挖掘各自特色，为游客提供多种风格的选择，体验不同乐趣。但是这种营地布局方式非常分散，管理较难，厕所、淋浴间等基本服务设施在每个区域都需布置，设施成本高。

四、营位设计

房车露营地由不同数量、不同大小的营位组成，营位的布置方式也有通过型、退入式、旁路式等多种类型，根据营位类型的不同为游客提供不同的水、电

图 6-3　西山泉房车露营地串联型布局①

和排污接口等设施。参考现有露营地露营区内的营位布置方式，根据单个营位停车数量的多少和营位的布置组合方式，可以分为单车位型、多车位型、过渡型、混合型 4 种布置设计方式，以满足游客对不同营地空间的需求。

（一）单车位型

每个营位的面积是按一辆车的露营游客活动所需空间来设计的，有帐篷搭建空间、停车空间、桌椅摆放及活动空间等，满足以上条件需要 100—120m² 为宜。每个营位有单独的供水口、电源插孔和污水排放处等设施。

不同营位之间留有一定的空间，用植物、麻绳、石头、栅栏、圆木等天然材料分割，距离以 12—25cm 为宜。这种类型的露营区保持了各营位之间的私密性，为露营者提供自己的活动空间，相互之间的干扰小，管理比较容易。但在旺季时不能灵活变换停车数，修路和营位的成本也较高，不利于露营者之间的交流，不适合团体使用。

---

① 图片来源于张文涛的微博。

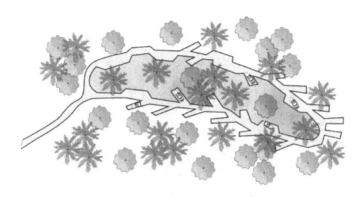

图 6-4 单车位型营位设计①

（二）多车位型

多车位型营区私密性较差，整体为中央广场型，供团体利用。这种类型的营区在旅游旺季时，可以灵活地调节车间距，增加停留车辆数，建设费用低，并且露营者可自由选择空间搭设帐篷，方便大型活动及团体使用。但因人流比较集中，容易相互影响，私密性差。同时管理难度比较大，入场停车应有专人引导，否则很难充分利用和划分空间而造成浪费。

（三）过渡型

过渡型营地中既有单车位型营位又有多车位型，多车位型的车也不宜过多，每个区域设计停放 4—6 辆汽车比较合适。这种营地类型是将前两种类型同时置于一个区域中，相对更为合理和人性化，在单车位区满足私密空间的需求，在多车位区又便于举行大型活动，满足团体使用的需求。

（四）混合型

混合型营地是单车位型和多车位型两种营地相互结合的一种形式。它在场地

---

① 设计图来源于中科博道旅游规划设计院。

图 6-5　多车位型营位设计①

图 6-6　过渡型营位设计②

周边布置有单个的露营营位，中间为这些露营者提供了多个公共活动区，可以提供一些组团娱乐活动。各营位的设施和单车位型相同，活动空间可结合区域活动项目来布置一些简单的娱乐设施。混合型营位同时具备私密型和开放型两种营地类型的优势，既满足私密性的要求又能举行集体活动满足团体需求，非常适合于由单个家庭组成的团体露营，但需要面积比较大，建设成本较高。

---

①　设计图来源于中科博道旅游规划设计院。
②　设计图来源于中科博道旅游规划设计院。

图 6-7 混合型营位设计①

五、房车露营地基础设施方案

如同星级酒店与招待所一样,从最简陋的营地到最豪华的营地会有天壤之别。但一般意义上的房车露营地都会有下列设施:房车停车位、饮用水、照明电补给、排污及安全防卫等服务。当然房车露营地远不止这些。房车露营地应该是集景区、娱乐、生活、服务为一体的综合性旅游度假场所。

通常情况下,房车露营地包括较为完善的安保系统,独立的饮水和污(灰)水处理系统,配备生活用电。生活区域内有现代化的卫生设备,包括淋浴、卫生间等,并提供洗衣、熨衣、煤气等服务设施;还应该特别强调营地的环保,低碳减排;充分利用各种可创造性能源,以节约资源。甚至营地内还可以考虑设置超市、邮局、诊所、酒吧、餐馆、健身房等,完全可以满足游客日常生活的需要。在娱乐和运动区域内,开辟有健身、球类、游泳、高尔夫、儿童游乐园等多种运动场地和多功能厅,供游人使用。

以"龙山县房车露营地"规划建设方案为例,探讨一个成熟的房车露营地基础设施应该如何设计。

---

① 设计图来源于中科博道旅游规划设计院。

龙山县惹巴拉土家生态文化旅游扶贫开发项目——房车露营地建设项目位于龙山县苗儿滩镇，该项目总用地面积为 1150 亩，道路占地面积 38349m²，总建筑占地面积 28970m²，总建筑面积 32825m²，总景观面积 699348m²。项目建设以相对集中的度假基础设施和配套的公共基础设施为主，合理分布建设，为游客提供快速、便捷的服务，项目分为主入口区、汽车露营区、滨水娱乐区、移动木屋区、山体木屋区、休闲度假区及户外拓展区 7 个功能区。

主入口区：主要包括生态停车场、停车场管理用房、风雨廊桥、接待中心（建筑面积 851m²）、运动场地等。

汽车露营区：主要包括小型服务中心（建筑面积 323m²）、自驾车营地、房车营地、滨水篷房、营地木屋、篝火广场、演艺广场等功能区域。

滨水娱乐区：主要包含建筑有综合服务中心（建筑面积 947m²）、配套建筑（建筑面积 1050m²）、水上乐园服务区（建筑面积 167m²），本区主要包含水上乐园、儿童娱乐区等活动场地。

移动木屋区：规划有休闲会所（建筑面积 1236m²）、移动木屋、集成建筑、下沉酒吧、运动场地等。

山体木屋区：规划主要建筑有山体木屋服务中心（建筑面积 959m²）、山地休闲中心（建筑面积 678m²）、山体木屋会所（建筑面积 478m²）、山体木屋等。

休闲度假区：规划主要建筑有山谷服务区（建筑面积 261m²）、山谷休闲区（建筑面积 782m²）、溪谷酒吧（建筑面积 372m²）、山顶休闲会所（建筑面积 831m²）、山谷木屋、度假木屋等。

户外拓展区：主要包含户外拓展服务区（建筑面积 261m²）、户外休闲区（建筑面积 928m²）、帐篷服务区（建筑面积 323m²）、户外拓展木屋、山顶篷房等建筑及星空帐篷、景观亭、山地休闲体育运动、户外拓展运动、儿童户外营、青少年夏令营等区域。

第二节　房车露营地开发及建设流程

随着社会经济水平的提高，大众休闲体育及旅游的需求持续升级，带动了体育与旅游行业融合、汽车自驾运动营地蓬勃发展，行业政策持续利好。随着国家对体育、旅游行业布局的完善，营地将迎来新的契机，未来将向着多元化、精细化、专业化、标准化的方向发展，在相应领域会有更多政策支持。

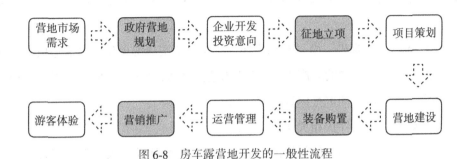

图 6-8　房车露营地开发的一般性流程

一、露营地建设工作

（一）调研审批阶段

1. 注册开发、经营实体

如果是开发，需要注册房车露营地开发投资公司，如果为经营类型，需要注册房车营地经营管理有限公司。

2. 进行项目选址

涉及土地局，土地所有者以及确定土地性质准备签署土地合约。

房车露营地土地使用性质属于旅游开发用地（筹建前与当地土地管理和规划相关部门核实）。旅游用地指用于开展旅游活动所占用的场所。国家《城镇国有土地使用权出让和转让暂行条例》第 12 条中规定，商业、旅游、娱乐用地的最高使用年限为 40 年。同时汽车营地可以开发森林用地，发展林下经济，也可承包山头。建设汽车营地应当注意的是不具备商业住宅用地资格。

3. 审批立项前需准备的重点资料

包括《可行性研究报告》《环境评估报告》《节能评估报告》《建设项目用地预审意见》《建设选址意见书》等。因审批周期较长，建议先编制可行性研究报告，可与其他工作交叉进行。

（1）可行性研究报告。企业从事建设项目投资活动之前，基于可行性研究主题（一般由专业咨询机构）对政策、法律、经济、社会、技术等项目影响因素进行具体调研分析，分析项目的必要性，明确项目的可行性，评估项目经济和社会效益，为项目投资主体提供决策依据，同时用于向主管部门申请批复文件。

（2）环境评估报告。由具有相应环境影响评价资质的单位对可能造成重大环境影响的建设项目编制的对产生的环境影响进行全面评价的一种环境影响评价文件。其中，环评批复的审批内容主要包括：

①需要符合环境保护相关法律法规。

②涉及依法划定的自然保护区、风景名胜区、生活饮用水源保护区及其他需要特别保护的区域的，需要征得相应一级人民政府或主管部门的同意。

③项目选址、选线、布局需要符合区域、流域和城市总体规划，需要符合环境和生态功能区划。

④需要符合国家产业政策和清洁生产要求。

⑤项目所在区域环境质量需满足相应环境功能区划标准。

⑥拟采取的污染防治措施需确保污染物排放达到国家和地方规定的排放标准，满足总量控制要求。

⑦拟采取的生态保护措施需要有效预防和控制生态破坏。

（3）节能评估报告。节能评估报告的编制需根据节能法规、标准，对投资项目的能源利用是否科学合理进行分析评估。根据具体项目规模由具备资质的单位出具《节能评估报告书》《节能评估报告表》或《节能评估登记表》三者其一。节能评估报告的评估内容包括：

①评估分析项目是否符合国家和地方的法律、法规、规划、产业政策、行业准入条件以及相关标准、规范等的要求。

②对项目工艺工序以及工艺设备在能源消耗方面是否先进可行进行评估。

③阐述建设项目设计用能的情况，以科学、严谨的评估方法，客观、全面地分析项目合理用能的先进点和薄弱环节，判定项目合理用能的政策符合性、科学性、可行性，提出合理用能的建议措施。

④根据节能评估的结论和建议，为实现国家、地方有关节能减排的宏观政策目标，加强项目合理用能管理，从源头严把节能关。

（4）编制概念规划设计。根据之前的可研报告、环评报告、节能报告等前期调研，对所选地块进行房车露营地概念设计，完成概念规划文本。

（5）报规划局审批。房车露营地概念规划设计完成后，持可研报告、环评报告、节能报告及概念规划文本到本地区规划局备案审批。获得规划局审批立项后，进行第二阶段工作。

（二）设计立项

1. 初步设计及监理

完成初步规划局审批后，进行营地深化及扩初设计、施工图设计、工程施工及监理。在进行房车露营地规划设计前可参考《汽车自驾运动营地星级划分与评定》《汽车自驾运动营地建设要求与开放条件》。

2. 立项报告书

到发改委申报立项，取得发改委立项报告书。

（三）建设运营

1. 项目开工建设及竣工

发改委申报立项后，并完成水、电、气、通信等部门申报工作，即可开工建设。同时可凭申报立项书申请旅游专项资金等各种补助。

房车露营地建设成本费用包含：

①土地取得费（包括土地出让，租赁方式）。

②建造成本（各类配套构筑物建成及装修成本）。

③设备成本（各类娱乐，服务设施采购费）。

④管理成本（包括人员工资，日常营地维护维修，水电费等）。

⑤各类税费（土地增值税，财务费用等）。

⑥其他（包括广告，各类手续更新办理等）。

2. 运营前的准备工作

办理营地经营许可、税务、卫生、安全消防及特行科等部门的资质。

3. 进入正式运营

在完成运营前期工作后对营地进行一至三个月的试运营后正式投入运营。

二、用地问题与政策①

(一) 房车露营地用地问题

1. 旅游用地利益相关者态度分化

房车露营地的建设与开发，必然牵扯到当地居民、旅游者受众以及相关运营商的利益问题。在我国，房车露营地的建设地区往往是风景优美、接近"大自然"的地方，而且大多又是经济较为贫困地区，对经济发展的迫切需求及土地的敏感性，使得土地利用的经济可持续发展成为其必先考虑的问题，如若不然，必然会引起当地居民与游客之间的共享冲突问题；至于旅游者层面，相较于冒险勇进，探险求新，超越自我的外国旅游者而言，中国旅游者拥有着保守和稳健的旅游观，提倡适度旅游，反对过于冒险，不易接受新事物，需要房车露营地提供较为完善的功能设施；对于自驾游营地的相关运营商，往往片面地追求利益的最大化，忽略营地的长远发展，再结合中国现有的土地管理制度，营地的建设必须在利益共享方面多做研究，解决其利益分配问题。

2. 人多地少，国土资源紧张

我国国土面积居世界第三位，但是人均土地拥有量仅是世界人均拥有量的1/4，人多地少是我国的基本国情。近年来随着经济建设和城市的发展，土地供需矛盾明显。中国是个缺乏旅游资源，特别是休闲度假资源的国家，人均水平较低，比如美国3.5%的土地面积被规划为国家公园，拥有国家公园面积达到11.3平方千米每万人；然而中国国家级风景名胜区加上省级风景名胜区，其总面积才约占国土面积的1.89%，平均只有0.00013平方千米每万人。根据露营地旅游营地目前运用的计算公式即一般计算营地最小的面积：用地面积=停车数量×1辆车所需的场地面积（80—20m²）×2（保持自然环境和开放空间的系数）×2（场地道路管理中心卫生设施等系数）。该公式计算出的面积是汽车营地在没有任何障碍，充分利用场地的情况下的面积，一般道路硬质铺装的面积都会远远超出这个数据，这样，足以显示旅游用地供给与需求的矛盾问题。

---

① 本部分主要参考王丽娟等（2022）的研究成果，http：//www.zhonglun.com/Content/2022/05-31/1410294492.html。

3. 现有管理土地制度不当

（1）旅游用地审批程序复杂，审批周期长。自驾游营地建设虽未改变土地用途，但由于土地使用权人变更，需要审批，往往因审批层级高、程序多，项目用地获批取得慢、周期长，其结果是延误了投资机会，并且还导致为了规避审批程序的违法用地现象增多。

（2）旅游规划"落地难"。旅游规划存在"计划指标不足，供需矛盾突出"的现实问题。产业多，用地规模大，各地普遍反映存在指标缺口问题，供需不平衡。问题不仅仅出现在用地指标上，很多地方旅游规划缺乏与土地利用总体规划的衔接，没有将旅游建设项目纳入土地利用总体规划，旅游项目难以获得发展空间。相对于规划期限为 15 年的土地利用总体规划和 20 年的城镇总体规划，旅游项目用地的具体空间定位较为困难，导致其在土地利用总体规划与城镇规划中无法精确落地，即面临着"落地难"的问题。

（3）旅游用地出让价格高、年限短。由于目前旅游产业没有单独的用地门类，各地基本按 30—50 年的经营性用地出让，因旅游产业本身具有高投资、高风险、低收入、慢回报的产业特征，加上旅游用地未单独设立基准地价，在评估地价时，主要参照商业服务类用地基准地价，造成旅游用地出让价格偏高，难以吸引投资，影响了旅游业发展。

（4）用地政策与旅游发展实际不相符。旅游用地由于自身特性，用地容积率和建筑密度相比工业园较小（旅游用地容积率基本在 0.1—0.4，建筑密度在 20% 左右），但现有用地政策大多按照工业园标准要求，规定容积率必须在 0.8 以上，旅游用地明显不符合这些政策要求，造成地方为了报批需要，弄虚作假。政府大力提倡发展的自驾游汽车营地建设在各地也因为只能按照两年为期的临时用地办理土地手续，但投资者对于两年为期的临时用地存在大量投资与回报周期的不确定的顾虑，不敢盲目进入自驾营地开发市场，使得自驾游营地建设，目前还仅停留在论证观望阶段。

（5）相关用地标准与控制体系不健全。由于使用与旅游行业的用地（工程建设）标准和用地规模控制体系不完善，缺少旅游行业节约用地的评价指标和监管体系，普遍存在增建设、轻存量盘活，重短期利益、轻生态效益的问题。同时，农村集体产权制度改革滞后影响旅游发展。自驾游依托的必要生活设施即公共淋浴房、卫生间、服务中心以及专门的污水处理和垃圾处理设备等往往是通过偏远地区的乡村实现，而其大多是通过租赁方式使用集体建设用地或是宅基地所有者自主经营。农民以宅基地使用权入股从事相关营地建设，在法律上受到限制，规范集体建设用地流转的相关政策规定尚未出台，集体建设用地无法实现抵押融资，投资者短期心态明显，既难以形成规模，又限制了自驾游营地的建设与发展。

（二）房车露营地开发用地政策支持与限制

基于房车露营活动本身所追求的放松身心、愉悦精神的娱乐休闲体验，房车露营地一般会选址在环境宜人且交通便利的市郊、乡村，因此在实践中，较多露营地项目会涉及对农用地的使用。露营地的经营主体通常选择通过租赁方式从农户、村集体经济组织或者村委会手中直接或间接流转取得农用地的土地经营权，进而开展项目建设。值得注意的是，我国实行土地用途管制制度，农用地需经批准后方可用作非农用途，否则将被追究法律责任。对于处在"全民露营"这场"春风"里的露营行业而言，经营主体更应当对项目用地的合法合规性予以足够重视。

目前，明确规定了露营地用地政策且现行有效的政策文件主要基于多部委联合下发的《关于促进自驾车旅居车旅游发展的若干意见》（旅发〔2016〕148号，以下简称148号文）。148号文明确了自驾车旅居车露营地用地政策，对破解供地难题、加快自驾车旅居车露营地建设具有重要推动作用。虽然148号文中载明的是自驾车和旅居车（即房车）的用地政策，但我们理解，该规定对于其他类型的露营地用地同样具有参照意义。

根据148号文的规定，自驾车和旅居车露营地的用地政策如表6-9所示。

实践中，部分露营地项目的经营主体通常会选择通过租赁方式从农户、村集体经济组织或者村委会手中直接或间接流转取得农用地的土地经营权，进而开展项目建设。根据《中华人民共和国土地管理法》（以下简称《土地管理法》）的有关规定，我国土地按用途划分为农用地、建设用地和未利用地。其中农用地是指直接用于农业生产的土地，包括耕地、林地、草地、农田水利用地、养殖水面等。农用地的土地经营权流转以及农用地转用问题是经营露营地项目不可避免会

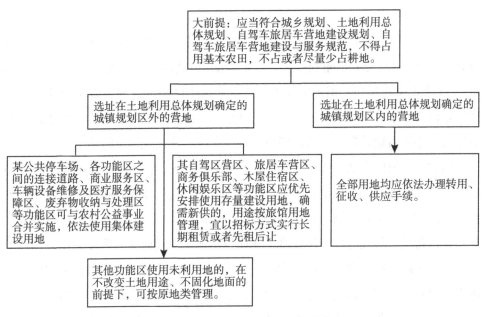

图 6-9　房车露营地用地政策梳理

遇到的关键问题，不解决好这两个问题，将无法沐浴在"全民露营"这场"春风"中。

2021 年 1 月 1 日施行的《中华人民共和国民法典》物权编进一步体现了"三权分置"制度，规定土地承包经营权人可以自主决定依法采取出租、入股或者其他方式向他人流转土地经营权。2021 年 1 月 4 日下发的《中共中央 国务院关于全面推进乡村振兴加快农业农村现代化的意见》进一步明确了"三权分置"，要求坚持农村土地农民集体所有制不动摇，坚持家庭承包经营基础性地位不动摇，在保持农村土地承包关系稳定并长久不变的基础上健全土地经营权流转服务体系。2021 年 3 月 1 日，农业农村部制定的《农村土地经营权流转管理办法》正式施行，该办法进一步放活并规范了土地经营权的流转事宜。

综上，所谓"三权"分置，是指在农村土地所有权和土地承包经营权"两权"分离的基础上，允许土地承包经营权进一步派生出土地经营权并对其进行流转，即在法律上呈现出农村土地所有权→土地承包经营权→土地经营权的派生关系，而土地经营权正是从土地承包经营权中派生出来的一项权能。三权分置原则为露营地的经营主体流转取得土地经营权提供了政策基础和法律依据。

经网络公开信息检索，实践中也出现过多个露营地项目因违法占地问题而被查处的案例：南宁 20 亩网红帐篷营地因占用林地被查处；自然资源部 2019 年通报的 31 个典型违法违规用地案件中，包含北京市延庆区首都旅游集团违法占地建设露营公园案、北京银湖国际房车露营地、云南省西双版纳州雅居乐旅游置业有限公司违法占地建设西双林语项目案等房车露营地违规建设问题。

因此，虽然国家陆续出台政策鼓励露营行业发展，但土地管理的红线不可逾越。在露营地项目的选址上，应当首先符合土地利用总体规划和城乡规划（或者已经编制的国土空间规划），依法依规使用土地，不得占用基本农田，不占或者尽量少占耕地，优先考虑利用存量集体建设用地和四荒地等。确需使用农用地等非建设用地的，则需办理转用审批手续。否则，即使通过土地经营权流转的方式取得项目用地，流转合同也存在被解除或者被认定无效的法律风险，项目用地可能被收回，项目投资将遭受损失，情节严重的还可能被追究刑事责任，因此露营地项目的经营主体应当对此问题予以重视。

表 6-1　　　　　　　　　　房车露营地用地政策（部分）

政策文件名称	涉及露营地用地政策的相关内容摘录
原国土资源部、住房和城乡建设部以及原国家旅游局联合下发的《关于支持旅游业发展用地政策的意见》（国土资规〔2015〕10 号）（该文件有效期五年，已于 2020 年 11 月 25 日到期失效）	（七）促进自驾车、房车营地旅游有序发展。按照"市场导向、科学布局、合理开发、绿色运营"原则，加快制定自驾车房车营地建设规划和建设标准。新建自驾车房车营地项目用地，应当满足符合相关规划、垃圾污水处理设施完备、建筑材料环保、建筑风格色彩与当地自然人文环境协调等条件。自驾车房车营地项目土地用途按旅馆用地管理，按旅游用地确定供应底价、供应方式和使用年限。（十二）严格旅游业用地供应和利用监管。严格旅游相关农用地、未利用地用途管制，未经依法批准，擅自改为建设用地的，依法追究责任。

政策文件名称	涉及露营地用地政策的相关内容摘录
原国家旅游局、国家发展和改革委员会、原国土资源部、住房和城乡建设部等多部委联合下发的《关于促进自驾车旅居车旅游发展的若干意见》（旅发〔2016〕148号）	第五条（二）优化营地用地政策。 自驾车旅居车营地项目建设应该符合城乡规划、土地利用总体规划、自驾车旅居车营地建设规划、自驾车旅居车营地建设与服务规范，依法依规使用土地，不得占用基本农田，不占或者尽量少占耕地。 选址在土地利用总体规划确定的城镇规划区外的自驾车旅居车营地，其公共停车场、各功能区之间的连接道路、商业服务区、车辆设备维修及医疗服务保障区、废弃物收纳与处理区等功能区可与农村公益事业合并实施，依法使用集体建设用地，其自驾车营区、旅居车营区、商务俱乐部、木屋住宿区、休闲娱乐区等功能区应优先安排使用存量建设用地，确需新供的，用途按旅馆用地管理，宜以招标方式实行长期租赁或者先租后让；其他功能区使用未利用地的，在不改变土地用途、不固化地面的前提下，可按原地类管理。 选址在土地利用总体规划确定的城镇规划区的自驾车旅居车营地，全部用地均应依法办理转用、征收、供应手续。 已供自驾车旅居车营地项目建设用地不得改变规划确定的土地用途，不得分割转让和转租。

　　旅游用地的开发，必然牵涉到多个方面的人、事、物问题。土地的如何利用与当地旅游用地相关者息息相关，对于中国人口多、用地少的基本国情，再加上露营地又是介于观光旅游和宾馆住宿之间的产物，是集观光、休闲、娱乐于一体的综合性的户外活动场所，所以面积通常也相对较大，一般在4—10公顷以上，供给与需求两者的差值问题，需要注重如何权衡"保护"与"开发"。

　　露营旅游于19世纪60年代兴起于美国，发展到今天，露营活动也由原来的拓荒式到休闲式，训练式到娱乐式，从徒步到乘车，从帐篷到营位，露营地建设便应运而生。由于自驾游运动在欧美地区兴起得比较早，露营地的建设日趋完善，在许多情况下它是以非营利性的社会福利项目的姿态出现的，休闲度假游已成为欧美国家人们日常生活的重要组成部分。随着道路交通条件的不断改善和旅游交通工具的不断人性化和个性化，周末和假期的自驾车观光休闲体验旅游、家庭自助休闲度假旅游已成为人们外出旅游的重要方式。在经过一段时期快速发展后，这些国家的汽车露营地现已处于规模庞大、产业配套、成熟规范和稳步提升的发展阶段，因此国外露营地的开发与管理是将其定位于生态旅游度假地，可持续性的开发。目前，在我国，汽车营地尚处于起步阶段：2010年，国家旅游部门已经明确表态将发展汽车露营、建设汽车营地、发展房车旅游列入国家"十二五"规划。紧接着，全国多个省份如山东、内蒙古以及宁夏等均提出了要发展汽车营地的计划。虽说这些政策将极大地促进汽车营地的发展，但是，随着自驾游旅游的蓬勃发展，使得很多人想抓住这一商机，将汽车露营地项目作为一项营利性项目开发，可能出现盲目开发现象。

第三节　房车露营地设计实践

一、寒地型房车露营地设计

寒地城市在房车营地景观设计方面虽然存在诸多不利因素的制约，但只要设计者能够合理利用条件，整合资源，就能够找到寒地城市对于房车营地景观建设的有效助力。好的设计应该在满足基本使用功能的基础上，将景观节点与房车营位有机地结合在一起，设计中尽量展示城市特色、文化、民俗风情等精神元素，提高房车营地的吸引力。寒地城市房车营地的景观设计只有找准定位、科学规划、坚持原创才能另辟蹊径，逐步形成具有寒地特色及针对性的研究成果，真正地提高寒地城市房车露营地的市场竞争力。

（一）寒地型房车露营地设计原则

1. 精准布局、避免盲从

我国寒地城市由于其特殊的地理位置，在经济、观念等方面都稍显落后，在一定程度上会造成寒地房车营地的景观建设与部署策略缺乏充分的认知和研究基础。所以，设计师在规划时应该立足于寒地城市的自身情况、放眼时代高度、以发展的眼光进行精准布局。这里的精准布局一方面是指设计布局，除了遵循功能性、生态性、弹性等最基本的设计原则，同时还应考虑寒地房车营地在景观设计中的特殊处理。例如针对秋冬季节的防风设计、房车营地冬季的积雪处理等问题。另一方面的布局是指景观战略布局，寒地城市在自然资源、开发模式等方面均具有其特殊性，应避免决策层面的失误造成经济上的浪费。同时景观设计师切忌不要盲目抄袭经济发达地区的成功案例，防止房车营地在投入使用后带来诸多不适应的问题。

2. 趋利避害、彰显特色

在寒地城市房车营地的景观设计中，应该尽量将恶劣气候所产生的不利影响，转化为景观设计的契机，充分利用其四季分明的气候特点进行季节性景观营造。在景观设计的同时考虑不同季节的主题性景观设计，在植物造景方面达到"春生、夏荣、秋收、冬藏"的特殊风景，使其区别于其他地区的房车营地景观设计风格。发挥寒地城市的冰雪资源优势，在房车营地景观设计中考虑滑雪、滑冰、冰雕、雪雕展览等特色场地，以丰富的活动及民俗风情展示来弥补寒冷气候所带来的不适。同时注意打造区分于城市其他旅游资源的特色景观环境，以鲜明的个性来提高房车营地对使用者的吸引力。

3. 经济耐用、管理优先

寒地城市对房车营地的景观设计方面还缺乏建设性的理论指导与实践参考，设计工作还处在探索阶段，因此应该注重设计效果和经济性的适度平衡，追求优良的性价比，避免在景观设计中"用力过度"而适得其反。尽量尊重场地原有地形，使用场地内现有的可利用资源进行发挥与创造，注意景观材料的耐寒性、抗腐蚀性以及持久性。绿化设计时尽量选择容易成活的乡土树种。景观设计时应该优先考虑到后期的管理维护问题，尽量做到低成本、免维护。例如红瑞木与槭树、接骨木与云杉、核桃与山楂、板栗与油松在一起栽植可以互相促进，繁荣共生，可以有效地免去部分管理维护工作。

(二) 寒地型房车露营地设计实践

1. 营位规划

营位规模确立依据：（1）露营区域最小整体面积＝停车数量×1辆车所需要的场地面积（80—120m^2）×2（保持自然环境和开放空间系数）×2（场地道路管理中心卫生设施等系数）。（2）符合国家标准的生态容量计算公式：C（合理的环境容量）＝A/a＝景区可游览面积（总面积×30%）/每人适当游览面积（一般 100m²/人）。由以上公式得出设计中符合生态容量标准的房车营位数量不能多于 80 个。

营位单元主要由车位和生活区两大部分组成，除了房车营位之外还包括小汽车营位。房车营位具体可以分为退入式房车营位、通过式房车营位、旁路式房车营位，小汽车营位主要是斜交式房车营位，此外还应设立机动营位和无障碍营位。需要特别注意的是，房车营位应做到可租赁住宿式房车营位与外来房车泊位的合理分配。

2. 功能布局

寒地型项目可以考虑在景观平面布局上采用简约的曲线形态，依据场地现有的自然轮廓进行设计：一方面，如果有邻水优势，应充分利用场地的邻水优势，激活场地中的水活力，发掘水边节点和水上活动，打造房车露营地中的魅力水岸；另一方面，依山而建的露营地可以考虑将营地原有的山坡地带进行填、挖方处理，形成露营区域。但需要注意，露营地若有生态植被和湿地，最好进行保留和合理利用。整体设计方案的功能分区可以设计为生态保育区、核心露营区以及休闲区。功能布局的划分不仅满足房车露营和汽车停泊的基本需求，又保留一定的场地原貌，在依托现状的基础上进行娱乐活动设计，这使项目基地受到的干扰较小，具有弹性发展的空间。

核心露营区为房车露营地的关键功能分区，应充分为使用者提供便捷和完善的露营设施。娱乐区与露营区相接，可以串联不同的娱乐活动，如攀岩场地、儿童活动场地、露天小剧场、篝火晚会和水上（冰上）活动等。与此同时，核心露营区的景观设计可以考虑预留季节性弹性发展空间，如一些场地在夏季作为天然草坪供使用者进行各项活动，冬季可以参照北欧地区，建设"冰雪旅馆"或"冰雪餐厅"，开展冰雕活动和冰钓等活动，以此丰富露营形式，凸显寒地房车营地的景观特色。

二、海岛型房车露营地设计

我国的海岛资源丰富，海岛区域环境优美，风景类别多样。20 世纪中期以来，海岛旅游经过高速发展，在整个旅游结构中占比逐步加重，海岛型露营地近年来也逐步得到发展，由于经济水平与气候问题等因素，海岛型露营地以我国南方发展较为久远，如福州平潭东甲岛露营地是我国较早发展的海岛型露营地之一，岛上奇石林立，海水清澈，青草覆地，露营游客络绎不绝。我国海岛型露营地仍旧处于早期发展阶段，资源分配不均匀、旅游产品结构不平衡、开发力度不完善，导致岛上景观资源价值没有充分得到发挥，海岛型营地建设数量及质量还处于较低水平。此外，海岛型露营地的发展受到交通制约，应重点考虑自驾车是否能够直通来规划露营地的设计。

（一）海岛型房车露营地设计原则

1. 整合资源，因时因地制宜

国内海岛旅游资源较为丰富，对于露营地的资源整合从两个方面展开：因时制宜，充分了解与利用当地气候，根据季节、气候、时令的不同与变换来制定不同的露营项目与应急对策，通过变化来吸引游客；因地制宜，根据离岸远近、距离城市远近、距离风景区远近、人员流动性等区位特征开展相关联动露营游玩模式与旅游项目。与周边景点优势互补，信息互联，由点带面，对于周边相关旅游发展起到引导作用。

2. 合理的人工景观介入

海岛型房车露营地根据自驾车是否可达可以分为高可达性海岛型房车露营地与低可达性海岛型房车露营地。对于高可达性海岛型房车露营地而言，已经获得了较为基础的设施开发，应重点聚焦完善硬件配套设施，提高软性的专业服务质量，弥补当前配套设施严重滞后，档次较低的现状，对于餐饮住宿、指示通信、道路设施、安全设施等基础建设加强，为露营游客提供安全高效高质的露营保障。

而低可达性海岛型房车露营地由于处于较为原始的海岛，房车露营地应聚焦提供房车式住宿体验，规划设计应强调低人工景观介入，在原始海岛上进行生态保护性改造，大力发展原始植被、动物、礁石风貌，设计自然适宜的露营基地与路径、公共设施，提供专业服务；力求建设开拓岛屿营地的同时保留原始感，带给露营者自然亲切感、未知感与新鲜感。突出海洋、岛屿为特色，开展海边篝火、岛屿观鸟、冲浪、赶海、观潮等特色活动，减少游玩重复性。

（二）海岛型房车露营地设计实践

海岛型房车露营地可以岛中景观中轴线作为主景观廊道串联整个海岛营位；功能性、内聚型节点穿插于轴线两侧，均匀分布于整个海岛组成功能性骨架；视线上分为动态景观视线与静态景观视线，开敞式、户外型节点分散于海岛四周满足不同的户外活动。

景观规划充分考虑岛上的实地情况，对于岛上不同位置设立不同驳岸，分别为硬质驳岸、台岸、悬崖、码头、自然缓坡、架空区域，最大限度地利用海岛地形，形成多元化岸线变化。

露营地景观设计根据海岛实际情况分为若干大区，如山地区、密林区、活动区、滨海区、综合服务区，设立多个景观与功能活动节点。山地区通常选择海岛海拔最高的区域，场地一般较为原始陡峭，减少人为活动，避免过多活动干预自然，作为岛上的生态保育区，留住原始性；密林区作为低人为介入的植被茂密区域，满足岛上露营接触自然，拥抱森林的作用；活动区域满足游客各项露营住宿及体验相关特色活动；滨海区作为岛上临海区域，开展各项亲水项目；综合服务区，满足露营者的接待、应急、补给等多项活动。

海岛型房车露营地在项目设计时当然要突出海岛特色活动，满足不同活动偏好露营游客的需求，如散步、篝火、野炊、垂钓、潜游、赶海等季节性较强的轻强度休闲型活动和沙滩排球、足球等中强度休闲活动。同时，如果海岛拥有特色地貌，也可以考虑加入重强度休闲活动，如探险、攀登等特色活动，打造差异化体验。当然，也可以加入儿童喜好的娱乐活动如挖沙堆沙等。

三、森林公园型房车露营地设计

美国学者普遍认为房车露营地与森林游乐具有高度契合性，森林公园中的露营地营建具有天生的优势，这也契合了我国诸多学者提出的应该重点发展"景区+露营地"的模式，即在具有丰富风景资源的区域如森林公园、自然保护区或郊野公园等设置房车露营地。森林公园无论是在可达性、人流保障，还是风景资源上，都能充分满足露营地的需求。我国森林公园资源丰富，据统计，截至2019年，我国大陆地区国家级森林公园数量达到898处，其他各种类型森林公园逾

3000余处，① 可为森林公园露营地的设置提供载体，同时，设置森林公园房车露营地也可以为我国旅游产业创新发展提供新动力。

森林公园型房车露营地的功能分区可分为管理服务区、休闲娱乐区、露营区和外延拓展区。在条件允许的情况下，可建立生态保护区，构建环境生态友好型的森林公园房车露营地。

（1）管理及服务区。管理及服务区承担房车露营地的行政管理、游客服务、购物、餐饮，以及为露营游客提供的其他各项管理与服务设施功能，常见的功能包括办公、租赁、咨询、接待、登记、储藏、医疗等功能。大型露营地可以将管理服务中心设置在所在露营地的中央，并在露营地的入口处设置接待室，而小型营地则建议在所在营地的入口处设置管理服务中心。

（2）休闲娱乐区。休闲娱乐区主要提供开展各种休闲娱乐活动的开放空间，一般应处在露营地的中心位置。森林公园型房车露营地中的各项活动应尽可能融入大自然，有利于露营游客开展各项室外休闲娱乐活动，发挥森林公园的环境优势，让游客亲近自然，放松心情。

（3）露营区。露营区作为露营地最主要的生活区和露营的主要场地，主要由三部分构成，一是外来房车停泊位，二是自营房车停泊位，三是帐篷搭设位，更大型的营地可能还会提供不同造型（类型）的营地住宿场地，如木屋等。根据露营游客选择的露营方式的不同，标准营位的大小也有所不同。帐篷宿营的标准营位为7m×（7—10）m，自驾房车和租赁房车营位约10m×10m，而木屋等特色建筑则可以根据其建筑占地面积调整营位尺寸。作为重复出现的露营区设计单元，营位单元布置需要根据游客数量和经营管理条件进行调整，根据对美国国家森林公园露营地的调查表明，一个理想的较小型森林公园型房车露营地应该具有25个左右的单元，单元之间应设置有12—25m的缓冲带，一个大型的森林公园型房车露营地营位数量往往在70个以上。

（4）外延拓展区。外延拓展区是休闲娱乐区的扩展，是露营地展现特色和主题的重要区域。当休闲娱乐区可以满足以上要求时，则可酌情考虑是否设置外延拓展区。外延拓展区的布置应做到定位清晰，特色鲜明，具体应根据当地的自然

---

① 我国新增11处国家森林公园［EB/OL］.（2019-02-12）［2022-04-11］. http：//www.gov. cn/xinwen/2019-02/12/content_5364997.html.

地理和人文特征，结合所处森林公园的地域性特色和场地现状进行布置。主要参考因素包括：目标市场、森林公园的自然环境资源、当地特色文化、景观视域美学等多个方面。

（5）生态保护区。生态保护区应就地取材，并对森林公园原有的丰富的自然资源进行保护性利用，坚持最小限度破坏自然环境，使露营地保持原始的自然风貌，达到人与自然的和谐共存。露营地开发不可避免地会破坏自然环境，生态保护区的划定主要是为了保护区内生物栖息地、湖泊、林地、地形地貌脆弱区域等，避免过度开发露营地。生态保护区还可建立分级制度，形成不同层次的保护范围。露营地应采取必要措施引导生态保护区内游人的游憩活动，在保证游人安全和最小限度破坏自然环境的前提下，控制性地有序进行游憩活动，防止因游憩行为而导致的植被退化和水土流失。

（6）道路规划。露营地的道路规划应结合森林公园原有的主路、支路与步行路三级道路体系相协调。主路是森林公园景区公路和营地内各区域的连接道路，其宽度应大于 6m；支路连接各营区内的分区，宽度在 3—4m，并应保证 12m 的最小转弯半径，便于自驾房车转弯；步行道连接游客通往各服务设施间的道路，宽度在 1.5—2.0m。道路的修建材料应尽可能地就地取材，与当地自然和文化环境相协调。露营地内的人流和车流量大，应采取人车分流的措施，并限制车速，确保露营游客安全。

（7）基础设施规划。露营地基础设施包括生活设施、安全设施、游憩服务设施以及绿色基础设施。确定露营地的给排水系统，采取相应的措施，例如确定露营地的水源并进行相应水质检测，在不影响下游水源地的情况下合理排水，雨水收集利用。露营地内的供电照明和通信系统应进行全区覆盖，以避免产生不必要的危险。游憩服务设施还包括游客服务中心、购物、餐饮、交通、解说等服务设施。以尽可能减少对自然的干预为导向，增强环保教育，合理布置露营地内基础设施。

四、山地型房车露营地设计

山地型景区则是以山地作为重要载体，是主要的风景资源和构景要素的具有一定美感的地域综合体。

（一）山地型房车露营地设计原则

1. 生态保护原则

山地型景观由于不同于平原地区的生态特性，在建设的过程中，不能过于标新立异。注重平衡科技与自然的关系，将生态保护作为重要原则之一，充分保护协调土地资源、环境资源及劳动力资源，尽可能利用原有的林道、河流等，保留自然植被，保护生物多样性，在最大程度上发挥其生态作用。同时对局部地区进行修复、改造，从而实现自然、生态、休闲、生活的结合，促进可持续发展，创造出宜居、和谐的环境。

2. 地域特色原则

山地型景观的地域特色体现在自然地域性景观和人文地域性景观。因此应在保留和发展自然环境资源的基础上，结合风土人情、文化气息创建舒适的环境。一方面山地地区地形复杂多样，气候类型多变，植物资源丰富，在规划设计过程要因地制宜，充分结合地形、协调周围自然、山水布局、植被状况以及水系情况，衍生出人居环境与自然环境的情感，从而打动人心。

另一方面关注原有的文化特色，保护整体景观，体现美学原则，突出重点、适当超前，延续传统文化并与新时代的文化审美结合，激发新的生命力。巧妙地把山地、文化与景观结合在一起，创造富有内涵和特色的山地型景观。综合运用地形地貌、气候条件、生物资源、民俗风情、历史文化背景形成具有鲜明地域特色的营地景观。

3. 多样性原则

山地型景观具有多样性的特征，多样性的存在能够确保景观生态系统具有较强的稳定性以及降低旅游活动对园区环境的干扰程度。在规划过程中，需要充分尊重地形、小气候、植物、水系等客观条件，营造丰富的景观和功能，使空间呈现多样化。同时高原山地型综合营地需要满足不同的功能需求，因此建造模式要进行长期规划，丰富景观、兼顾多样。

4. 安全性原则

由于山地特殊的地理位置条件，景观的规划设计应考虑安全性原则。首先要关注选址用地是否有安全隐患、能否改良。其次要关注土地利用过程中是否有助于生态安全，不能无序蔓延破坏生态基底；会不会影响内部气候，影响降水以及城区地表径流，改变自然机理。再次，作为人类聚居地，营地建设需要以人为本，从生产生活方式的角度看，山地的垂直高差和气候会对人的生活产生一定的影响，要将其控制在合理的范围内，以不对人类安全造成极大的影响为限，建立保障措施。最后，山地特殊的地形使产业布局成本增加，能耗增高，生态承载力较弱。

（二）设计实践

1. 露营单元

露营单元使用群体大多为家庭或小团体，通常分为停车区和活动区两个部分，活动区根据场地情况可适当设置一些生态硬质铺装或木平台的形式，满足自驾游客搭建帐篷、休闲露营的需求。

由于大多数房车都是从右手一侧开门，某些露营地布局类型的适应性就会受到制约。一些露营地只适合位于露营地道路的左侧，而一些只适合位于露营地道路的右侧。所以，设计一种可以同时适用于露营地道路左右两侧的露营地布局类型是节约土地，提高露营地利用率的重中之重。普通小汽车帐篷露营单元，并不适用于"牵引车-房车"类型的露营者。露营单元应根据露营地使用大数据，合理分配布局。

2. 服务设施

房车露营地相关服务设施按照功能类型可分为综合管理服务、出租服务、安全服务三种类型，可根据游客的密度和场地的具体情况来设置成小型服务点或综合服务中心。在进行露营地服务设施设计之前，需要调查研究并分析清楚露营游客的生活行为习惯以及游客在露营过程中的需求所在，才能最大限度地满足人们在露营活动中的各项基本需求，提升露营地的服务品质，另外服务设施系统的建设要在一定程度上对保护景观有帮助。故应基于环境行为心理学理论，合理科学地做出相关设施的设计。

3. 综合管理服务设施

小型营地通常把管理中心建在营地入口，方便露营者处理入营相关手续，大型营地为方便露营者操作和增大管理效率，亦经常在场地的中心位置建设一个管理中心，然后在入口的地方建立一处接洽室。接洽室的用途不但可以提供入住营位租赁、房车租赁、手续办理、支付账单服务等，还可用作为露营者提供观光介绍、信息咨询等服务的地点，并在接待室旁设立一个大的、具有科普知识作用的公告栏，等等。山区气候多变，如果能在接待处门口再设立一个即时的天气预报牌，将锦上添花。

在露营地中，通常把管理部门、商场、餐厅等和另外的服务项目设置在一个空间里，既节省了用地，又减少了人为建筑对景观的干扰。营区的机能中心是营地的管理中心，建筑的整体设计风格通常呈现着本营地的特色。为将营地办公区与商业区分离，特将工作人员的办公室单独建设，并与酒吧、餐厅分离。工作人员的生活区一般设立在中心服务区的后方，以给工作人员创造一个较为安静舒适的空间，也能使露营游客同工作人员分流，降低对游客观光游玩的干扰。在露营地的中心位置通常结合管理设施分布设置餐厅、酒吧、咖啡厅，等等，在这些室内空间，游客可以舒适安心地交谈。露营地内的餐厅数量将由露营地的规模大小决定，但通常会至少设置一个宽敞的室内多功能餐厅和半室外的快餐厅，还应提供一些供户外野餐的区域。另外一些较大的露营地，一般也会设置一些具有露营地风格的休闲场所，并提供别具一格的服务来满足游客更高的消费需求。露营地里的商店亦是不可或缺的，当下主要以超市的形式为游客提供自主选购食品、日用品等服务。但在露营区相对分散的情况下，景区会在每个露营区内设小卖部，在集中的位置设立超市，在超市中为游客提供在小卖部买不到的露营的所需品、食品及工具等。

4. 出租服务设施

露营相关设施租赁部为前来露营游客提供一些所需物品，诸如房车式住宿、木屋住宿、帐篷、小铲子、地毯、睡袋、小电器等，亦可包括这个露营地中独有的特色项目需要的工具，如滑草用的滑轮等。租赁部的设置满足游客的游玩和生活需要，应主要布局在接洽室和正式的服务中心中。

5. 安全卫生服务设施

保障房车露营地的安全是露营地管理层运营的根本任务，尤其是在山地型露营地中。目前广泛采用的是"24小时巡逻+摄像头监控"模式，非常适合在露营地使用，保障高效的同时，亦可降低运营成本。在入口处和管理服务处利用拍照和人脸识别系统，对车辆和游客进行记录登记，引导使用营地小程序，关注实时动态；并安排安保工作人员24小时对营区进行巡逻、监督；在关键的公共区域节点保持夜间照明，降低意外发生。设置卫生服务设施，以公共厕所为主要形式，在人流集中处、关键路口节点以及露营区进行分布。在选址上以"藏"于景观视线为优，通过标识进行引导，并协调外观设计，真正"隐"于环境中。设置医疗服务部，除了备好常用药品，通常还在发生意外情况时发挥作用，可为受到意外伤害的游客提供临时紧急的医疗处理。设置保卫室，作为整个营地保卫工作的管理指挥中心，负责巡逻保证营地内游客的安全，并在游客不易接触到的地方服务。设置车辆服务部，其主要职责是服务游客的汽车维修、清洗、加油等。

第七章　房车露营地品牌管理

品牌管理是管理学的一门分支学科，该学科的一个重要思想是从消费者心理角度认识品牌管理，即从基于消费者的品牌资产创建、评估、竞争力培育和管理等方面理解品牌管理。本章吸纳著名学者的观点，结合房车露营地的实践情况，提出房车露营地战略品牌管理的逻辑。

第一节　房车露营地品牌与品牌化探索

一、品牌、旅游品牌与房车露营地品牌

（一）品牌

品牌（Brand）一词来自古挪威语 brandr，原本的语意是"将铁烧到红"，主要是在罪犯身上烙下可识别的印记。西欧市场上的品牌概念起源于 19 世纪包装零售商品的出现，工业化将很多家庭产品转移到当地的工厂生产。工厂大批量生产，同时需要将产品投向更广阔的市场，向那些原本只熟悉本地产品的消费者销售。但工厂很快发现，普通包装的外来产品无法和本地产品竞争，于是他们试图使市场相信自己的产品可以与本地产品同样被信任。现代市场营销学意义上的品牌概念同样起源于西方，代表性观点如表 7-1 所示。

以上对品牌的概念化大致分为两类：一是基于符号差异化，用以识别一个或一群产品或服务的名称、术语、象征、符号或设计及其组合，使其与其他竞争产品或服务相区别（美国市场营销协会 AMA）；二是基于消费者关系，其是产品与消费者之间的独特关系，代表着消费者对产品或服务价值和利益的情感认同（奥

美公司）。第二种观点因为强调了消费者体验，意味着品牌不仅是企业自己的，还是消费者的，社会的，是大家共同创造的；三是基于财务角度，认为品牌是一种资产和可以建立资产的营销工具，可以买卖和交换。

表7-1 品牌的界定

代 表 学 者	主 要 观 点
菲利普·科特勒	品牌是销售者向购买者长期提供的一组特定的特点、利益和服务。品牌是给拥有者带来溢价、产生增值的一种无形的资产
大卫·奥格威	品牌就是形象，品牌形象不是产品固有的，而是消费者联系产品的质量、价格、历史等，每一则广告都应该是对构成整个品牌的长期投资。因此每一品牌、每一产品都应发展和投射一个形象
杰克·特劳特	品牌是某个品类的代表或者说是代表某个品类的名字，建立品牌就是要实现品牌对某个品类的主导，成为某个品类的第一。当消费者一想到要消费某个品类时，就想到这个品牌，就可以判定是真正建立了品牌
戴维·阿克	品牌就是资产，与品牌名称和标志相联系，能够增加或减少公司所销售产品或服务的价值的一系列品牌资产和负债。表现为品牌忠诚度、品牌知名度、品牌联想度和品质认知度
凯文·凯勒	品牌是存在于消费者心中的资产。构建起在消费者心目中强烈、独特、美好的品牌知识（消费者对品牌认知的总和，包括产品知识、视觉形象、购买体验、品牌联想等），进而使消费者对品牌发起的营销动作产生积极响应，从而达成持续销售、兑现品牌溢价、实现品牌可持续发展等目标，是开展品牌管理的核心动机和终极目的

关于"品牌"的标准定义囊括了上述三种观点，GBN/T29187—2012/ISO10668：2010《品牌评价品牌评价要求》给出的"品牌"的定义是：与营销相关的无形资产，包括（但不限于）名称、用语、符号、形象、标识、设计或其组合，用于区分产品、服务和（或）实体，或兼而有之，能够在利益相关方意识中形成独特印象和联想，从而产生经济利益（价值）。

品牌是企业乃至国家核心竞争力的综合体现，品牌建设事关国家的社会发展和经济转型升级。党和政府高度重视品牌建设工作。2014 年 5 月份，习近平总书记在河南视察时提出，要推动"中国制造向中国创造转变、中国速度向中国质量转变、中国产品向中国品牌转变"。习近平总书记"三个转变"的精辟论述将品牌建设提高到了新的战略高度，尤其是对当前中国经济发展而言，意义重大。

(二) 旅游品牌

在竞争日趋激烈的旅游市场上，从旅游目的地甚至到国家越来越倾向于采用像"经营品牌一样经营旅游目的地"，来塑造旅游目的地品牌以实现旅游产品的特色化，实现旅游地及其旅游产品的个性特征。在竞争激烈的旅游市场中，树立旅游品牌成为提升旅游目的地竞争力的重要手段。

旅游品牌是指用名称、术语或者符号标记，或者其组合来识别一个旅游经营者的旅游产品或旅游目的地。通过对旅游品牌的认知，游客能清楚地区别同种旅游产品的不同供给方，旅游品牌是游客认同感与旅游产品个性结合的产物。游客在旅游活动前无法感知旅游产品的质量，而只能通过一定的旅游品牌来认识旅游经营者的信誉、知名度和服务水平。

旅游品牌实质上代表着旅游产品的供给者交付给游客的旅游产品特征、利益和服务的一贯性承诺。旅游品牌就是对旅游产品质量的保证，旅游品牌的美誉度代表着旅游市场和游客对其旅游产品的认可。如果该旅游品牌在市场上具有相当的美誉度、知名度和信誉度，其就可以成为名牌，一旦成为名牌，游客就会认牌购买，给企业带来巨大的经济效益。

(三) 房车露营地品牌

作为具有具体特征、突出功用的露营地形式之一，房车露营地是针对房车使用者和（或）租赁者而建，为他们提供营位租赁、车辆补给、游乐休憩，甚至房车型住宿及租赁等业务的场地。房车露营地从某种意义上来说可以视为旅游目的地。因此，房车露营地品牌主要是指识别房车露营地经营者提供的房车露营地产品和服务的名称、术语和符号标记的组合，包含了该房车露营地所提供的产品特征、利益和服务的一惯性承诺。国内外较著名的房车露营地品牌有美国最大的房车露营地连锁品牌 KOA，欧洲各国共有的房车露营地连锁品牌 Leading Campings of Europe，国内有途居露营、绿虎房车营地和金蜗牛露营等。

图 7-1　国内外著名房车露营地品牌①

总的来说，房车露营地品牌的含义可以分为六个层次。

（1）属性。房车露营地品牌首先代表着房车露营地的某种属性，属性是品牌最基本的含义。例如途居露营的宗旨是"为客户提供自然、野趣、益智、亲为的休闲度假旅游体验，让露营成为一种生活方式"。KOA 的品牌已成为全球露营行业的"标杆"，也是"出色"的代名词，露营者进入 KOA 旗下所属营地就意味着可以享受预期的优质露营产品及服务。

（2）利益。房车露营地品牌还意味着房车露营地可为露营游客带来特殊的利益。毕竟，露营游客可租赁该房车露营地营位或租赁该露营地的房车式酒店等产品，并非购买这一品牌，而是看重该房车露营地能够带给自己多少利益，这种利益不仅包括露营需求、安全需求，甚至包括情感需求，因而属性需要转换为房车露营地给予露营游客的功能性或情感性的利益。入住高级别、著名品牌的房车露营地，除了满足露营游客休憩休整，亲近自然，追求野趣和露营生活体验之外，该房车露营地本身就是舒适和安全的象征，甚至是豪华露营（精致露营）的象征，可以满足露营游客寻求成就等情感需求。

（3）价值。房车露营地品牌还体现了经营者通过品牌赋予露营游客的特殊价

① 图片来源于官网。

值。因此，房车露营地品牌的管理者和营销人员必须识别出对这些价值感兴趣的潜在目标客户，并针对该部分目标客户的特点，进行一系列的营销活动。如途居露营为了进一步提高露营旅游板块的营收，根据当前国内房车露营旅游群体的特征和品牌特征，2016 年针对露营旅游营销渠道做了调整，重点培育旅行社、OTA 线上平台两大销售渠道，同步拓展教育、培训、拓展、协会机构及企业大客户的渠道资源。与此同时，积极在露营地相关联微信公众号、微博、今日头条、豆瓣、马蜂窝、面包旅行等平台推广做传播，定期参与 OTA 平台上的团购活动等，实现了跨越式发展。

（4）文化。房车露营地品牌同时也向露营游客传达着特定的文化信息。国内外的房车露营地大多建立在自然资源或人文资源较为丰富的地区，在露营游客入驻时，可以深切感受到当地的自然和人文文化。而且，在房车景观构造中，可以适当体现传统文化，在自然景观、社会景观、人文景观等构成要素中，融入当地特色要素，能够深化露营地服务职能，打造具有当地特色的房车露营地，推动房车露营地的持续发展。

（5）个性。房车露营地品牌还反映着一定的个性。如果品牌是个特定的事物，不同的品牌会让人们产生不同的品牌个性联想，如精致露营品牌代表嗨 King 的野奢。

（6）用户。每个房车露营地品牌都有自己相对固定的目标群体，品牌暗示着该部分游客的消费者类型，如针对精致和豪华露营的游客而言，房车露营地品牌所打造的理念必须要和这样的目标客户群体保持一致。如同酒店行业中，文华东方等高星级酒店接待的常客一般是商界中高层人员和高消费群体，而七天连锁等经济型酒店的目标消费群体则是家庭旅游者或消费受限的商务旅行者。

二、房车露营地品牌要素及组合设计原则

（一）房车露营地品牌要素

品牌要素是指那些能标记和区分品牌的要素，主要包括品牌名称、URL、标识、图标、形象代表、广告语、广告曲以及包装等。房车露营地经营者可以通过选择品牌要素来提高露营游客的品牌认知，进而形成强有力的、偏好的、独特的

品牌联想，即品牌形象。

（二）房车露营地品牌构成要素

品牌构成要素的论述在 20 世纪 90 年代进入学者们的视线，研究成果颇为丰富，主要聚焦在以下：

1. 硬性要素和软性要素

"硬性"要素是消费者对品牌有形的或功能性属性的认知，"软性"要素则表达了品牌的情感利益。"硬性"要素是创建强势品牌的基础，但是由于"硬性"要素很容易被模仿，如今已不再是形成品牌差异的绝对因素，取而代之的是反映消费者生活方式和个性特征的"软性"要素。

2. 有形要素和无形要素

品牌的有形要素代表"品牌的功能性"。从消费者的角度来看，"品牌的功能性"就是品牌产品或服务能满足其功能性需求的能力。品牌形象的有形内容是最基本的，是生成形象的基础。品牌形象的有形内容把产品或服务提供给消费者的功能性满足与品牌形象紧紧联系起来，使人们一接触品牌，便可以马上将其功能性特征与品牌形象有机结合起来，形成感性的认识。品牌的无形要素主要指品牌的独特魅力，是营销者赋予品牌的，并为消费者感知、接受的个性特征。可以说，品牌的无形要素越强，消费者会更清晰地感受到品牌的与众不同，下意识地与其他品牌区分开来。

3. 品牌运行要素

企业品牌的运行要素包含有品牌基础要素、品牌核心要素、品牌延伸要素、品牌传播要素和品牌个性要素等。这些要素相互协调、相互制约，形成了一个完整的品牌要素有机体。在这个有机体中，任何一个环节、任何一个要素偏离了前期的预定轨道，都会导致品牌问题的出现，进而使品牌运营失败。品牌多要素的不同排序与组合是导致品牌多样性状态和不同结果出现的深层次原因，企业只有把握品牌要素的生命价值与运行机制，才能保证品牌运行的成功。

对于房车露营地的品牌而言，其品牌要素同样可以从以上几种典型区分来看，具体包括硬性的场地建设、基础设施建设，软性的布景和个性化服务等，同样也可以被划分为有形和无形要素，而且，品牌基础要素、品牌核心要素等的划分也可以作为房车露营地品牌管理方的策略。

（三）品牌要素的组合设计原则

（1）品牌要素的组合要有内在的可记忆性，能使消费者容易回忆或识别。

（2）品牌要素的组合要有内在的含义，能告诉消费者该产品门类的性质或该品牌的特别之处及优越之处，品牌要素所传递的信息，不一定仅仅与该产品相关，还可以体现该品牌的个性，反映使用者的形象或展现一种情感。

（3）品牌要素所表达的信息并不一定与产品本身有联系，也许仅仅是一种内在的吸引力。

（4）品牌要素的组合要在产品大类内和产品大类间具有可转换性，也能跨越地域和文化界限以及不同的细分市场。

（5）品牌要素的组合要能灵活地适应一个时段的变化。

（6）品牌要素的组合要能获得法律保护，且能在竞争中最大限度地自我保护。

三、房车露营地品牌化的重要性

房车露营地品牌定义揭示了露营游客把房车露营地看作一个整体产品，他们通过情感和认知过程来判断房车露营地特征。因此，品牌化在房车露营地选择决策过程中至关重要，品牌成为房车露营地营销的关键部分，因为房车露营地的品牌化可以增加生产力、差异性和竞争力。

学者们和目的地营销管理的实践者已经认识到了品牌化对目的地的巨大益处，如克拉克归纳了旅游目的地品牌化的几个好处，如减少选择、减少不确定性、时间的一致性、减少决策风险、促进精确市场细分等。此外，奈杰尔·摩根和安妮特·普里查德认为品牌具有个性，能够强化产品的效用、满意度和质量，因而对旅游者而言，所有成功的目的地品牌都具有社会、情感和身份识别的价值。从体验功能来说，目的地品牌可以激发旅游者兴趣并塑造旅游体验。旅游目的地品牌可以从形象和吸引物两方面统领目的地产品。房车露营地属于旅游目的地的典型形态之一，同样适用以上逻辑。房车露营地品牌促销活动可以在旅游者访问之前形成一个定式，这一定式会塑造最终的旅游体验。研究表明旅游者对目的地会有自己不同的理解，这个过程会丰富他们的旅游体验。先入为主的观念与访问前形成的印象不仅会成为露营游客认识房车露营地的基础，而且还会为他们访问该露营地时强化消费体验奠定基础。品牌从根本上为露营游客体验的形成编织了一个故事，有助于露营游客对房车露营地形成与品牌内涵一致的、有价值的认知，从而获取"品牌体验"。

具体而言，房车露营地品牌化的重要性可以从以下方面体现：

（一）降低游客搜寻成本

如果该房车露营地已是名牌产品，已经被越来越多的露营游客所了解和认可，并在互联网平台上获得品牌消费评价。在这种情况下，凡是期望在该露营地体验的游客，会大大节约搜寻信息的成本。

（二）增加房车露营地附加值

从主观上讲，当某一房车露营地成为名牌产品且能够充分维护露营游客的核心利益时，露营游客就不会在消费价格上过分在意，甚至在价格稍高于同类露营地的情况下，露营游客也可以接受，这就是"口碑效应"给该房车露营地所带来的价值增值，如高星级酒店和平价酒店存在的价格差，除了硬件设施的附件值外，软性星级酒店服务也是价格高昂的重要原因之一。

（三）潜在保持和吸引休闲旅游市场

品牌是房车露营地企业的一种无形资产，它是一种超越所有有形资产以外的价值。房车露营地的品牌资产源于它对露营游客的动员力，它能唤起露营游客，乃至休闲旅游者对品牌的忠诚，可以维持和增加潜在目标客户购买该房车露营地品牌的人数，从而延长露营地的生命周期，保持甚至增长市场份额。

（四）有利于实行网络化、集团化、连锁化经营

网络化、集团化和连锁化是房车露营行业普遍认可的发展道路，也是当今国际上大多数房车露营地企业较为成功的发展模式。品牌化经营的一个益处就是可以造就一种连锁经营模式，只要有一个相对有名的房车露营地品牌（如美国

KOA），不论是依托房车露营地生存的房车及零配件企业，还是房车露营地相关基础设施提供方，从横向和纵向产业链视角来看，地域上拓展、领域内拓宽，最终实现房车露营地网络化、集团化和连锁化的经营模式才是最优解。

四、房车露营地品牌化探索

现代经济已成为品牌经济，房车露营行业自然也不会例外。对露营游客来说，房车露营地品牌有助于识别旅游产品和服务的来源，保证品牌的质量；当出现问题和纠纷时，可以根据品牌追溯旅游品牌方的责任，减少消费风险；当需要某一类型旅游产品和服务时，受限于掌握的信息不充分，可根据品牌来进行选择，从而降低搜寻成本。很多旅游产品和服务由于其不可移动、不可试用，只能远看品牌近看景，游客在进行旅游产品选择时，往往倾向于形象良好的品牌，所以旅游行业品牌化管理尤其重要。

对于房车露营行业而言，房车多始于成熟的汽车品牌，如上汽集团，中天集团等。而房车露营地由于起步较晚，仍处于艰难和缓慢的品牌化、连锁化进程中。随着房车露营旅游市场的快速发展，区域化或者单一房车露营地的发展已不能面对日益激烈的行业竞争，这时就需要构建房车露营地品牌，以便未来迈向集团化和连锁化方向。

从品牌化过程角度来看，作为特定的旅游目的地，房车露营地的品牌化与旅游目的地或酒店的品牌化存在较大同质性，本质上仍然是一个持续的管理过程，既包括品牌化战略执行各个步骤与环节的关键要素，也涵盖为品牌化各执行环节提供的管理支持要素，因此，战略执行和管理支持可以作为房车露营地品牌化探索迈向成功的两个重要方向。

（一）战略执行层的品牌化探索

从现有关于旅游目的地和景区的研究成果来看，就房车露营地品牌化的战略执行过程而言，影响其成功的关键因素主要集中于以下四个环节：房车露营地品牌识别、房车露营地品牌定位、房车露营地品牌沟通及房车露营地品牌监测与评价。

1. 多要素融合的房车露营地品牌识别

成功的品牌化要求房车露营地管理者理解如何建立品牌识别，并通过包含功能、情感、自我表达三种利益在内的价值主张，在品牌与露营游客之间建立一定的关系。房车露营地品牌识别的关键是构建房车露营地的品牌特征，它通过高度集中化的品牌沟通活动在品牌与露营游客之间建立起情感联系。本质上，目的地品牌识别要通过一系列品牌要素来展现，如品牌标识、品牌主题口号等。

2. 差异化的房车露营地品牌定位

差异化是品牌化成功的关键要素之一。房车露营地的品牌定位是一个在潜在露营游客心目中建立与众不同地位的过程。好的品牌定位应做到以下三点：第一，通过露营游客将该露营地与其主要属性联系起来，帮助旅游决策过程更加合理化；第二，是一组简洁、令人信任、具有有限联想的信息；第三，最好是基于露营游客体验。房车露营地的品牌定位可以通过品牌要素和功能性要素来展现，如标识、图片、地点、活动、场景等，当房车露营地的品牌形象与潜在露营需求消费者的心理特征相吻合时，其品牌定位的确切性会随之提高。

3. 集中化的房车露营地的品牌沟通

有效的品牌沟通是房车露营地品牌化成功的关键要素之一。它是指房车露营地企业通过营销方案设计和策划，运用各种媒体及营销沟通手段把该露营地品牌的有形要素、品牌理念等内容向潜在露营游客及其他利益相关主体集中传播和渗透的过程。品牌沟通是品牌识别与房车露营地形象之间连接的桥梁。事实上，善于运用互联网资源是当代露营游客的重要特征之一，露营游客更倾向于通过网络口碑信息选择目的地，重视互联网和新媒体营销是房车露营地品牌沟通的关键渠道。

4. 全方位的房车露营地品牌监测与评价

对房车露营地品牌监测和评价是指对品牌打造和要素进行综合、系统、独立和定期性的核查，以便确定房车露营地品牌化过程中的机会和困难，提出行动计划建议，改进品牌化效果，其是房车露营地品牌打造过程中不可忽视的环节。战略执行层的品牌探索应将监测和评价等要素包含在内，建立系统、有效和全方位的品牌监测与评价体系。

（二）管理支持层的品牌化探索

房车露营地品牌化过程中管理支持层面的探索主要是指那些对品牌化战略实

施与执行各个环节起到平台支撑作用的可控管理要素。从所掌握的文献来看，房车露营地品牌化探索中管理支持层主要体现在以下三个方面：品牌化领导、利益相关者的持续沟通合作与品牌化文化氛围。

1. 品牌化领导

由于国内旅游目的地的性质，在以往旅游相关文献研究中，品牌化通常都由目的地营销组织负责组织实施，而目的地营销组织基本上都属于政府公共部门。目的地品牌化成功与否在很大程度上依赖于这些部门高效的品牌领导。其中，目的地营销组织中的领导者又发挥着重要作用。对于房车露营地企业而言，成功实施品牌化并非易事。不像发展成熟的旅游目的地管理体系，他们不但面临着专业管理人员缺失，市场前景复杂，外部政策限制较多等难题，而且与许多旅游部门存在交叉关系，管理界限模糊。尽管存在这些阻碍因素，房车露营地企业仍然要发挥其品牌顶层设计的重要作用，即建立清晰的房车露营地品牌愿景，发掘品牌的核心价值，而这些是房车露营地品牌化成功实施的前提，也是推动房车露营地行业稳步向前发展的先决条件。

2. 利益相关者的持续沟通合作

房车露营地的品牌促销不仅要求以露营游客为中心的沟通，同时需要以房车露营行业中合作伙伴为中心的沟通，如房车销售和租赁企业。与合作伙伴之间的沟通在品牌开发阶段尤为重要。与利益相关者之间的沟通必须同时反映房车露营地品牌的核心价值和每种利益相关者各自的诉求。房车露营行业的利益相关者可以概括为以下几类：国家、地区及当地政府旅游管理部门、当地居民、房车与房车零配件企业、露营地周边旅游目的地、露营装备企业、露营游客、媒体等。实际上，以上利益相关者都有必要参与到房车露营地品牌化过程当中。在传统旅游目的地研究中发现，利益相关者合作关系管理拙劣的品牌，在品牌化中会阻碍有效品牌战略的实施。

3. 品牌化文化氛围

房车露营地品牌化文化氛围的营造对于房车露营地品牌化的成功至关重要。服务导向的文化氛围有助于房车露营地增强竞争优势。房车露营地企业应该通过培训和学习，使得本品牌的相关信念、价值和行为准则根植于工作人员的头脑中。这一过程可以借助招聘和奖励等积极践行品牌价值的员工来完成。

第二节　房车露营地品牌资产管理

一、品牌资产概念与内涵

品牌资产是品牌管理中的重要概念，自 20 世纪 80 年代以来，便在管理学界广为应用，它将古老的品牌思想推向了一个崭新的高度。从管理学的角度来说，品牌资产是一种超越生产、商品等所有有形资产以外的价值，是企业从事生产经营活动而垫付在品牌的本钱及其可能带来的产出。品牌资产是一种无形资产，它是品牌知名度、品质认知度、品牌联想度以及品牌忠诚度等各种要素的集合体。从财务管理的角度来说，品牌资产是将商品或服务冠上品牌后所产生的额外收益。这个额外收益来自两个方面：一是对拥有品牌公司感兴趣的投资者，他们的出价包含了对于品牌的估值；二是购买某品牌产品的消费者，他们的出价包含此品牌高于市场一般价格溢价的部分，同样的产品因品牌的不同而带来额外的现金流入，这种额外的现金流入就是品牌资产。

品牌资产（Brand Equity），是指只有品牌才能产生的市场效益，或者说，产品在有品牌时与无品牌时的市场效益之差。创建具有鲜明的核心价值与个性、丰富的品牌联想、高品牌知名度、高溢价能力、高品牌忠诚度和高价值感的强势大品牌，才能累积丰厚的品牌资产。品牌资产管理，就是维护并提升品牌资产的价值，是品牌构架的协调和谐与综合运用，形成营销管理的巨大生命力与影响力，推动营销管理的内容不断更新，促进企业不断发展壮大。品牌资产管理应包括准确定义、规范管理，并采用完善周详、切实可靠的方法尽可能地对品牌进行衡量评估，不遗余力地开发品牌以最大限度地挖掘价值和利润。在品牌资产金字塔中，为品牌主带来丰厚的利润，获取更多市场份额的便是品牌忠诚度和品牌溢价能力这两大资产，因此，品牌资产还应包括品牌溢价能力、品牌盈利能力。品牌忠诚度和品牌溢价能力属于结果性的品牌资产，是伴随品牌知名度、认可度、品牌联想这三大品牌资产创建后的产物。

二、房车露营地品牌资产的内涵与维度

在旅游业快速发展和竞争日趋激烈的情形下，品牌化已经扩展到旅游目的地

管理中，并成为目的地营销最强有力的市场开发武器。近年来，部分学者开始考虑将市场营销学中的品牌资产，特别是基于顾客的品牌资产应用于目的地层次，构建"基于顾客的旅游目的地品牌资产"，为旅游目的地品牌的研究和实践提供了新的框架和思路。

　　房车露营地作为特殊的旅游目的地，其品牌资产不仅与普通商品或企业的品牌资产存在差异，与一般的旅游目的地也存在较大差异，但总的来说，根据Keller（1993）对品牌资产的经典解释，房车露营地品牌资产可以描述为"从露营游客的视角测量露营地品牌、多维度评价露营地的实际表现，并追踪品牌活动的长期效果，是房车露营地所属品牌知识所导致的露营游客对品牌营销活动的差异化反应"。结合旅游目的地品牌资产的维度划分和经典品牌资产的维度测量，房车露营地品牌资产可以由表 7-2 所示的维度来测量。

表 7-2　　　　　　　　　　　**房车露营地品牌资产的结构维度**

维度	范畴	内　　涵
品牌意识	品牌识别	游客对该房车露营地所属品牌耳熟能详
	品牌回忆	游客能直接说出其之前露营经历中的房车露营地
品牌形象	吸引力	房车露营地本身的地位、形象、知名度对露营游客的吸引力，而非其中单项露营服务（如单纯露营泊位提供）
	吸引物	房车露营地中对游客产生吸引力的风景、娱乐设施、旅游产品和活动。这些吸引物应该能够保持不断更新
	外部环境	房车露营地的安全、公平诚信、周围居民的素质和精神面貌及友好好客的态度、露营游客的素质、文化包容等
	内部环境	房车露营地的规划布局，所在地的生态气候、空气质量等
感知质量	房车露营地内部软硬件服务	满足不同类型的露营游客（自带房车、租赁房车和休闲度假等类型）需求的停泊、住宿、餐饮、营地娱乐、标识、维修、预警和医疗等相关软硬件设施，并提供预订服务
	房车露营地基础设施	房车露营地所具备市政基础设施、公共卫生设施、可进入性及交通网络、网络（Internet，Wi-Fi 和移动终端）等
品牌体验	体验当地文化	露营游客对本地区生活状态和文化环境的体验
	体验品牌文化	对品牌自身所包容的文化属性体验

续表

维度	范畴	内　　涵
品牌联想	品牌属性	露营地品牌在形象、定位、特色、吸引物等方面的特征
	品牌利益	房车露营地品牌能给露营游客带来的个人价值和意义，是否能满足其露营需求，包括物质和精神层面的
	品牌态度	游客对该房车露营地的总体评价
品牌忠诚	重游意愿	如果有机会，游客愿意并会再次在该品牌房车露营地消费
	推荐意愿	露营游客愿意向他人推荐该房车露营地品牌
	溢价支付意愿	露营游客愿意为该房车露营地品牌支付较高价格
	关注度	通过传统媒体与新媒体关注品牌所属房车露营地的信息

注：维度主要参考苑炳慧等（2015，2016）的研究程成果进行修订。

三、房车露营地品牌资产的评估与增值

品牌资产评估把品牌视为一项资产，由专业评估机构和评估人员，按照国家法律和资产评估准则，为实现特定的评估目的，遵循适用的评估原则，依照相关的评估程序，选择适当的价值类型，运用科学的评估方法对品牌资产的价值进行评定和估算的行为。

品牌资产的评估方法多样，如 Amirkhizi（2005）曾指出世界上有超过 300 种品牌资产评估模型。虽然有众多测评工具，但是科特勒等强调，采用何种工具评估品牌，是由公司的发展目标决定的，如公司在一段时间内更偏重财务目标的实现，例如要进行一项新的投资，就可以用财务手段来评估品牌价值。根据这一原则，科特勒等将品牌价值评估分为两大流派：股东价值学派和品牌资产学派。其中，股东学派主张通过品牌对公司的已有贡献的评估来预测公司的未来发展。该学派具体从四个维度对品牌管理进行评估：有形资产、无形资产、战略稳健性和管理能力。品牌资产学派却从消费者角度出发，重点评估一个品牌的附属项目，包括品牌的作用、品牌表现、品牌个性和权威性等。除了这两大经典学派之外，品牌价值评估的另外一个较为流行的学派由 Abratt 和 Bick（2007）提出，他们将品牌资产评估分为五种：一是基于成本的评估；二是基于市场的评估；三是经济效用或基于收入的评估；四是公式评估；五是特殊情况评估。下面介绍几种国内

外常用的品牌资产评估法。

（一）英特品牌评估法

英国的英特品牌管理顾问公司是世界上最早研究品牌资产评价的机构，它提出的英特品牌法在品牌资产评估实践中运用较广。其建立基于一个基本假定，即品牌资产之所以有价值是因为创造品牌资产付出了成本且品牌产品较无品牌产品可以获得更高的溢价，更是因为品牌可以给其所有者在未来带来较为稳定的收益。所以英特品牌法的计算基础是品牌资产的未来收益，其计算公式为：$V = P \times S$，其中 V 是品牌资产的价值，P 是品牌资产未来收益，即品牌资产产品减去无品牌资产产品的净利润。对品牌资产进行财务分析，要明白品牌资产在未来五年中可能给企业带来多少价值，计算的依据主要来自品牌资产的所有者和使用者公开的财务报表和数据资料，如英特品牌法的数据主要来源于摩根大通、花旗银行和摩根斯坦利的第三方数据；S 是品牌强度倍数，它反映的是品牌获取盈利能力的可能性大小，表现为品牌资产未来收益的贴现率。

（二）BrandZ 法

BrandZ 全球最具价值品牌 100 强是世界最大传播集团 WPP 旗下调研公司凯度发布的榜单。自 2006 年首次发布榜单至今，BrandZ 研究对象是那些已经融入消费者日常生活之中的品牌，采用了业内独特的品牌价值评估方法，将消费者调研结果与企业财务业绩分析相结合，综合考虑品牌的财务表现（来源彭博社的数据）以及根据消费者研究获得的品牌贡献值。

BrandZ 品牌估值流程：

第一步，计算财务价值。

财务价值=归属于特定品牌的企业收益×品牌乘数（类似股票市场的市盈率倍数）。

第二步，计算品牌贡献。

品牌力是 BrandZ 品牌资产指标，代表着消费者选择某一特定品牌的倾向。BrandZ 认为有意义、差异化、突出性是促进购买或让消费者支付溢价的动因所在。

第三步，计算品牌价值。

品牌价值=财务价值×品牌贡献（以财务价值的百分比呈现）。

BrandZ 对于企业的财务业绩有着严格的标准，所有上榜品牌必须是上市公司，或是像华为这样定期公布经过审计的财务报告的企业。此外，BrandZ 是唯一一个将消费者意见纳入评估指标的品牌价值榜单，消费者的日常购买决策会影响品牌在榜单中的位置。

（三）Interbrand 法

Interbrand 总部位于英国伦敦，是全球最大的综合性品牌咨询公司之一，隶属于宏盟集团，是品牌价值研究领域的开创者。作为首个通过 ISO10668 国际认证的品牌价值评估体系（概述了品牌货币估值的要求），Interbrand 发布的全球最佳品牌 100 强排行榜已有 22 年的历史，整个分析方法论被业界公认为具有特殊战略管理价值的工具。

Interbrand 品牌估值流程：

（1）计算品牌化产品和服务的财务业绩。财务表现是衡量一个品牌为其投资者所带来的原始财务收益，采用经济附加值的概念进行分析，基于公开的财务信息预测未来的财务表现。

（2）计算消费者购买决策过程中的品牌作用力。品牌作用力是一个衡量品牌如何影响消费者购买需求的指标，它反映了品牌化产品或服务对于消费者的拉动力，反映了顾客在做出购买决策时，品牌直接贡献于购买决策的百分比。

（3）计算品牌所拥有的贡献对于未来收益的品牌强度。品牌强度是衡量品牌为其所有者带来的长期收益能力，通过内外部十个关键指标的分析判断某个品牌在哪些方面最具实力。

（四）忠诚因子法

南开大学的范秀成教授（2000）基于消费者行为提出了忠诚因子法，他认为品牌资产的价值是由消费者的消费行为所带来的，所以品牌资产的价值直接取决于消费者对品牌的偏好，因此评价品牌资产的价值应该以消费者为基础。品牌资产的价值应由忠诚因子、消费者周期购买量、消费者基数和每单位产品品牌增量等因子的乘积计算而得，其中消费者忠诚度是影响品牌资产价值的主要因素。范秀成教授建立的忠诚因子法在品牌资产评估中始终坚持面向未来的基本原则。他认为品牌资产的评估应该注重品牌未来的市场表现，着重考察品牌的未来收益能力。

在旅游领域，鉴于旅游品牌资产的重要作用，引发了国内外学者在旅游品牌资产评估方面的不断研究，如 Konecnik 和 Gartner（2007）分析了目的地品牌资产评估的因子，认为不仅要注重目的地形象，还要从游客感知、旅游质量和忠诚度等多角度来评估；Boo 等（2008）建立了基于游客的品牌资产模型并将其运用在多个目的地的研究中；崔凤军和顾永键（2009）提出了景区品牌资产评估的经济性和非经济性指标体系，并运用品牌资产评估的基本理论将非经济性和经济性指标联合起来，提出了具体的评估模型；曹晓鲜（2010）运用文化生态理论、区域品牌资产理论和协同理论分析了民族文化生态旅游品牌资产的内涵、特性及其构成体系，并结合湖南西部地区对民族文化生态旅游品牌资产进行了具体研究；龙湘洋和王忠云（2010）主要从民族文化旅游品牌的品质认知度、市场竞争力、知名度、忠诚度和联想度五个角度构建出民族文化旅游品牌资产价值的评价指标体系，并以大湘西为例，对该地区的民族文化旅游品牌资产价值进行了评价分析。

综合以上评估方法，房车露营地品牌资产的评估可以通过表 7-3 的评估体系进行价值评估。

表 7-3　　　　　　　　　　**房车露营地品牌资产价值评估维度**

目标	一级指标	二级指标
房车露营地品牌资产价值评估	房车露营地品牌品质认知	露营地提供的资源
		基础设施
	房车露营地品牌市场竞争力	品牌市场占有率和增长率
		客源市场（消费水平、品牌所属露营地的可及性）
	房车露营地品牌知名度	品牌形象（品牌个性与露营游客认可度）
		区位特征（地域、开放度、与旅游目的地的互补情况、自然资源、吸引范围等）

续表

目标	一级指标	二级指标
房车露营地品牌资产价值评估	房车露营地品牌忠诚度	满意度（露营地提供露营服务质量）
		偏好度（舆论导向和溢价支付偏好）
	房车露营地品牌联想度	房车露营地内外部环境（安全性、舒适性、进入性）
		区域社会经济条件（经济发展水平；人口及劳动力供应情况；旅游物产与物资供应情况；品牌建设投资力度；政策导向）

注：参考龙湘洋和王忠云（2010）成果。

由于品牌资产增值主要来源于消费者品牌心理的变化，对品牌资产来源的评估就显得格外重要。但品牌资产增值主要是由影响顾客品牌联想的三个因素决定，这对分析品牌资产来源具有重要的意义。

第一，品牌联想强度。它是指接收的信息受到加工的数量和质量的函数。消费者对一个品牌信息思考得越深且能更多地与已有的品牌知识相关联，由此而产生的品牌联想的强度就越大。有助于增强品牌联想强度的两个因素分别是信息与个人的相关性和信息的一致性。

第二，偏好性。这是指那些适应消费者需求并能成功地通过产品和营销活动传递给消费者的品牌联想。品牌联想可直接与一种产品相关，也可与非产品（如用途或使用者形象）相关。

第三，独特性。要想建立基于顾客的品牌资产的不同反应，就必须将该品牌与独特的、有意义的差异点联系在一起，从而为顾客提供该产品的比较优势，并使顾客明白为何购买该产品。

这三个因素对品牌管理者来说，阐述了营销不仅要充分了解消费者如何购物，如何使用产品和服务，更重要的是要了解消费者对各种品牌的认识、判断以及感受。评估基于顾客的品牌资产的来源其实质是评估品牌认知与品牌形象的各个方面，因为正是它才导致了品牌资产价值的差异。

第三节　房车露营地战略品牌管理

一、房车露营地品牌传播管理

传播是品牌力塑造的主要途径，品牌传播更是房车露营这种"新生"市场上必不可少的环节。所谓"品牌传播"，就是企业以品牌的核心价值为原则，在品牌识别的整体框架下，选择广告、公关、销售、人际交往等传播方式，将特定品牌推广出去，以建立品牌形象，促进市场销售。品牌传播是企业满足消费者需要，培养消费者忠诚度的有效手段。

房车露营地品牌传播即是通过不同的传播渠道，传播房车露营地品牌，建立品牌形象，促进房车露营地消费。通过对房车露营地品牌的有效传播，可以使该品牌为广大喜好露营的游客，甚至社会公众所认知，使品牌得以迅速发展。同时，对房车露营地品牌的有效传播，还可以实现品牌与目标市场（有露营体验需求的游客）的有效对接，为该品牌旗下房车露营地相关业务进入市场、拓展市场奠定宣传基础。因此，对房车露营地的品牌传播管理是诉求品牌个性的手段，也是形成房车露营品牌文化的重要组成部分。

和传统品牌传播类似，房车露营地的品牌传播也有如下特点：

（1）信息的聚合性。作为动态的品牌传播，其信息的聚合性，是由静态品牌的信息聚合性所决定的。菲利普·科特勒所描述的品牌表层因素如名称、图案、色彩、包装等，其信息含量尚是有限的，但"产品的特点""利益与服务的允诺""品牌认知""品牌联想"等品牌深层次的因素，却无疑聚合了丰富的信息。而它们构成了品牌传播的信息源，也就决定了品牌传播本身信息的聚合性。

（2）受众的目标性。房车露营地面向的受众特殊，可以精准聚焦目标受众，即有露营体验需求的新客户和热爱露营的老客户，也可以泛化传播，向更广泛的社会公众传导房车露营文化，引导潜在目标客户群体。

（3）媒介的多元性。麦克鲁汉有句名言，即"媒介即讯息"，也就是说，媒介技术往往决定着所传播的讯息本身。如电视媒介传播了超出报刊、广播等媒介多得多的"讯息",而互联网媒介又传播了兼容所有媒介讯息的"讯息",如短视频可以体现声、光、影、色等传统媒介无法传导的信息。而在传播技术正得到革命性变更的今天,新媒介的诞生与传统媒介的新生,则共同打造出一个传播媒介多元化的新格局。这为"品牌传播"提供了机遇,也对媒介运用的多元化整合提出了新挑战。当然,传统的大众传播媒介,如报纸、杂志、电视、广播、路牌、海报、DM、车体、灯箱等依然魅力犹存,对它们的选择组合本身就具有多元性。新媒体的诞生,使得这种多元性更加突出。

(4)传播的可信性。传播的可信性是指消费者对品牌传播信息的信任程度。在房车露营地品牌建设过程中,露营地企业要向市场发布关于该品牌的信息,包括新闻、广告等活动。但是,所传播的信息是否能够获得目前客户的信任,就成为能否降低选择成本的关键。权威媒体的客观性报道,会更加容易获得消费者的信任。

通用房车露营地品牌传播方式有如下几种:

(一)广告传播

广告作为一种主要的品牌传播手段,是指品牌所有者以付费方式,委托广告经营部门通过传播媒介,以策划为主体,创意为中心,对目标受众所进行的以品牌名称、品牌标志、品牌定位、品牌个性等为主要内容的宣传活动。对房车露营地品牌而言,广告仍然是最重要的传播方式,有人甚至认为:品牌=产品+广告,由此可见广告对于品牌传播的重要性。

随着媒体技术的发展和社会信息需求的不断变化,新媒体逐渐渗入人们的生活,并在社会的信息传递方面发挥着越来越重要的作用。广告传播作为社会信息传递系统中的一个重要方面,也随着新媒体的发展有了一些新的变化。与传统的四大传播媒体(报纸、杂志、电视、广播)广告及近来备受垂青的户外广告相比,网络广告逐渐具有更加得天独厚的优势,是实施现代营销媒体战略的重要一部分。根据资料显示,美国KOA通过不同渠道推出了自己的广告信息,如电视电影、音乐和社交媒体、搜索平台等,并引发了广泛的讨论。

互联网广告是提高品牌知名度、信任度、忠诚度,塑造品牌形象和个性的强有力的工具,由此可见广告可以称得上是房车露营地品牌传播的重心所在。

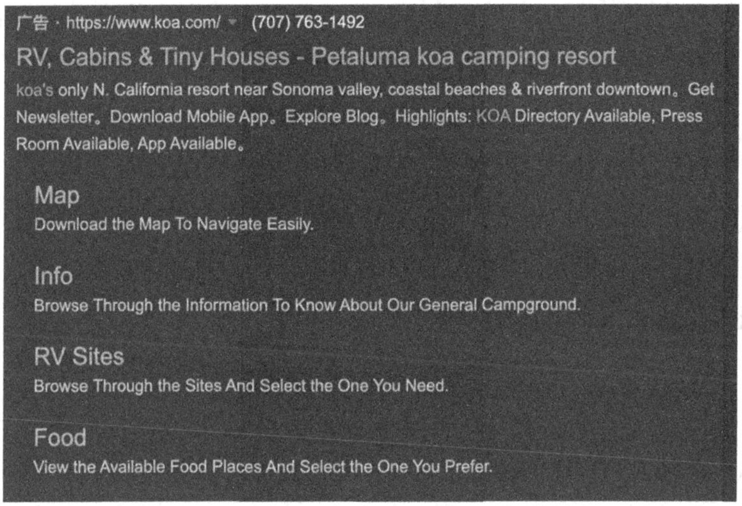

图 7-2　KOA 公司在 Google 平台上的搜索竞价广告

（二）公关传播

公关是公共关系的简称，是企业形象、品牌、文化、技术等传播的一种有效解决方案，包含投资者关系、员工传播、事件管理以及其他非付费传播等内容。作为品牌传播的一种手段，公关能利用第三方的认证为品牌提供有利信息，从而教育和引导消费者。公共关系可为企业解决以下问题：一是塑造品牌知名度，巧妙创新运用新闻点，塑造组织的形象和知名度；二是树立美誉度和信任感，帮助企业在公众心目中取得心理上的认同，这点是其他传播方式无法做到的；三是通过体验营销的方式，让难以衡量的公关效果具体化，普及一种消费文化或推行一种购买思想哲学；四是提升品牌的"赢"销力，促进品牌资产与社会责任增值；五是通过危机公关或标准营销，化解组织和营销压力。

（三）销售促进传播

销售促进传播是指通过鼓励对产品和服务进行尝试或促进销售等活动而进行品牌传播的一种方式，其主要工具有：赠券、赠品、抽奖等。尽管销售促进传播有着很长的历史，但是长期以来，它并没有被人们所重视，直到近 30 年，许多品牌才开始采用这种手段进行品牌传播。

销售促进传播主要用来吸引品牌转换者。它在短期内能产生较好的销售反应，但很少有长久的效益和好处，尤其对品牌形象而言，大量使用销售推广会降低品牌忠诚度，增加顾客对价格的敏感，淡化品牌的质量概念，促使企业偏重短期行为和效益。不过对小品牌来说，销售促进会带来很大好处，因为它负担不起与市场领导者相匹配的广告费，通过销售刺激吸引消费者选择该品牌。房车露营地可以通过与房车销售方，甚至景区目的地等合作，通过体验券等形式将房车用户吸引到露营地来，形成品牌体验经历。

（四）人际传播

人际传播是人与人之间的直接沟通，是形成品牌美誉度的重要途径，在品牌传播的方式中，人际传播最易被消费者接受。人际传播分为品牌自有人员传播和用户传播两种方式，自有人员传播要求有较高的人员素养，而用户传播则更多取决于用户的品牌体验。房车露营旅游在当前更多是圈子文化，通过人际传播是非常有效的品牌传播手段。

二、房车露营地品牌扩张管理

经济学领域中一个常用的观点是资源应该被合理配置与利用，只有配置合理，才能充分发挥资源的效用。品牌作为企业重要的资源，甚至对于一些企业品牌是其最主要的资源，应该充分、合理地利用它，使其发挥最大的经济效益。在研究品牌资源合理利用时，就不得不研究品牌的扩张。

品牌扩张背后的原因主要有以下四点：

（一）消费者心理感知推动

消费者使用某个品牌产品或接受某种服务并获得了满意的效果后，就会对此种品牌形成正面评价，形成良好的消费经验，并把这种经验保留下来，影响其他消费行为。尤其消费者在消费某一名牌并获得了满意后，会形成一种名牌的"光环效应"从而影响这一种品牌下的其他产品或服务。中国有句成语"爱屋及乌"便说明了这种心理效应。

图 7-3　KOA 2022 年的 "GET OUT THERE" 促销和网络人际传播活动①

（二）企业实力的推动

从企业内部讲，企业发展到一定阶段，积累了一定的实力，形成了一定的优势，如企业积累了一定的资金，人才、技术、管理经验后，为品牌扩张提供了可能，也提出了扩张要求。特别是一些名牌企业，它们一般具有较大的规模和较强的经济实力，这为实现品牌扩张提供了条件。在企业实力的推动下，企业主动进行品牌扩张，以充分利用企业资源，在这方面的表现主要是利用品牌优势，扩大产品线或控制上游供应链企业，或向下游发展，或是多方的综合，众多企业在积累了一定的实力后，纷纷采用品牌扩张的战略。

（三）市场竞争下的品牌扩张压力

企业的生存与发展是在市场竞争中进行的。品牌的生存发展也同样摆脱不了市场竞争。市场竞争的压力常会引发品牌扩张的行为，市场竞争压力下的品牌扩

---

① 图片来源于 KOA 官网。

张主要指由于竞争对手在某些方面做出了调整，或进行了品牌延伸或市场扩大，而迫使企业不得不采取相应对策，进而采取相应的品牌扩张措施。竞争对手的品牌扩张使其实力增强，规模扩大或发生了其他有利于竞争的变化。

（四）外界环境压力下的品牌扩张

企业是在一定的外界环境中生存、发展的，外界环境会对企业的发展、品牌的扩张产生重大影响，外界环境造成的压力常常也是企业进行品牌扩张的原因之一。企业生存的外部环境主要指影响企业的宏观环境，如政治环境、自然环境等，这些因素对企业来说是不可控的，某一环境因素的变化都可能导致企业进行适应性变革，这些变革很多是品牌扩张的内容。

（五）规避经营风险的需要

企业的经营常会遇到各种风险，其中一种便是单一的产品、项目或业务经营的失败给企业带来的致命打击。也就是说，对于单项经营的企业来说，此项业务的失败，会使企业唯一的经营活动失败，从而给企业带来严重的损失。由此，众多的企业在发展中往往采用品牌扩张的策略，进行多元化经营，从而规避经营风险。实施品牌扩张，使企业左右逢源保证了企业平稳发展。美国 KOA 露营公司在 2013 年开启了多元品牌化战略，形成了 KOA Journey，KOA Holiday 和 KOA Resort 三个子品牌。

在品牌扩张战略管理中，常用的方向有如下几种：

（1）单一品牌战略。单一品牌策略就是品牌扩张时，多种产品使用同一品牌，按其单一程度的不同，我们将单一品牌策略继续细分为：产品项目品牌策略、产品线品牌扩张策略及伞形品牌扩张策略。

（2）多品牌战略。随着消费需求的多元化，一个消费群体分离成不同偏好的几个群体，单一品牌战略往往不能迎合偏好的多元化，且容易造成品牌个性不明显及品牌形象混乱，而多品牌战略则可以解决这一问题。多品牌战略，也称为产品品牌战略，是指一种产品赋予其一个品牌，不同产品品牌有不同的品牌扩张战略，一个品牌只适合于一种产品、一个市场定位，以最大限度地显示品牌的差异化与个性。多品牌战略强调品牌的特色，并使这些特色伴随品牌深深地植入消费者的记忆中。

（3）复合品牌战略。所谓复合品牌战略是指对同一种产品赋予其两个或两个以上的品牌，即在一种产品上同时使用两个或两个以上的品牌。根据品牌间的关系可将复合品牌战略细分注释品牌战略和合作品牌战略。

①注释品牌战略。所谓注释品牌战略是指在同一种产品上同时出现的两个或两个以上的品牌，其中一个是注释品牌，其他品牌是主导品牌。主导品牌说明产品的功能、价值和购买对象，注释品牌则为主导品牌提供支持和信用背书。注释品牌通常是企业品牌，在企业的众多产品中均有出现。注释品牌战略可将具体的产品和企业组织联系在一起，用企业品牌增强商品信誉。

②合作品牌战略。合作品牌战略也是一种复合品牌战略，指两个或两个以上企业的品牌同时出现在一个产品上。一种产品同时使用企业合作的品牌是现代市场竞争的结果，也是企业品牌相互扩张的结果。

三、房车露营地品牌保护管理

所谓品牌保护，就是对品牌的所有人、合法使用人的品牌实行资格保护措施，以防范来自各方面的侵害和侵权行为。品牌保护还能够利于巩固品牌的市场地位，不断对品牌进行维护，避免品牌老化，有助于保持和增强品牌生命力，有利于抵御竞争品牌，在市场竞争中不断保持较强大的竞争力。品牌保护包括品牌的经营保护、品牌的法律保护和品牌的社会保护三个组成部分。

（一）经营保护

品牌经营者在具体的营销活动中所采取的一系列维护品牌形象、保持品牌市场地位的活动就是经营保护策略。不同的品牌面临的内部和外部环境不同，经营者所采取的保护活动也各不相同。不论采取何种经营活动对品牌进行保护，都必须要以市场为中心，满足消费者需求，品牌经营者要建立完善的市场监察系统，随时了解市场上消费者的需求变化状况，及时调整自己的品牌，以便使品牌在市场竞争中获胜，顺利完成品牌保护的工作。

（二）法律保护

法律保护强调品牌经营者要善于运用法律武器来维护品牌的正义性。在法律保护层面,品牌是实施名牌战略的基础,要有效地保护品牌,必须引入法制轨道。品牌法律保护主要关注品牌的知识产权形态即商标权。由于商标权具有专有性,商标从法律性质上讲是企业的一种垄断优势。这种垄断优势的强弱与商标的知名度成正比,商标知名度越大,垄断优势越强,拥有该商标的企业越能获得超额利润。其次是司法保护,善于运用法律,以事实为依据,对涉嫌侵权和品牌违法犯罪行为进行法律制裁,从而保护品牌的声誉。

(三) 社会保护

品牌保护不仅是企业的事情,还是全社会的事情,是一项综合性极强的系统工程,需要把社会力量动员起来,包括媒体保护、政府保护、消费者保护和社会团体的保护。此外,构建房车露营地品牌保护管理体系,除了要做到品牌保护三要素之外,从实操的角度来看,还应该有三个重点。

(1) 商标储备。在法律规定范围内加强商标储备量,前期储备到位,方可实现进可攻,退可守。

(2) 动态管理。企业日常经营处于不断变化发展过程之中,若想有效应对品牌发展阶段的不同需求与可能面临的商标问题,应及时调整管理思维与管理方式;讲究在动态中找到成本与效果间的平衡,不可一味追求全类别覆盖性的商标注册。

(3) 品牌监测。用好大数据的作用主要体现在三个方面:一是及时检索,可以了解己方或相关方商标注册进程。二是学习先进经验。若不清楚自身所处行业商标品牌应如何布局保护,可以选择行业内发展较好的公司,对该公司的商标注册情况进行检索,作为自身进行商标布局的学习素材。三是竞争防御。竞争防御主要包括几类,分别是竞争对手、职业注标人等利益相关者。

最终,房车露营地的品牌保护管理应该以商标管理为切入点,在商标注册、使用、保护等方面不断加大工作力度,对商标、专利、商业秘密、域名等方面的权益实行全面主动保护,并坚持依靠法律手段,在政府有关部门的大力支持下,积极主动地打击假冒行为,维护企业权益。

四、房车露营地品牌危机管理

品牌危机是指由于组织内、外部突发原因造成的始料不及的对品牌形象的损害和品牌价值的降低，以及由此导致的使组织陷入困难和危险的状态。品牌危机有三个特点。

（1）偶然性（突发性）。品牌危机的产生是由于组织内部或者外部突发原因引起的，一般具有突发性，事态发展的不可控性。旅游市场发展瞬息万变，房车露营旅游市场也不例外，其波动性很强，所以很难预测旅游危机发生的时间、地点、强度和规模。所以，一旦爆发危机，就会将企业置于应变不及、仓皇应战的尴尬境地。

（2）破坏性。品牌危机一旦爆发，将带来极其严重的后果，这种情况在旅游行业尤其特殊，关联性和破坏性极大。短期内，会使潜在的旅游消费者对产品和企业失去信心，取消出游计划，进而带来不可估量的经济损失；长远来看，往往会对品牌形象造成巨大的破坏，引发由于旅游品牌价值的降低而带来的多方面损失，甚至使企业经营陷入困境。

（3）扩散性。首先，扩散性一方面表现在危机事件传播速度之快。古人云："好事不出门，恶事行千里。"在现代社会，高度发达的信息网络通信技术使得"恶事"会大范围高速度地传播，吸引越来越多人们的目光，成为公众热议的焦点。其次，扩散性还表现在危机事件影响的深远性，它会带来一系列短期甚至是长期的问题需要企业去解决，例如开展危机公关，重建消费者信心，恢复品牌形象，等等。更严重者，对地域（城市）形象产生巨大的冲击，对当地旅游经济产生致命打击。

（一）房车露营地品牌危机的预防

引发房车露营地品牌危机的因素很多，可分为组织内部原因、组织外部原因和不可抗力。无论企业处理危机的水平多么高，品牌危机一旦爆发，总会给企业甚至是行业带来极大的挑战，动摇甚至损毁该品牌形象。因此，预防品牌危机的发生，防患于未然才是房车露营地企业进行品牌危机管理的理想状态。品牌危机预防是一项复杂的系统工程，需要各部门、各环节通力合作。从品牌危机产生的原因可知，品牌危机的预防主要针对组织内部，对于组织外部和不可抗力则不容易防范，对于内部采取的主要措施如表7-4所示。

表 7-4 房车露营地品牌企业品牌危机预防的措施

措施	具 体 内 容
梳理房车露营地企业全员品牌危机感	提高全体员工的品牌警觉意识，培养起员工的危机意识
	教育营地员工"从我做起，从现在做起"，积极献计献策，使员工掌握应对危机的基本策略和方案
严格监控房车露营地日常运营各环节	从房车露营地的日常运营活动的各个环节，包括营地营位基础设施、水电、环境安全、娱乐设施和餐饮等硬件基础，再到质量控制、服务跟进和决策制定，每个环节都要严格控制，确保工作落到实处，处理好不同类型的房车露营游客与房车露营地之间的关系
建立危机预警机制	建立信息监测系统，及时收集信息并加以分析处理，善于捕捉危机征兆，制定对策
	成立品牌危机公关小组，能预测并排除险情，力阻危机的频繁发生
	研制应对策略，为可能发生的危机做好准备，制订各种危机预警方案

注：参考王娜娜和闫娟（2017）的研究成果并加以修正。

（二）房车露营地品牌危机处理策略

（1）第一时间成立危机处理小组。在房车露营地品牌危机发生时，应由事件相关品牌企业在第一时间组成危机处理小组。小组成员必须由企业的负责人、危机处理专家等人员组成，并及时进行事件的调查，对危机的影响做出评估，制定相应的计划控制事态的进一步发展。危机处理小组的任务应包括：及时对危机事件进行全面调查；组织对外信息的传播工作，及时向相关利益人通报信息；对危机事件采取必要的处理措施；与受害人进行前期接触等。

（2）主动、真诚地进行危机处理。在进行危机处理时，相关责任方是否以主动、真诚的原则处理危机相当重要。同时，根据危机的性质及发展趋势，房车露营地企业应秉持对露营游客负责的原则，重视游客可的切身利益，主动承担责任，评估损失，迅速地采取危机处理措施。

（3）做好相关各方的危机沟通工作。房车露营地品牌危机发生后，一定要做好危机沟通工作，这项工作在信息传播迅猛的今天显得极为重要。第一，要做好与受害者的沟通。危机发生后，遭受最大损失的是受害者及其家属。相关方要及时调查事件经过，给受害者一个说法。第二，要做好媒体沟通。召开新闻发布会是比较正式公开的做法。相关方要配合媒体工作，将事件的调查情况和处理信息及时传递给公众。第三，是做好组织内部的沟通。一方面跟上级及时汇报情况，二是告知营地员工事件的情况及处理经过，加强企业内部的团结。第四，做好与其他利益相关者的沟通。房车露营地企业涉及旅游多个环节，如饮食、住宿甚至娱乐购物，涉及的利益相关者很多。危机爆发后，要加强与他们的沟通，争取利益相关者的信任和支持。

五、品牌实例——巨头背后美国 KOA 连锁营地漫谈①

近现代的露营行业起源于 1861 年的美国，最初这项户外活动是为了锻炼年轻人面对自然的生存技能和勇气，而第二次世界大战之后，由于美国经济的迅速崛起，人们对于业余休闲生活的要求也逐渐提高，这项挑战自我、亲近自然的休闲生活方式渐渐成为主流娱乐方式而受到越来越多人的喜爱。

露营地初期的设施和服务较为简单，只有简易帐篷、睡袋、照明灯和烹饪工具等设施，营地服务也仅限于供水、供电和加油等。而随着美国高速公路的迅猛发展以及房车文化的普及，驾驶房车到营地露营从本质上推动了美国营地行业的发展和壮大。一时间，多功能复合型综合营地在北美洲这片辽阔的沃土上生根发芽。美国和加拿大的营地分为公营及私营两种，国家公园、国家森林和其他州、省、市政性质的公园内的露营地多为政府所有，属于公营性质营地，这样的营地通常建设在风景优美的公有土地上，但是大部分公营性质的营地设施比较简单，营地内仅配有野餐桌、烤肉区和洗手间，每晚平均露营费用 5—10 美元。除了公营性质的营地外，私营营地品牌也呈现出多点开花的局面，而这其中，总部位于美国蒙大拿州毕林斯市的 KOA（Kampgrounds of America）连锁营地经历逾 60 年的发展，壮大到 500 多家连锁露营地，遍及美国和加拿大各地区。其鲜明醒目的黄色标识使得 KOA 这个连锁品牌很快被数百万露营者所熟知，KOA 已经成为全世界的露营地产业的完美标杆。

---

① KOA 60 周年活动 [EB/OL]. https：//koa. com/blog/koa-celebrates-60-years-of-inviting-campers-outdoors/.

图 7-4　KOA 60 周年庆典海报①

（一）KOA 品牌发展历程

1962 年，美国 KOA 营地创始人——蒙大拿州比林斯市商人戴夫·杜林（Dave Drum）在黄石河边散步时见到很多拖着行李在高速路上行驶的汽车和房车，他也了解到当时并没有一个完美的地方能够为这些在路上行驶的游客提供舒适的住宿环境，随后他与 John Wallace 和另外两名合伙人决定一同创建一处能够为游客提供住宿和服务的营地，于是戴夫·杜林（Dave Drum）便在自己的土地上建立起了第一个比林斯（Billings）营地。驾驶房车的游客可以将房车停靠在营位中，每个泊位配有阻火圈和餐桌。营地中也会提供热水淋浴、餐厅和小型超市，每晚的露营费用仅为 1.75 美元。

比林斯营地发展迅速，到这里露营的游客络绎不绝。在营地成功运营的大环境下，经过了一年的沉淀和积累后，1963 年夏天，戴夫·杜林和他的合作伙伴们决定在北美地区建立第一个露营地连锁体系，也就是在这一年，他们决定将营地正式命名为 Kampgrounds of America（KOA）营地。

1963 年，蒙大拿州比林斯的年轻平面设计师 KarloFujiwara 设计了醒目的

①　图片来源于 KOA 官网。

图 7-5 在蒙大拿州比林斯黄石河畔的第一个露营地①

KOA 标志，商标于 1963 年 4 月在美国专利局注册，至今保持不变。

1964 年，为了设计未来，KOA 建立了特许经营模式，怀俄明州科迪作为第一个特许经营的 KOA 露营地开业。

1972 年，KOA 庆祝成立 10 周年，当时已经拥有超过 575 个美国露营地，并且正迎来 30 个加拿大 KOA 露营地的开业。

1982 年，KOA 尝试露营小屋模式，并首次开始配备床和电。

1999 年，KOA 推出了豪华小屋（KOA Deluxe Cabins），让 KOA 露营者能够以一种创新方式在露营地享受住宿。豪华小屋设有完整的私人浴室和舒适的床，大部分设有小厨房。

2004 年，KOA. com 上线并首次开通实时预订功能。

2005 年，KOA 官方确定黄色为 KOA 的官方颜色。KOA 通过可靠、友好的服务将户外时间提升到一个新的水平。强调依靠 KOA 的黄衫体验，享受户外活动，享受像篝火一样温暖的服务。

2009 年，第一个 KOA KampK9 宠物游乐场开放，营地允许狗在露营地上不

---

① 图片来源于 KOA 官网。

拴绳玩耍。

图 7-6　KOA 三大子品牌体系

2013 年，KOA 开启多元品牌化战略。KOA 意识到"一刀切"的方法不再可行，因此建立了 KOA 系列露营地，在 KOA 内部创建了三个不同的品牌分市场：KOA Journey，KOA Holiday 和 KOA Resort。

（二）KOA 优势

（1）连锁营地优势。方便简捷的预订系统是 KOA 营地备受欢迎的原因之一。KOA 的网站是一个能为游客提供多种服务的综合性网站，归根结底它主要是一个信息分享和预约平台，游客可以根据所在地和需求来搜索感兴趣的露营地。网站不仅可以提供网上预订服务，同时还可以为游客和 KOA 会员提供最新的房车和营地资讯，也会在网站上罗列出各连锁营地举办的活动，为游客制定路线和攻略提供参考，更贴近社交功能的网站吸引了众多游客浏览，这也在无形中向大众传输了 KOA 的品牌影响力。

（2）醒目标识。目前，KOA 品牌在北美地区已经拥有 500 多个加盟商，也就是说，无论到哪里旅行，总能在一些好玩的地方或国家公园附近见到醒目的"KOA"黄色标识，衬托在绿意盎然的营地中，醒目的黄色成为了让人无法忽视的重点。遍布全美的 KOA 标识大大地推动了人们对于 KOA 品牌的认知。

（3）"黄衫标志"打天下。所有入职 KOA 的员工都要在 KOA 学院接受培训，KOA 每年会组织 6 次员工培训，旨在将各地的 KOA 加盟商处的员工集中起来学习关于露营的相关知识。培训结束后每人将会得到一件黄色的 KOA T 恤，

图 7-7　KOA 在美国房车露营地（部分）①

因此 KOA 员工也被称为"黄衫军"。这些经过专业、系统培训的员工可以为游客提供目的地和路线信息，可以说，这些热心且富有激情的"黄衫军"们打下了 KOA 的半壁江山。

（4）完善的营地设施。无论游客选择在 KOA 营地过夜或是长时间停留，KOA 都可以为游客提供舒适、配套设施完善且价格优惠的住宿体验，营地中的设施丰富多样，包括营位、小木屋、有线电视、篝火圈、小型烧烤炉、自行车租赁、迷你高尔夫球场、Wi-Fi、游泳池、划船、钓鱼、徒步等设施和服务。

（5）详尽的周边旅游信息。营地中的"黄衫军"工作人员既是营地的服务人员，又是专业的导游。到营地露营的外地游客可以向工作人员咨询营地周边的著名景区和特色美食，当然，"黄衫军"们也会奉上最忠实的旅游线路或美食推荐。KOA 营地热情的服务会让每位游客体验到宾至如归的关怀。

（6）充足的营位。遍布北美大陆的 KOA 连锁营地已经超过了 500 家，所有营地叠加起来营位总数达到了 60000 多个，无论在营位数量上还是在营地规模上，KOA 连锁营地都当之无愧地成为了全球最大的连锁营地。充足的营位使得

---

①　图片来源于 KOA 官网。

露营游客们能随心挑选自己喜欢的营位风格，每个营位都会定期进行清理和维护，最大限度保障游客的完美住宿体验。

（7）经验与意见并重。每年约有 100 万家庭来到 KOA 营地露营，在经过了 60 年的洗礼后，KOA 依然保持着定期向客户进行满意度调查的传统。KOA 连锁营地每年都会对约 25 万的露营游客进行问卷调查，以便不断调整和适应客户及市场需求，充分听取游客感受并及时做出相应调整和改进，是 KOA 这一国际化品牌之路越走越宽的根基。

（8）会员福利和服务。KOA 会员只要每年缴纳 24 美元的会费，便可以享受到 9 折的露营优惠价格，同时 KOA 品牌也与其他一些品牌合作，因此持有 KOA 会员卡在其他机构也可以享受一定折扣优惠。此外，KOA 会员还将享受到道路救援、房车租赁、折扣促销等优惠活动。

（9）安全至上。北美的自然风光十分优美，但也会时常有大型野生动物出没在丛林或山野中。而在旅途中选择营地住宿则是相对比较安全的住宿选择。所有的营地外围都有警卫巡逻区，最外侧还会用围栏进行防护，以免危险动物靠近伤害游客。通常 KOA 营地的选址都会远离大型野生动物生活区，那里的自然环境相对安全。而针对房车用户，只要停靠在营地营位中就已经足够安全。

（三）KOA 的经营之道

KOA 露营地的主要收入来源是房车过夜泊车费用，每个 KOA 连锁营地都会有多种住宿选择，包括营位租赁、小木屋、房车、帐篷、豪华移动房屋等，而收取的住宿费用占 KOA 营地总营业收入的近 50%。营地中其他辅助设施还包括接待中心、会议中心、零售店、餐厅、酒吧、室内外健身娱乐项目、公共沐浴、卫生间、洗衣房、游泳池、亲子水上娱乐项目等。

此外，优惠的加盟政策也是吸引加盟商的利器。多年来，KOA 对于品牌加盟商既有着严苛的要求，又有着丰厚的利润诱惑。KOA 对于加盟营地的选址和条件要求比较严苛，但是加盟后得到的回馈也比较丰厚。KOA 总部会有专业的设计人员来对营地的整体规划布局进行把控，每个营地入口的标牌都是在设计人员的精心规划下完成的；在加盟 KOA 后，总部会对加盟商进行培训，在此期间产生的所有费用都由 KOA 公司承担；营地建成后将由 KOA 商业发展顾问因地制宜地到现场对其进行运营培训和指导；KOA 设有专门针对营地预订系统的软件 KampSight 登记和预订软件，方便 KOA 集团对加盟商进行统一管理和服务。

在连锁营地品牌潮起潮落的当今市场，经过了半个多世纪的打磨和历练，KOA 连锁品牌依然屹立不倒的重要原因则在于其始终坚守着"客户至上"的经营理念。多年来，KOA 始终坚持向露营游客进行满意度调查，并按时对每个加盟商进行检查和监督，以便确保这些连锁品牌下的营地能够为游客提供高品质的服务。KOA 每年针对露营地进行的检查多达 600 多项，这在业内看来算是最严苛的检验标准，因此 KOA 能发展成为全球露营行业的标杆不足为奇。

第八章　房车露营地营销管理

房车露营地营销管理是通过露营旅游市场分析、准确确定目标市场，为露营游客提供满意的产品和服务，实现房车露营地产品交换的全过程的管理，是一种游客需求的管理。房车露营地的营销是一个复杂的过程，它遵循一般市场营销的原则和程序，同时也具有自己的内容和特点。

第一节　经典市场营销理论

一、企业为核心：4P 理论

（一）4P 营销理论的起源与应用

4P 理论是随着营销组合理论的提出而出现的，萌芽于 20 世纪 60 年代的美国。1953 年，尼尔·博登（NeilBorden）在美国市场营销学会的就职演说中创造了"市场营销组合"（Marketingmix）这一术语，其意是指市场需求或多或少地在某种程度上受到所谓"营销变量"或"营销要素"的影响。为了寻求一定的市场反应，企业要对这些要素进行有效的组合，从而满足市场需求，获得最大利润。营销组合实际上有几十个要素（博登提出的市场营销组合原本就包括 12 个要素），杰罗姆·麦卡锡（McCarthy）于 1960 年在其《基础营销》一书中将这些要素一般地概括为 4 类：产品（Product）、价格（Price）、渠道（Place）、促销（Promotion），即著名的 4P 理论。1967 年，菲利普·科特勒在畅销书《营销管理：分析、规划与控制》进一步确认了以 4P 为核心的营销组合方法。

4P 理论的有效运用，对市场的发展产生了深刻影响，甚至被一部分营销专业奉为了经典营销理论，即使在当前时代的发展下，大部分企业依旧会将 4P 作为营销理论框架，从而完善营销战略，甚至在当前市场营销专业当中，也是将 4P 理论作为专业知识基础。甚至每一位营销工作人员在设计营销活动的过程中，都会从 4P 理论的角度出发，对营销活动中所存在的问题进行具体分析。在当前时代的发展下，企业愿意以 4P 理论为依据，主要有以下原因：第一，4P 理论具备一定的客观性、易操作性以及控制性，所包含的内容也相对较为完善，能够融入企业的每一个营销互动环节当中，对整个营销过程的实施可以进行具体化分析，体现出整个营销交易环节，从而对每一个营销环节可以进行有效监督掌控，对其中所存在的问题及时进行纠正；第二，4P 理论在实际应用中具备一定的可预见性，能够从企业发展角度分析，为企业追求最大经济效益，起到维护经济效益的作用。

产品（Product）：注重开发的功能，要求产品有独特的卖点，把产品的功能诉求放在第一位，对产品的进一步说明如表 8-1 所示。

表 8-1　　　　　　　　　　　　对产品的进一步说明

消　费　者　端	产　品　端
我的消费者是谁？	该产品/服务是什么样子？
消费者从这个产品/服务上获取什么？	产品/服务叫什么名字？有什么样的特征？
该产品/服务有什么特性满足消费者需求？	跟竞争对手不一样的地方在哪里？
消费者会在何时何地使用，怎么使用？	产品/服务如何？何时？有无限制地提供？

价格（Price）：根据不同的市场定位，制定不同的价格策略，产品的定价依据是企业的品牌战略，注重品牌的含金量，对价格的进一步说明如表 8-2 所示。

表 8-2　　　　　　　　　　　　对价格的进一步说明

消　费　者　端	产　品　端
消费者的经济消费水平如何？	成本是多少？
该产品/服务对消费者的价值如何？	小幅度降价是否可以占据更大的市场范围？

续表

消费者端	产品端
目标消费者对被本产品/服务价格是否敏感？	价格提升是否可以创造更多利润并不影响消费者选择？
市场上目标消费者接受价格区间如何？	该产品/服务售价与竞争对手相比是否具有竞争优势？

分销渠道（Place）：企业并不直接面对消费者，而是注重经销商的培育和销售网络的建立，企业与消费者的联系是通过分销商来进行的（见表 8-3）。

表 8-3　　　　　　　　　　对分销渠道的进一步说明

消费者端	产品端
消费者在哪里可以找到我的产品/服务？	竞争者如何传递他们的同类产品/服务？
消费者大多在什么地方出现？	我可以从竞争者中学到的渠道模式是什么？
如果能够在店面中拜访，一般消费者接受的店面是什么属性？	我要选择什么渠道才能最快最便捷地触达目标消费者？
互联网上可在什么平台销售产品/服务？	选择自建销售网络还是合作构建渠道网络？

促销（Promotion）：企业注重销售行为的改变来刺激消费者，以短期的行为（如让利，买一送一，营销现场气氛等）促成消费的增长，吸引其他品牌的消费者或促使原有消费者提前消费来促进销售的增长（见表 8-4）。

表 8-4　　　　　　　　　　对促销的进一步说明

消费者端	产品端
什么时间什么地点选择什么促销信息是最佳的方案？	该产品/服务的生命周期当前处于何种状态？
哪种展示方式是最佳的促销方式？	竞争对手也在做促销吗？
促销是否具有时间性限制？	提供不同季节、时间段和群体的促销方式？
哪种促销方式是消费者最爱的？	促销方式多样吗？

（二）对 4P 理论的批评

尽管营销组合概念和 4P 观点被迅速和广泛地传播开来，但同时在有些方面也受到了一些营销学者的批评。这主要有以下几点：

（1）营销要素只适合于微观问题，因为它只从交易的一方——卖方来考虑问题，执着于营销者对消费者做什么，而不是从顾客或整个社会利益来考虑，这实际上仍是生产导向观念的反映，而没有体现市场导向或顾客导向，而且它的重点是短期的和纯交易性的。

（2）4P 理论是对尼尔·博登提出的市场营销组合概念的过分简化，是脱离实际的抽象。博登认为，提出市场营销组合的这个概念并不是要给市场营销下个定义，而是为营销人员提供参考，营销人员应该将可能使用的各种因素或变量组合成一个统一的市场营销计划。但在 4P 模式中没有明确包含协调整合的成分，没有包括任何相互作用的因素，而且，有关什么是主要的营销因素，它们是如何被营销经理感受到并采纳等这些经验研究也被忽视了，"对于结构的偏好远胜于对过程的关注"。同时，营销是交换关系的相互满足，而 4P 模型忽略了交换关系中大量因素的影响作用。

（3）4P 主要关注的是生产和仅仅代表商业交换一部分的迅速流转的消费品的销售。况且，消费品生产者的顾客关系大多是与零售商和批发商的工业型关系，消费品零售商越来越把自己看作服务的提供者。

（4）4P 理论将营销定义成了一种职能活动，从企业其他活动中分离出来，授权给一些专业人员，由他们负责分析、计划和实施。企业设立营销或销售部具体承担市场营销职能，当然，有时也吸收一些企业外的专家从事某些活动，比如像市场分析专家和广告专家。结果是，组织的其他人员与营销脱钩，而市场营销人员也不参与产品设计、生产、交货、顾客服务和意见处理及其他活动，因此导致了与其他职能部门的潜在矛盾。而且它缺乏对影响营销功能的组织内部任务的关注，如向企业内部所有参与营销或受营销影响的人员传播信息的人力资源管理以及设计激励和控制系统。

（5）市场营销组合和 4P 理论缺乏牢固的理论基础。格隆罗斯认为，作为一种最基本的市场营销理论，在很大程度上是从实践经验中提炼出来的，在其发展过程中很可能受到微观经济学理论的影响，特别是 20 世纪 30 年代垄断理论的影响。然而，与微观经济学的联系很快被切断了，甚至完全被人们忘记了。因此，市场营销组合只剩下一些没有理论根基的 P 因素堆砌成的躯壳（Christion Gronroos）。针对这些批评，后来的学者们又在不断地将 4P 模型进行充实，在每一个营销组合因素中又增加了许多子因素，从而分别形成产品组合、定价组合、分销组合、沟通和促销组合。

无论 4P 理论招致何种批评，在业务实践中，营销因素组合的要求及目的就是：用最适宜的产品，以最适宜的价格，用最适当的促销办法及销售网络，最好地满足目标市场的消费者的需求，以取得最佳的信誉及最好的经济效益。因此，至今为止，4P 理论仍然是营销决策实践中一个非常有效的指导理论。

二、客户为中心：4C 理论

（一）4C 理论的起源与应用

随着市场竞争日益加剧，互联网的出现使传播速度越来越快，传统的 4P 理论越来越受到新事物的挑战。1990 年，美国学者罗伯特·劳特朋（RobertLauterborn）教授提出了与传统营销的 4P 相对应的 4C 营销理论，4C 理论以消费者需求为基本导向，具体为：

（1）Customer（顾客），主要指顾客的需求。企业必须首先了解和研究顾客，根据顾客的需求来提供产品。同时，企业提供的不仅仅是产品和服务，更重要的是由此产生的客户价值（CustomerValue）。

（2）Cost（成本），不单是企业的生产成本，或者说 4P 中的 Price（价格），它还包括顾客的购买成本，同时也意味着产品定价的理想情况，应该是既低于顾客的心理价格，亦能够让企业有所盈利。此外，这中间的顾客购买成本不仅包括其货币支出，还包括其为此耗费的时间、体力和精力消耗，以及购买风险。

（3）Convenience（便利），是为消费者提供最大的便利，包括售前、售后等各项服务，让顾客在购买的过程中充分享受到便捷，时刻把消费者的需求作为首位，考虑到顾客的体验感受。Communication（沟通），企业应该与消费者建立双向、有效的沟通，不再是企业单向地进行促销，而是可以在与消费者的沟通过程中根据顾客的需求，找出让企业和消费者实现共赢的方式。

4P营销组合向4C营销组合的转变，具体表现为产品（Production）向顾客（Consumer）转变，价格（Price）向成本（Cost）转变，渠道（Place）向便利（Convenience）转变，促销（Promotion）向沟通（Communication）转变。

（二）4C理论的不足

4C理论注重以消费者需求为导向，与企业导向的4P理论相比，4C营销理论有了很大的进步和发展。但4C营销理论依然存在以下不足：

（1）4C营销理论是顾客导向，而市场经济要求的是竞争导向，中国的企业营销也已经转向了市场竞争导向阶段。顾客导向与市场竞争导向的本质区别是：前者看到的是新的顾客需求；后者不仅看到了需求，还更多地注意到了竞争对手，冷静分析自身在竞争中的优劣势并采取相应的策略，在竞争中求发展。

（2）4C营销理论虽然已融入营销策略和行为中，但企业营销又会在新的层次上同一化。不同企业最多是个程度的差距问题，并不能形成营销个性或营销特色，不能形成营销优势，保证企业顾客份额的稳定性、积累性和发展性。

（3）4C营销理论以顾客需求为导向，但顾客需求有个合理性问题。顾客总是希望质量好，价格低，特别是在价格上要求是无界限的。只看到满足顾客需求的一面，企业必然付出更大的成本，久而久之，会影响企业的发展。所以从长远看，企业经营要遵循双赢的原则，这是4C需要进一步解决的问题。

（4）4C营销理论没有体现既赢得客户，又长期地拥有客户的关系营销思想。没有解决满足顾客需求的操作性问题，如提供集成解决方案、快速反应等。

（5）4C营销理论总体虽然是4P的转化和发展，但被动适应顾客需求的色彩较浓。根据市场的发展，需要从更高层次以更有效的方式在企业与顾客之间建立起有别于传统的新型的主动性关系，如互动关系、双赢关系等。

4C营销理论从其出现的那一天起就普遍受到企业的关注，此后许多企业运用4C营销理论创造了一个又一个奇迹。但是4C营销理论过于强调顾客的地位，而顾客需求的多变性与个性化发展，导致企业不断调整产品结构、工艺流程，不断采购和增加设备，其中的许多设备专属性强，从而使专属成本不断上升，利润空间大幅缩小。另外，企业的宗旨是"生产能卖的东西"，在市场制度尚不健全的国家或地区，就极易产生假、冒、伪、劣的恶性竞争以及"造势大于造实"的推销型企业。当然这并不是由 4C 营销理论本身所引发的。

4P 与 4C 是互补的而非替代关系，即 Customer，是指用"客户"取代"产品"，要先研究顾客的需求与欲望，然后再去生产、经营和销售顾客确定想要买的服务产品；Cost，是指用"成本"取代"价格"，了解顾客要满足其需要与欲求所愿意付出的成本，再去制定定价策略；Convenience，是指用"便利"取代"地点"，意味着制定分销策略时要尽可能让顾客方便；Communication，是指用"沟通"取代"促销"，"沟通"是双向的，"促销"无论是推动策略还是拉动战略，都是线性传播方式。4P 与 4C 二者之间关系如表 8-5 所示。

表 8-5 **4C 和 4P 理论的关系对照表**

		4P		4C
阐释	产品	服务范围、项目，服务产品定位和服务品牌等	客户	研究客户需求欲望，并提供相应产品或服务
	价格	基本价格，支付方式，佣金折扣等	成本	考虑客户愿意付出的成本、代价是多少
	渠道	直接渠道和间接渠道	便利	考虑让客户享受第三方物流带来的便利
	促销	广告，人员推销，营业推广和公共关系等	沟通	积极主动与客户沟通，寻找双赢的认同感
时间		20 世纪 60 年代中期（麦卡锡）		20 世纪 90 年代初期（劳特朗）

第二节 关系与体验营销：房车露营地营销管理的转变

一、房车露营地营销管理的转变

随着大众化旅游和国民休闲时代的到来，房车露营旅游成为旅游行业的新业态。房车露营地拥有诸多特殊性，成为集租赁住宿、自营住宿、娱乐消费和餐饮消费等于一身的新型综合体。但是房车露营地仍然也面临着露营游客消费多元化和体验生活化等方面的新需求。与之相应，房车露营地规模日益扩大，形态不断演化。随着市场竞争的加剧，房车露营地营销管理的重要性日益凸显。

以市场营销核心概念为基础，房车露营地营销管理的内涵应该包括以下几个方面：它的起源是人们对露营旅游的需要、欲望和需求；它需要提供具有一定质量的产品/服务；它的最终目的是为了获得露营游客满意和顾客价值；露营旅游市场是因人们旅游的需要、欲望和需求而产生；市场营销需要进行交换、交易或建立关系。

所有的房车露营地亦属于旅游产品（目的地）的概念范畴之内，所以通过旅游产品的根本属性与特征可以分析出其营销的方法来吸引旅游者。如何让产品/服务更加符合目标客户的核心需求？如何让营销更加有效？竞争越来越激烈，如何抢占用户，实现市场占有率提升？信息爆炸，又如何让品牌走红，引发裂变式传播？这些正成为房车露营地营销管理的痛点。相对于传统商品/服务的营销管理理念，新型市场营销理念，如关系营销、服务营销和体验营销更加符合作为特殊旅游产品的房车露营地未来的营销策略方向。

二、关系营销与房车露营地的营销策略指向

关系营销理论发源于北欧的诺丁服务营销学派（Nordic Services Marketing）和产业营销学派（Industrial Marketingand Purchasing）。它是以系统论为基本指导思想，倡导关系导向，将企业置身于社会经济大环境中考察企业的市场营销活动，认为企业营销是一个与消费者、竞争者、供应商、分销商发生互动作用的过程。关系营销（Relationship Marketing）一词最初是在 1983 年由白瑞（L. Berry）在一篇服务营销的会议论文中引入文献的："关系营销就是提供多种服务的企业吸引、维持和促进顾客关系。"关系营销的指导思想是怎样使用户成为自己长期的顾客，并共同谋求长远战略发展，其核心在于消费者与企业间一种连续性的关系。

20 世纪 90 年代，关系营销得到了越来越多的关注。这一阶段，在企业层面上，人们意识到市场营销能够影响到相当广泛的领域，如顾客市场、分销商市场、供应商市场、内部市场以及影响者市场等。管理者在制订营销方案时要将营销组合的各个要素进行组配，以确保公司内部与外部市场环境形成最佳匹配；在

消费层面上，人与人之间的依赖性、相关性越来越强，彼此之间越来越注重情感的交流，市场营销也随着生产方式、消费观念的变化而变化，从以交易为中心转向以关系为中心，关系营销理论便随之产生。关系营销正在成为房车露营地营销策略的新指向。

（一）房车露营地市场环境的变化

我国的自然和人文资源优渥，类型多样，旅游市场形态已经转向游客市场。与此同时，交通基础设施建设的突飞猛进和我国汽车（包括房车）的保有量也在逐年攀升，房车露营旅游成为新时代休闲旅游的重要方式。当前国内露营地市场建设如火如荼，截至 2020 年年底，国内现有在建和已建不同类型和不同规模的露营地 2000 余个，但数量和规模远远不足。① 相对于传统景区的激烈竞争和复杂的外部形势，房车露营地正处于快速发展的黄金期。与此同时，政府层面频频出台利好政策也为房车露营地的发展提供了良好的宏观环境。同时，有露营体验需求和真正热爱露营的公众数量也在不断攀升，与之相对应的是人民生活水平和可支配收入的提升也夯实了房车露营地快速发展的基础。旅游消费的多样化使任何一个房车露营地企业或品牌都不能只依靠自己的能力提供全部的资源，来满足所有露营爱好者的需求，这也就要求房车露营地只有与其他利益相关者营造良好的合作关系，才能获得露营游客的信赖，以实现共赢。另外，房车露营地所提供的旅游产品和服务也只是旅游者整个旅游活动的一个组成部分，因此，房车露营地与关联景区、关联露营装备制造商之间都需要密切合作，以形成联合的吸引力，将更多的潜在露营爱好者转变为现实的露营消费者，达到共同获利的目的。

（二）旅游者消费需求的转变

（1）从消费需求的结构看，旅游消费正由理性消费向感性消费转变，情感需求的比重增加。旅游者在注重旅游产品质量的同时，更加注重情感的愉悦和满足，在选择旅游产品时，更加偏好那些能够与自我心理需求引起共鸣的感性消费方式和内容。旅游越来越成为人们的情感需要和自我实现的方式，旅游产品已成

---

① 露营"野蛮生长"正成为购物中心新的引流场景［EB/OL］．（2021-02-13）［2022-05-27］．http：//news. winshang. com/html/070/1225. html.

为满足人们寄托感情、展示个性等感性需要的道具。

（2）从需求内容看，大众化的标准产品日渐衰落，对个性化产品和服务的需求越来越高。人们对那些能够促成自己个性化形象形成、彰显自己与众不同的产品和服务越发青睐。近年来，探险旅游、极限运动、房车露营旅游等日益火爆，一些新的旅游概念也不断兴起，这些旅游方式都不是大众化的，往往迎合部分市场需求或引导部分消费潮流。

（3）从价值目标来看，旅游者从注重产品本身转到注重整个旅游过程的感受，不仅关注结果，更加重视过程。旅游者希望整个旅游过程中充满惊喜与收获，渴望每一个旅游细节都能成为美好的回忆。房车露营旅游正式成为体验式旅游的代表。

（4）从接受旅游产品的方式看，人们已不再满足于被动接受供给者的诱导和操作，而是主动地参与旅游产品的设计和制造。从近年来的消费实践看，消费者参与企业营销活动的程度进一步增强。特别是后现代的旅游消费者，已经不再满足于"被服务对象"这一角色定位，而是要策划自己的旅游体验。

旅游者消费需求的转变要求房车露营地在营销管理过程中，只有通过与有露营潜在和现实需求的游客更多的交流和沟通才能发现他们的真实需求和需求的变化趋势，以此更好地满足游客的需求，帮助游客形成对露营地良好的印象。

（三）良好的关系维护对房车露营地的发展具有重要的意义

随着我国社会经济水平的提高和旅游业的发展，人们出游变得越来越频繁，重游的可能性加大。与此同时，旅游者正从以观光旅游为主的阶段转为以休闲为主的阶段，在休闲旅游阶段，旅游者将会重复地消费某一特定目的地。在这种情况下，房车露营地能否给旅游者留下良好的印象决定着它能否获得游客的忠诚，从而影响露营地的效益。从旅游者旅游决策过程来看，由于专业房车露营地的稀少，许多露营爱好者者出游前会充分搜集和了解露营地的信息，此时，其他人的露营体验对他们而言会具有重要的参考价值。因此，以往露营游客获得美好的体验将会成为其他露营爱好者决策的巨大驱动力，这在旅游决策中将会成为他们选择的重要依据，并且形成他们对该房车露营地的最初印象。所以，好的顾客关系，即使不能提高游客的重游率，也可以给露营地带来新的客源；而不好的顾客关系,不仅使顾客流失,带走了当前的利润,而且也带走了顾客未来的利润,更多的顾客会因为不满、愤怒向其他人表达这种不满,从而会影响到该露营地的潜在客源。对房车露营地管理方而言,露营地和游客之间存在着天然上的信息不对称,游客不能事先体验营地内的产品和服务,因而会更重视其他消费过的露营游客的意见。从这个角度来看,良好的顾客关系维护对房车露营地的发展有重要意义,企业应该树立以顾客为核心的关系营销。

三、体验营销与房车露营地的营销策略指向

随着新一代消费群体的崛起,企业面对的营销环境正在发生着巨大变革。这让企业不得不转变传统的营销思路,来迎合年轻人的消费需求。当要求更高、更加挑剔的年轻消费者成为消费主力,他们更加渴望体验更独特的体验。在年轻消费者快速崛起的当下,体验营销显然已经是各行各业取得竞争优势的重要法宝之一,旅游业作为最重要体验经济类型之一,自然对体验营销的需求更加迫切。

体验营销是 1998 年美国战略地平线 LLP 公司的两位创始人 B-josephpine Ⅱ 和 James Hgilmore 提出的。他们对体验营销的定义是:"从消费者的感官,情感,思考,行动,关联五个方面重新定义,设计营销理念。"他们认为,消费者消费时是理性和感性兼具的,这种思考方式突破传统上"理性消费者"的假设,消费者在消费前,消费中和消费后的体验,是研究消费者行为与企业品牌经营的关键。美国经济学家约瑟夫·派恩二世和詹姆斯·吉尔摩在《体验经济》中认为,体验就是企业以服务为舞台,以商品为道具,以消费者为中心,创造能够使消费者参与、值得消费者回忆的活动。

房车露营地的体验营销就是露营地企业通过看、听、用、参与等手段,为露营游客营造一种氛围、一种情景,让他们沉浸其中,努力为游客创造一系列难忘的经历。房车露营地体验营销分两类:外部营销和内部营销。

房车露营地外部营销的目标人群是还没有购买过该露营地产品或服务的潜在露营爱好者,面对这部分人群,其他可以通过声音、图像等为目标受众营造一种氛围,使他们尽量感到共鸣,虽然只是体验到一小部分,但足以让目标受众产生丰富的想象,当他们想获得进一步的体验而购买房车露营地提供的旅游产品和服务时,该营销过程才算成功。

　　房车露营地内部营销就是在营地内为已消费产品和服务的露营游客提供体验。露营游客在营地内的体验由多个因素构成，优秀的规划设计、流畅的车流人流、便捷的水电设施、完美的娱乐活动等，通过多种体验经历的影响和互动体验过程，加深露营游客的满意度和口碑传播意愿。

　　体验营销也正在成为房车露营地营销策略的必然选择。之所以说体验营销是体验经济环境下房车露营地营销战略的必然选择，并不是因为其与传统营销相比有了新的内容，而是因为体验营销能为顾客即潜在和现实的露营爱好者带来新的价值，从而能为房车露营地培育忠诚的顾客，塑造竞争优势。在此，波特的"五力学说"完全可以解释房车露营地践行体验营销策略的竞争优势。

　　（1）对潜在进入者和竞争者的影响。实施体验营销，为潜在和现实的露营爱好者都可以提供丰富的体验价值，能赢得顾客忠诚，形成顾客资产。房车露营地维系忠诚的露营游客并不需要花费太多的费用，丰富的顾客资产又保证其体验产品有稳定的品牌传递渠道。所以房车露营地企业就可以维持较低的营销成本和经营成本，这就迫使进入者一开始就面临着成本方面的劣势。露营地为露营爱好者提供的有特色的体验具有很强的差异性，竞争者难以模仿，这在一定程度上缓和了竞争，同时较高的顾客价值使得露营爱好者对该营地有较强的依附性，这提高了游客的转化成本，构成了顾客资产的移动壁垒，竞争对手纵使花费再大的代价也很难转变这一房车露营地的忠诚顾客。

　　（2）对供应方砍价能力的提高。房车露营旅游尚属新生事物，受众群体当前仍然有限，虽然诸多先进品牌有自己的在线预订网站（如途居露营），仍然需要诸多第三方平台网站提供房车露营地预订，如马蜂窝和去哪儿网站（被归属于酒店平台）。第三方平台拥有高流量和高话语权，如果某房车露营地体验较好，可以在平台上获得较高的排名。而且，房车露营地拥有较多的忠诚顾客（如在平台直接搜索该露营地名称进入预订界面）本身代表着一种品牌形象，意味着集中化的程度较高在市场上很受游客欢迎，在与平台谈判中也会拥有较强的谈判能力。

　　（3）对购买方支付意愿的提高。在体验经济环境下，露营游客的收入水平提高，购买力提高，价格敏感度降低，对于能带给他们独特体验的产品的喜爱会使其愿意接受较高价格。

　　（4）对替代品的影响。对露营体验的不满意是造成露营游客脱离露营圈的直接原因。房车露营地通过实施体验营销，加强与露营游客的互动来培养顾客忠诚，可降低潜在露营爱好者转化为厌恶者的欲望，同时提高露营游客转向替代品的转化成本，如正常的度假型酒店和传统旅游景区消费，从而对替代品形成大的压力。房车露营地为顾客提供的价值越多，替代者需付出的风险溢价越高，其可供选择的进攻策略对露营地的威胁越小。

第三节 房车露营地营销管理新框架

一、基于顾客让渡价值的营销管理逻辑

著名的营销大师菲利浦·科特勒在《营销管理》一书中提出了几个不同的价值概念。他认为，"顾客让渡价值是指总顾客价值与总顾客成本之差。总顾客价值就是顾客期望从某一特定产品或服务中获得的一组利益。而总顾客成本是在评估、获得和使用该产品或服务时引起的顾客的预计费用"。就旅游行业而言，顾客价值就是顾客期望从某一特定产品或服务中获得的一组利益，包括产品价值、服务价值、员工价值和形象价值。而为了获得这组利益，顾客得花去一定的成本，譬如说价格成本、时间成本，而这些成本的总和即构成了总的顾客成本。此时，顾客总价值（TCV）与顾客总成本（TCC）之差，就被称为顾客让渡价值。

由此可知，露营爱好者在选择房车露营地时，总希望把有关成本包括货币、时间等降低到最低限度，而同时又希望从中获得更多的实际利益和体验价值，以使自己的需要得到最大程度的满足。因此，露营爱好者往往从成本和价值两个方面进行分析比较，从中选择出价值含量最高、成本最低，即让渡价值最大的房车露营地作为优先选择的对象。顾客让渡价值越大，露营爱好者越满意；反之，这部分露营游客越不满意。房车露营地应重视让这样的露营爱好者获得最大"让渡价值"，才能巩固和提高露营地的市场占有率。

可以确定的是，理性的露营爱好者往往能判断哪些露营地可以提供最优价值，并做出对自己最有利的选择。现实中，在一定的搜寻成本、有限的知识、灵活性和收入等因素的限定下，所有人都是价值最大化的追求者，大家形成了一种价值期望，并根据它做出行动反应。然后，他们会了解产品和服务是否符合他们

的期望价值，这将影响他们的满意程度和重新选择的可能性。

房车露营地的营销导向的最终目的是实现效益的最大化，但其区别于其他类型企业经营导向的本质特征在于：房车露营地的营销强调以露营爱好者为中心，露营地通过满足游客的不同需求来实现效益的最大化，如有房车的露营者可以提供泊位租赁，没有房车的露营者可以提供房车住宿，也可以提供其他类型住宿。房车露营地理应满足露营爱好者的尽可能多的直接和潜在需求，最佳办法当然是向这部分游客提供较高的顾客让渡价值（甚至超出期望）。

可以说，顾客让渡价值是房车露营地营销活动的核心，也应该成为房车露营地营销管理的新框架。房车露营地的营销管理强调以露营爱好者需求为中心展开整个露营地的经营活动，所有营销组合策略的制定均应围绕着露营爱好者需求这个中心。

二、房车露营地营销管理的新探索

（一）深耕核心客源地，优化客源市场结构

以房车露营地为中心点，画出不同的客源地范围，以 150 千米作为核心本地客源地，250 千米作为两日游客源地，350 千米作为 3—4 日游客源地，500 千米作为一周游客源地。市场从近至远，通过对周末计划、法定节假日的判断，根据不同的客源地范围，进行布局。同时，对不同客源地范围的露营需求深入探索，并预测其变化趋势，不断开发具有吸引力的项目，不断优化促销策略，提高露营地的应变和竞争能力。

（二）丰富房车露营地产品组合

作为房车露营地，首先要明确定位，是以"房车"为主，还是以"露营地"为主，是以"露营为主要业务"，还是致力于构造新旅游"综合体"。房车露营地应根据自己所提供旅游产品和服务的主要内容和特征，组成完备的营销组合，然后再来考虑其营销策略的制定。房车露营地提供的产品当然不能简单理解为房车停泊服务、水电服务和露营地自营露营餐饮住宿服务，还应该包括关联风景名胜、人文景观以及本地区历史文化，此外，露营地提供的娱乐活动项目等也是服

务的代表。房车露营地提供的产品的实质是服务，而不是关联风景名胜，更不是简单的停泊住宿本身，毕竟，这些都不能通过购买发生所有权的转移。

在房车露营地产品组合中，要重点突出以下几个关键部分：

1. 房车露营地的核心吸引物

房车露营地的核心吸引物就是露营地内标志性的产品或服务。它是露营地提供的旅游产品中最突出、最具有特色的部分。旅游经济从某种角度上讲也可称作"体验经济"，房车露营旅游更是为了体验露营活动才不远千里、不怕车马劳顿赶来该目的地。这是旅游目的地，包括房车露营地赖以生存的依附对象，是房车露营地经营招徕游客的招牌和幡帘，是房车露营旅游产品的主要特色显示。没有这个吸引物，露营爱好者就不可能来此旅游消费，尤其在当今旅游市场竞争日益激烈，休闲旅游花样层出不穷的情况下。当然，吸引物不仅靠自身独有的特质来吸引游客，还要有一个良好的形象塑造和宣传才能起到应有的引力效果。

2. 房车露营地内活动项目

活动项目是指结合本营地特色举办的常规性或应时性供露营游客或欣赏，或参与的大、中、小型群众性盛事和娱乐项目。房车露营地活动的内容是非常丰富的，如篝火晚会、文艺汇演、体育竞技，甚至民间习俗再现，这些活动不仅是营地旅游产品的一部分，而且还可作为促销活动的内容进行对外宣传呈现。

3. 房车露营地内部管理与服务

房车露营地提供的消费产品表达形式尽管呈多样化，但其核心内容仍是服务。服务的特点就是它的提供与消费常常处于同一时间，每一次服务失误就是一个不可"回炉"修复的遗憾的废品产出。在服务过程中的管理尤显重要。实际上管理就是最核心的服务。房车露营地的管理和景区管理有高度相似性，同样包含三个层面，一是对员工的软性管理，二是对营地访客的管理，三是营地硬性运营管理。不管是哪种服务，都要以最大限度地满足露营游客需要为宗旨，为游客服务。

（三）注重科学的规划，树立"以人为本"营销观念

房车露营地营销站在旅游景区营销管理的肩膀上，尽管属于新生事物，但过往经验和教训让管理者和经营者在观念、认识、方法都有了很大提升，"以人为

本"不仅体现为尊重员工、露营游客、销售商，更体现在为露营游客提供增值的服务。房车露营地提供的旅游产品可以带给游客超出期望的体验，露营爱好者来到这里就很满意，然后对他们的亲人、朋友或周围的人讲述整个游玩的美妙感受，这就会吸引更多的人来营地消费。

与此同时，房车露营地的产品要很好地契合当今房车露营旅游这个新兴市场的人群特征和消费偏好，服务和管理更要跟得上游客越来越高的要求，才能在市场上获得口碑传播效应和求新的消费行为。只有不断地在提高游客满意度上下工夫，这些景区才能真正实现从"网红营地"到"口碑营地"的转变。

（四）形成新媒体营销矩阵

微信、抖音、小红书等社交平台已经深度融入当代人生活的方方面面，对大家的生活娱乐方式产生着很大的影响。如何基于这些新媒体社交平台与旅游的高度关联性，进行房车露营旅游营销，已经成为经营者必须要关注的重点。房车露营地必须主动融入这些平台，搭上快车，借力营销，才能在市场竞争中占有一席之地。要加速融合线上线下，构建新媒体营销矩阵。强化微信朋友圈"私域"推广，小红书平台精致分享，抖音短视频平台网红"带货"，直播平台创新性营销、事件营销，利用网络力量打造"网红露营地"。

三、房车露营地营销管理的新特征

房车露营旅游正值风口，未来不短的时间内房车露营地的发展形态复杂，但"本地及周边休闲游持续火热，游客需求升级"和"预约制成为房车露营地常态甚至是标配"这两个特征是非常明显的，未来房车露营地业态的新特征可用"参与感""沉浸式"和"数字化"三个词来概括。

（一）参与感

房车露营地通过与露营爱好者的参与和互动活动，让露营旅客能更深层次地感受到露营消费的每一个细节，体会房车露营产品的内涵和魅力，获得更直观和深刻的房车露营旅游体验。参与感的提升，强调打破空间与时间的束缚，注重游客与露营地之间的互动与文化融合，这样才能实现露营地与露营游客的互动和共赢。

游客的体验是完整的，包含了空间、时间和事物的整合，因此，任何一个房车露营地提升游客的参与感，就要做到让露营游客"身心皆临其境"，要根据房车露营地的特性，寻找关联的主题，这样才能真正形成房车露营吸引力。提升露营游客的参与感，除了互动项目的设置，可以通过特定的营地景观设计来实现。

（1）优化营地景观设计体验：包括优化房车和自驾车交通廊道、游步道、交通游览设施、观景台、游憩小品、互动活动等设施；房车露营地景观的设计在强调环境友好之外，还要突出趣味性、人性化、个性化。强化体验感，可以充分利用现代科技，增加娱乐设施和公众乐于参与的休闲活动。

（2）深度开发营地景观体验：在保护景观生态的前提下，将房车文化、当地文化与自然景观进行创意融合，给露营游客意外的惊喜和深刻的印象，有利于营地的口碑传播。

（二）沉浸式

深度沉浸式体验能为房车露营地带来高偿付性、高社交性、高黏度、高个性化等全新的特点，不仅可以提供全新的露营体验内容，更能带来旅游格局的变革。沉浸式体验不仅仅是某一项目带来的，甚至可以涵盖到所有的内容，从房车露营地在线功能开发、行、娱、游、购、住等各大元素，均可以体现沉浸式的特色，当然最突出的还是沉浸式演艺项目的开发。

随着人们对休闲旅游过程中互动性和参与性要求的不断提高，"沉浸式"体验演出异军突起，表现令人瞩目。中国休闲旅游市场，尤其是文旅市场上的"沉浸式演艺"盛行是具有中国智慧和特色的，充分展示了中国博大精深的区域文化和民族文化。相较于传统演艺而言，"沉浸式演艺"以更高的一次性投入和运营成本，去换取开业后潜在的沉浸式流量红利，沉浸式旅游演艺以其特有的互动体验、专属情境、艺术情调，日益受到游客们的喜爱，在重体验的房车露营旅游中体现出了文化旅游深度融合创出新机遇。

（三）数字化

旅游市场的数字化、智慧化建设正不断提速，利用数字化提升游客体验，可以更好地服务于消费者。数字化可以解决从信息获取、预订到到场等候、咨询等痛点问题，还能够进行营地内部管理，如自主办理停泊租赁和住宿租赁等，数字化带来的无人化可能为房车露营地带来一次"场景革新"，具体体现在以下几点：

（1）数字化管理：网上预约，刷脸入场、营地介绍在线播放、流量控制等，这些智慧旅游新服务，正在成为越来越多旅游目的地的"标配"，给游客带来更好的出行体验。在传统旅游景区管理中，国内已经做得较为成熟，尤其是在游玩前的线上信息发布和预订方面，但游客在进入景区后的环节，对其的数字化改造还有很大的提升空间。房车露营地完全可以借用传统旅游景区数字化的根本逻辑，吸纳优势，融入露营地特色，比如智慧泊位租赁和停泊，智慧充电和加水，关联景区路线问询，游玩项目参与等，这些体验痛点或都可以考虑通过数字化的方式来缓解。

（2）数字化营销：如今的社会对于数据的应用十分重视，大数据成了助力营销发展的神器，房车露营旅游的营销也离不开大数据。房车露营营销要实现数字化转型发展，把潜在热爱露营的游客变成实际的露营消费者，最主要的手段一定是数据。利用大数据平台分析有潜在露营爱好游客的年龄、在线购物记录和偏好、消费水平等，让大数据落地应用，形成精准有效的营销方案，为游客提供更好的个性化服务。房车露营地的数字化营销，内容是关键，最核心的就是符合现在潜在目标受众的需求，也就是说要有足够的亮点和引爆点。对于传统景区而言，如何精准定位客户群体，进行广告投放和营销一直是难点。缺少大数据作为支撑，传统景区往往只能"广撒网"，房车露营旅游的目标受众更加特殊，也更加聚焦，大数据的应用为房车露营地的营销指出了另一条道路。

第九章　房车露营地安全管理

要确保房车露营旅游行业能够持续稳定发展，房车露营地安全是不容忽视的一个重要环节。概括地说，房车露营地安全的重要性如下：对于露营游客来说，房车露营地安全是提高游客满意度的重要保证。对于旅游经营者来说，房车露营地安全是保证露营活动顺利进行，并获取良好经济效益的前提。对于旅游业来说，房车露营地安全是房车露营旅游行业可持续发展的基础。

第一节　房车与露营旅游安全问题的内涵

安全是一种状态，最简单的定义是没有危险，较详细的定义是指受到保护，不受到各种类型的故障、损坏、错误、意外、伤害或是其他不情愿事件的影响，这些类型包括身体、社会、灵性、财务、政治、情感、职业、心理及教育等方面。安全也可以定义为可以控制特定已被识别的危害，使风险在一定可接受的水准以下，因此也可以减少一些造成健康或经济损失的可能性。安全可以包括对人或对所有物的保护。

房车与露营旅游安全是指游客在可以容忍的风险程度内，对房车露营旅游活动处于平衡、稳定、正常状态的一种统称，分为房车安全部分和露营安全部分，主要表现为房车、露营游客、露营地和资源环境等主体没有危险、不受外界因素干扰而免于承受身心压力、伤害或财物损失的自然状态。广泛地讲，既涉及游客驾驶房车过程中的安全状态，也包括游客在露营地的人身、财物以及心理等方面处于安定稳定状态，当然，房车停泊、营地资源、设施设备、从业人员的安全问题也是必须要考虑的重要部分。

安全无小事，房车与露营旅游安全工作对于保持房车露营行业的健康发展至关重要。对于露营游客来说，房车露营地安全是提高房车露营游客满意度的重要保证。根据马斯洛需求层次理论，安全需要是仅次于生理需求的基本需求。马斯洛在对一般美国人的调查中发现安全需要占到70%，与其他较高层次的需要比较占了相当大的比例。而房车露营旅游活动对于人们来说属于较高层次的享受需求和发展需求。要想使房车露营这种高层次的游玩活动行为得到满足，提高房车露营游客的满意度就需要有较大程度的安全保障作为基石和先行条件。

对于房车露营地经营者来说，露营地安全是保证房车露营活动顺利进行并获取良好经济效益的前提。虽然房车露营地经营者经营的目的不同，但都要在确保各项露营活动正常运行的情况下，通过满足露营游客的需要达到自己的目的。而安全事故的发生无疑会给房车露营经营者的营业活动正常开展带来不同程度的影响，如直接的经济损失，较长时间内露营游客数量的大幅度减少，品牌、信誉和形象的破坏，更严重的会引发事故官司，导致房车露营地毁于一旦。

房车露营地安全是房车露营行业可持续发展的基础。根据经济学中的"木桶理论"，① 即木桶容量的大小并不取决于最长的那根木板，也不取决于木桶所用全部木板的平均长度，而是取决于最短的那根木条。房车露营行业主要依托于房车的发展和露营地建设，尤其是露营地建设，承担着复合功能的角色，不仅是传统旅游业中界定的"旅游目的地"角色，在一定程度上也是"酒店（住）"的载体。当房车露营地这一要素产生安全事故时，其副作用足以抵消其余要素的全部正效应，就会出现传统服务业常提到的"100-1=0"的效果。

因此，不管房车露营地活动在哪个方面出现安全问题都会对房车露营行业产生重要影响。它不仅影响到行业的形象和信誉，还关系到行业的生存和发展。通过上述三方面的分析发现，在房车露营地安全这个问题上，房车露营游客、露营地经营者和房车露营行业有着共同的利益所在，即都需要以房车露营地安全作保障。由此说明房车露营地安全的重要性以及构建完善的房车露营地安全管理体系的必要性。

---

① 最早起源于李比希最低量定律，是1840年由卡尔·施普伦格尔（英语：Carl Sprenge）提出的农业科学理论，随后由尤斯图斯·冯·李比希将此理论发扬光大。此定律指出植物增长并不是由可用资源总量决定的，而是由最缺乏的资源（限制因素）决定的。现在常被用于管理学中，又被称为"短板效应"或"木桶理论"，然而其内容和内涵与李比希最低量定律已毫无关联。

第二节　房车露营地安全问题表征

房车露营安全事故的发生是人员、环境、设施设备以及管理等多种因素耦合作用的结果。我国房车露营行业飞速发展的同时也给房车露营活动的安全埋下了众多隐患。

一、房车露营地数量增长与安全隐患

截至 2021 年年底，中国大陆地区规模化房车露营地总量逾 2000 个（不含港澳台），其中以华东、华北地区的营地最多，内蒙古、四川、云南位居其次，全国营位数 75000+个。[①] 房车露营地在数量上呈现出年均 20%的环比增长趋势，然而对安全问题的关注并没有同步得到加强。房车露营地数量上的暴涨给上位主管部门的安全监管、防护、应急救援等工作增加了难度。

二、房车露营游客"井喷"与安全隐患

房车露营地年均增长率不低于 20%，虽然总体数量相比国外发达国家仍有较大差距（如美国，成熟的房车露营地数量已近 30000 个[②]），但国内的露营经济已经呈现"井喷"[③] 现象，接待露营游客数量已经呈现"疯涨"趋势。众多房车露营游客往往在特定时间聚集到热门的露营地，形成高密集游客群体，人群聚集风险大大增加。此外，房车露营游客群体的复杂性与个体间的差异性使游客安

[①]　数据来源：结合"露营天下"及相关网络公开数据推算。

[②]　根据 The Business Research Company 发布的《Camping And Caravanning Global Market Report 2018》数据显示，2017 年全球露营地数量约为 7 万个，其中全球露营地主要集中在欧洲、美国、加拿大等发达国家。2017 年，欧洲及美国露营地数量分别为 30000 个及 27210 个，占全球露营地总规模的 85%。

[③]　携程《2022 五一假期出游报告》显示，"五一"假期首日，"露营"在平台的访问热度达到历史峰值。五一假期，平台上带有"露营"标签的相关酒店、民宿订单量较清明假期增长 153%。去哪儿大数据显示，"五一"假期期间，露营相关产品（住宿、出游）的预订量是去年同期的 3 倍，可以露营的公园门票销量同比去年涨幅超 5 成，部分城市露营地周边酒店预订量同比去年涨幅达 1.5 倍。淘宝天猫上，露营相关商品 4 月成交同比增长超 200%。其中，天幕、营地车、户外椅子凳子、户外桌子、帐篷、野餐垫、野炊炉具、吊床等商品销售紧俏。据悉，天幕增长了近 30 倍，营地车增长了近 20 倍。

全管理极其困难。

三、房车露营地发展模式与安全隐患

房车露营地拥有自己的发展路径，营地营位出租、房车房屋和帐篷等特色营地房屋租赁、房车出租出售和房车露营地内各类体验项目都成为当前房车露营地的主要商业模式和盈利模式。与此对应，开发、运营和管理相应的设施设备保障、安全操作、安全监管等远不到位。

识别房车与露营旅游安全问题的表现形态有助于提升房车露营行业安全管理水平，完善安全管理体系。对传统景区安全事故表征和房车露营行业的特点进行整理分析发现，房车露营行业安全问题的主要表现形态如表9-1所示。

表9-1   **房车露营旅游安全问题的表征**

事件类型	表 现 形 态
自然灾害问题	地震、水灾、旱灾、冰雹、沙尘暴、泥石流、流沙、雷电、海啸等
公共卫生问题	食物中毒、传染病疫情、游客猝死、突发疾病等
事故灾难问题	火灾事故、意外事故、设施设备事故、员工操作事故等
社会安全问题	人身伤害、入车盗窃等刑事治安事件、踩踏、人员冲突、诈骗、恐怖袭击等
通行安全问题	限高架、房车电气设备、车辆操作事故

1. 自然灾害问题

自然灾害主要包括地震、水灾、旱灾、冰雹、沙尘暴、泥石流、流沙、雷电、海啸、飓风等。由于多数景区属于户外型，且位置较为偏远，水灾、大风、雷电、冰雪等自然灾害成为景区常见的自然灾害问题。游客在景区旅游活动中时常遭遇的自然灾害问题主要有以下几种：

（1）雷击。夏季气流、云层活动活跃，是雷击发生的高发时间，而山区则是雷击发生的高发地区。我国4—10月处于旅游旺季，正好处于雷击的高发时段。此外，我国多数景区位于偏远的山区，部分景点位于山顶位置，极易遭受雷击。2010年7月13日，由于天气骤变，云南昆明石林景区野外南天门景点附近出现

雷击事故，事故导致 2 名游客死亡，4 名游客受伤。①

（2）水灾。我国旅游旺季与我国雨季正好重叠，景区自然灾害问题中水灾尤为明显，山洪、暴雨等自然灾害严重威胁游客安全。2014 年 8 月 25 日下午，由于受强降雨的影响，宁夏中卫市局部地区爆发特大山洪，在宁夏中卫寺口子风景区东景区大峡谷内 2 名游客被突如其来的山洪卷走并遇难，另有 4 名游客和 3 名景区工作人员被困。② 旅游景区自然灾害问题的发生往往是瞬时的，因此加强自然灾害的监测预警是预防的关键所在。

（3）山体滑坡。山体滑坡（Landslides），俗称"走山""垮山"等，是常见地质灾害之一，指山体斜坡上某一部分岩土在重力（包括岩土本身重力及地下水的动静压力）作用下，沿着一定的软弱结构面（带），产生剪切位移而整体地向斜坡下方移动的作用和现象。尤其是在雨季露营时特别注意，在土质山坡地带要注意远离有可能的山体滑坡地及山洪可以到达的地方，不可以在山沟中架设露营地。

（4）飓风。在北半球，台风呈逆时针方向旋转，而在南半球则呈顺时针方向旋转。飓风产生于热带海洋的一个原因是因为温暖的海水是它的动力"燃料"，它一般伴随强风、暴雨，严重威胁人们的生命财产，对于民生、农业、经济等造成极大的冲击，是一种影响较大，危害严重的自然灾害。如 2020 年 7 月，飓风席卷了俄罗斯某一露营地，露营游客在梦中被飓风吹断的松树砸死。

2. 公共卫生问题

（1）随着房车露营地的火爆，接待人数也在逐年攀升。大量露营游客聚集的场所往往空气流通性较差，人员接触频繁，疾病容易传播，极易引发公共卫生问题，如食物中毒、传染病疫情、游客猝死、突发疾病等。

（2）食物中毒。食品安全问题存在于各类型的旅游活动中，房车露营旅游活动也不例外。诸多房车露营地还会提供食品成品和现场售卖与加工服务。由于旅游类食品安全监管难度较大，露营游客面临的最大食品安全问题就是食物中毒。

---

①　云南石林景区发生一起雷击意外事故致游客 2 死 4 伤 [EB/OL]．（2010-07-13）[2022-03-18]．http：//finance. sina. com. cn/roll/20100713/22368287514. shtml.

②　宁夏中卫突发山洪致 2 名游客遇难 [EB/OL]．（2014-08-25）[2014-08-29]．http：//weather. news. sina. com. cn/news/2014/0829/1557103351. html.

图 9-1　露营地多在依山傍水处①

（3）传染病疫情。由于露营地聚集区人员接触频繁，疾病容易传播，传染病疫情成为威胁露营游客安全的重点问题。

（4）游客突发疾病。当前国内房车露营旅游活动有大量的中老年人参加，此类人群可能存在一定的基础性慢性疾病，而某些类型的疾病可能会因为外界环境突变诱发，严重者可能导致死亡。

3. 事故灾难问题

事故灾难问题是旅游景区游客安全问题的典型表现形态之一，其主要有以下类型：

（1）摔伤、溺水、动物咬伤等意外事故。当前，露营地选址时多考虑依山傍水或植被较为丰富的偏僻地区。较为贴近自然外部环境可能会有危险动物存在，如蛇虫，如果露营地缺乏安全防护措施，野生动物等可能直接对游客造成伤害。而且，由于露营旅游活动具有异地性，露营游客对露营区并不太不熟悉，加之游客安全意识较差，极易引发摔伤、溺水、滑倒等意外事故。

（2）火灾事故。在各种突发灾害中，火灾的涉及面、频率和影响都处于比较

---

① 图片来源 JBF. no。

图9-2 房车露营时存在大量用火场景①

危险的状态。露营地中停靠的私家房车和出租房车，以及其他活动及住宿等场所存在大量用火场景，如果用火措施不规范，防火措施落实不到位就极易发生火灾，进而威胁游客安全。此外，有些用户在房车上为了使用日常家用电器，改装了大逆变器（12V到220V交流电），在房车上使用大功率电器，如电磁炉空调，12V一侧电流会特别大，非常容易引起火灾；不少房车还改装了锂电池，锂电池保护板损坏，电芯过度充电引起房车着火等设备安全问题不容忽视。

（3）设施设备事故。由于露营地接待游客人数不断增加，营地内设施设备存在过载、超负荷运作的风险。如，营地内的支持性设施设备也可能构成了潜在的风险源，如电线电缆、照明灯具、扬声器、游乐设施等设备。一旦设施的设备维护、使用不当，极易引发游客安全事故。此外，当前国内房车存在大量改装行为，如采用依维柯欧盛底盘的房车，很多用户将发动机改到后方，采用波纹管包裹电路和水路，如果安装不规范，波纹管会和刹车管和柴油管发生摩擦，影响房车安全。

———————————

① 图片来源于网络@呦呦鹿行。

图 9-3　被烧毁的房车①

4. 社会安全问题

房车露营地的社会安全问题越发突出，主要表现为：

（1）侵犯人身、财产权利等治安类刑事事件。露营地资源的稀缺性逐渐突出，露营地内游客因争抢营位或其他公共资源而发生打架斗殴、人身伤害、盗窃、抢劫等刑事治安事件风险不断提升，此类安全问题十分突出。

（2）群体性事故。由于房车露营旅游活动的常态化与大众化，露营地往往成为露营游客的聚集场所。特定的空间内聚集大量游客，极易引发群体性事故。

第三节　房车露营安全问题的根源

一、露营者自身

（一）露营者安全意识淡薄，野外适应能力不足

露营者对安全问题缺乏足够的认识，对潜在风险估计不足，缺乏防范意识和

---

① 图片来源于新闻报道。

措施。对突发事件缺乏应对能力，野外生存能力差，急救知识欠缺，使原本可避免的安全事故得不到有效控制。例如，参与南宁市武鸣区两江镇赵江溯溪露营活动遇险的两个女孩，以前没有露营活动的经历，也未学过应急救生知识，甚至不会游泳，却贸然参加露营活动，导致悲剧发生。①

（二）露营活动组织性不强，缺乏责任主体

许多露营者通过网络论坛或俱乐部参加露营活动，有些俱乐部的运作不规范，不能为露营者提供安全保障。目前大部分露营活动组织为松散型，露营者之间缺乏相互了解和信息沟通，甚至不知道对方真实的姓名，一旦出了问题无法及时告知。还有一些参与者总以为发起者熟知露营地的自然地理环境、具备野外生存的技能，便盲目参加，导致安全问题。

二、自然地理环境

自然环境优美是吸引露营者的首要条件，但环境优美之处有时会潜伏自然灾害，如雷电、暴风雨、强风、岩壁落石等，都会导致人员伤亡。以山洪灾害为例，我国多山的阶梯状地形条件及降雨的时空分布不均，汛期降雨量占全年降雨量的80%左右，有的地区暴雨强度大，是山洪灾害的主要诱因。加上受经济社会活动的影响，山洪灾害具有分布广泛、发生频繁、突发性强、预见预防难度大，以及季节性强、区域性明显、成灾快、破坏性大等特点。露营地选址和露营活动必须充分认识、积极防范山洪灾害的隐患。

三、房车露营地管理粗放

房车露营地安全管理机构设置和人员配置存在问题，部分景区工作人员缺乏安全管理意识。部分露营地没有设置专门的安全管理机构，负责营地安全问题的工作人员大多是员工兼职，他们缺乏专业的安全管理知识，在露营地检查过程中容易出现不细心、不会使用专业的检测工具等问题。另外，由于部分安全管理人员专业能力不足，无法有效处理存在安全风险的问题，同时由于露营地安全管理

---

① 睡梦中遭遇山洪 一女驴友遇难［EB/OL］.（2006-07-09）［2006-07-11］. http：//outdoor. travel. sohu. com/20060711/n244198411. shtml.

工作多为兼顾，无法落实"谁主管谁负责"的原则，容易出现职责分工不明确的现象。

此外，露营地内设施更新和维护不及时。随着房车露营旅游活动的发展，景区内许多设备使用频繁，且外部风吹日晒雨打，极易出现设施设备老化、损坏等现象，而限于露营地对安全设施投入的资金有限，导致老化、损坏的设施未能得到及时处理和更换，容易造成安全隐患，露营游客在游玩中容易出现安全问题。

四、政府部门管理缺位

（一）公共管理和服务缺失

露营地建设和服务配套设施滞后于露营市场的发展，突出表现在露营地建设不规范、公共服务缺失。我国山体众多，峡谷险峻，很多地区尚未被开发。对这些区域的活动风险估计不足，导致诸多露营活动的盲目性和危险性。管理部门缺乏应有的风险告知、劝阻的责任感；公共设施配套建设不足，没有安全设施，如在危险地段和禁入区域未设立警示标志等。

（二）法律法规滞后

目前，我国对户外活动尚未制定完善的法律法规。在房车露营经营活动中存在"亡羊补牢，为时不晚"的心理，对露营地管理者缺乏足够的约束。而且，露营游客在游玩过程中不能遵从相关的规章制度来约束自己的行为，对安全管理工作造成一定影响。

第四节 房车露营安全管理体系的构建原则与评价体系

一、房车露营安全管理体系构建原则

根据我国房车露营行业经营的实际情况和国外的先进经验，我国房车露营旅游安全管理系统的构建应遵循如下原则：

（一）以人为本的原则

该原则是指房车露营旅游安全管理系统的构建要紧紧围绕露营游客的整个露营活动过程来进行强调，以保障露营游客的人身财产安全为底线，但不要因此而把露营游客管得死死的，看得牢牢的，使得露营游客的旅游体验受到直接破坏。构建房车露营旅游安全管理和游客获得体验的桥梁，最重要的是对房车露营活动的人性化安全管理，要把这种理念灌输到从房车租赁、驾驶、停靠和露营地扎营、露营地活动等旅游安全管理的方方面面。

（二）经济实用的原则

经济实用原则是指房车露营旅游安全管理系统的构建既要经济，又要实用，切实保障房车露营旅游活动的安全工作能够落到实处。本着此原则，在组建营地旅游安全管理体系时，人员数量的安排应根据营地容量大小和任务量而定，不搞假、大、空，不摆花架子。

（三）运转高效的原则

运转高效原则是指房车露营旅游安全管理系统的构建要职责分明、任务明确，不扯皮，不拖拉，能够及时发现问题并迅速反应。此原则要求协调、统筹安排组织内部安全管理工作，制定严格的安全标准和奖惩制度以确保安全工作能够快速，有效地完成。

二、房车露营地安全的评价体系

房车露营地安全可以保障露营游客在营地内活动的各方面安全，维持房车露营区域的正常运营，所涉及内容较多，对房车露营地的安全体系进行系统评价，是房车露营地进行安全管理的基础，也是构建房车露营旅游安全评价模型的逻辑起点。

我国房车露营旅游起步较晚，房车露营地发展呈现明显的起伏阶段，再加上国内相关法律法规不健全，所以我国房车露营地的安全评价指标体系尚未统一，也缺乏一定的普适性。结合旅游景区安全的评价体系和《休闲露营地建设与服务规范 GBN/T31710—2015》的安全要求，从露营游客、房车露营地管理者、营地员工等综合视角，根据房车露营地安全系统内涵和安全管理内容，为更全面、准确地判断房车露营地安全状况，界定了房车露营地安全的三个子系统。

根据房车露营地安全管理系统结构，将其细化为三大安全因子和十余项安全评价指标，具体如下：

（一）房车露营地安全核心子系统评价因子与评价指标

1. 房车露营地餐饮安全评价指标

（1）露营地提供的餐饮安全感。

（2）服务标准化指数。

（3）露营游客投诉率。

（4）安全事故应急反应速度。

2. 房车露营地住宿安全评价指标

（1）房车露营地住宿服务标准化指数。

（2）营位租赁和房车租赁以及建筑住宿的安全感。

（3）安全事故应急反应速度。

（4）安全事故发生率。

（5）露营游客投诉率。

3. 房车露营地交通安全评价指标

（1）房车露营地进出交通的安全感。

（2）露营游客投诉率。

（3）交通安全防护措施。

（4）交通事故发生率。

（5）夜间公共区域交通的照明设施。

4. 房车露营地娱乐环境安全评价指标

（1）房车露营地提供娱乐设施的安全感。

（2）设施设备的安全指南。

（3）游客投诉率。

（4）安全事故发生率。

（5）安全应急反应速度。

（二）房车露营地安全辅助子系统评价因子和评价指标

1. 硬件设施安全状况的评价指标

（1）房车露营地场所内部和外部相关安全标识系统状况。

（2）医疗设施状况。

（3）安全咨询服务状况。

（4）解说系统状况。

（5）环境卫生状况指标。

（6）安全监控设施。

（7）景区特种设备的安全状况。

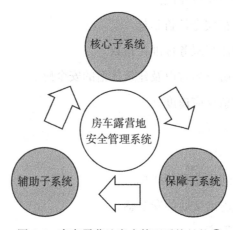

图9-4　房车露营地安全管理系统结构①

2. 软件服务安全状况的评价指标

（1）突发事件的应急机制是否完善。

（2）安全管理制度（权责制度、巡视制度、例会制度等）是否完善。

（3）应急组织系统是否健全。

（4）服务行为规范执行状况。

---

① 基于邹永广和郑向敏（2011）的研究而得。

（5）景区治安状况。

（6）安全服务信息是否完善。

（7）信息发布是否畅通。

（三）房车露营地安全保障子系统评价因子和评价指标

1. 衡量安全管理组织的指标

（1）安全管理组织是否完善。

（2）安全管理制度落实执行情况。

（3）安全监督检查状况。

2. 员工安全与安全队伍建设状况的评价指标

（1）负责安全的人员数量配备是否合理。

（2）负责安全的人员结构是否科学。

（3）员工的安全状况。

（4）安全教育培训工作状况。

3. 安全技术支撑评价的指标

（1）年度安全投入状况。

（2）现有设备运转状况。

（3）安全设备更新情况。

4. 房车露营地经营风险的评价指标

（1）每日最低经营成本。

（2）维持经营最低接待量的测算。

（3）安全投入占成本的比例。

5. 衡量与周边社区（居民区）有关安全的指标

（1）社区居民对房车露营地经营的支持状况。

（2）居民的安全感。

6. 衡量安全事故保险的评价指标

（1）房车露营地安全事故保险状况。

（2）露营人身意外伤害保险情况。

第五节　房车露营安全管理实施路径

房车露营安全管理是一个复杂的系统，我国自然地理多样，露营地选址条件优越，但从安全角度出发，房车露营地确保安全的重要前提之一是合理选址。

一、合理选址

（一）靠近水源

露营休息离不开水，近水是选择营地的第一要素。选择露营地应靠近溪流、湖潭、河流，以便露营者取水，但地面要做到平整不潮湿且排水性能好。露营地不能建在河滩上或河谷中，也不能在河流转弯处的内侧。有些溪流上游建有发电厂，在蓄水期间，河滩宽、水流小，一旦放水将涨满河滩。还有一些溪流，平时水流小，一旦下暴雨就有可能造成山洪暴发，尤其在雨季和山洪多发区。

（二）背风背阴

在野外扎营应考虑风向问题，尤其是在一些山谷、河滩，应选择一处背风的地方，以使露营者的帐篷门朝向不迎着风。背风选址还要考虑露营者用火的安全和方便。

（三）远离危险

一是露营地不能选择在悬崖下面，一旦山上刮大风，就可能有石头等物体滚落，极易造成露营者伤亡；二是在雨季或多雷电地区，露营地不能选择在高地上、高树下或孤立的平地上，因为这些地段很容易招致雷击；三是露营地不能选择在多蛇多鼠地带，以防动物伤人或损坏装备设施。选择露营地应尽量靠近村庄或有房屋或路边的最近点，近村必定也近路，露营者如有意外发生，可方便他们转移或求救。此外，制定更加规范的安全管理实施策略主要分为安全问题的预防预备阶段、风险隐患的监测预警阶段、安全事故的应急救援阶段以及安全事故的事后处置阶段。而安全问题的预防以及风险隐患的监测是房车露营安全管理体系的重点。

二、预防预备

此阶段需要完成三项管理工作：一是房车露营地制订应急预案、配置安全设施、配备安全人员以及积累应急资金，上位主管部门采用"过程式"监管模式对房车露营地的相关工作重点监管，检查工作落实情况；二是房车露营地应增强内部工作人员以及露营游客的安全意识，规范其安全行为，提升其应急技能。

三、监测预警

此阶段的管理主体是房车露营地管理方。房车露营地在上位主管部门以及气象、地质等部门的协助下，做好露营游客风险识别、风险信息分析、景区安全状况评估、预警信息联合发布以及预警成效评估等工作。值得注意的是，房车露营地不仅要联合其他部门共同发布预警信息，还要对预警成效进行监督评估，确保预警信息高效传递给露营游客。

随着智慧旅游的发展，房车露营地也应该能够有效利用大数据、云计算等新技术做好安全监测工作。在露营旅游服务方面，房车露营地可以通过网络平台让露营游客更直观、清晰地了解营地内的环境和游玩项目，也能让营地内部工作人员及时掌握露营游客数量，更好地开展安全管理工作，避免出现露营游客数量过多的现象。

四、应急救援

此阶段需要多方管理主体的共同参与。当出现露营游客安全事故时，房车露营地、上位主管部门应及时启动应急预案，强化现场管理，及时控制事态。如发生严重事故，应及时邀请公共救援以及商业救援等救援力量的介入，确保应急救援及时、得当。

五、事后处置

此阶段的管理任务由房车露营地和上位主管部门承担。房车露营地要及时安抚受伤露营游客，第一时间调查取证，探究事故缘由。事后进行经验教训总结，并将事故案例整理归档，形成案例数据库，为及时调整应急预案提供借鉴与参考。

最后，期待国家有关部门应制定和发布完善的房车露营地安全管理法规条例，对露营地的活动项目制定安全技术标准，保护露营游客和营地的权益。此外，完善的保险体系、保险制度也是做好安全事故善后工作、保护露营者合法权益的保障。露营地应与保险公司合作，鼓励露营者购买户外活动专项保险，一旦出事露营者可得到经济补偿。

第十章 房车露营地可持续发展与未来

现今，短途周边行成为人们假期旅行的最佳选择之一，因此"露营热潮"的爆火也绝非意外。有需求便会有市场，这种新型的旅游模式一旦爆火，热度便居高不下。露营经济不是一个房车、一处美景、一顶帐篷、一次打卡的简单生意，而是一道集体育户外、休闲娱乐、住宿体验等各方面于一体的综合考题。随着房车露营逐渐进入大众视野，其发展更应该与生活相结合，更应在生活方面呈现出多样化的"露营地+"发展模式，如"露营地+景区""露营地+乡村""露营地+研学""露营地+体育""露营地+休闲""露营地+演艺"等多种融合发展模式，让露营热潮不再只是单一的旅行娱乐方式。不可否认，当前形势下露营风靡，带动了露营经济的发展。但新型旅游经济的开始往往伴随着不够完善的基础设施。在许多露营场所，场地、卫生间、垃圾、灭火等设施设备并未完善，不专业搭建帐篷导致的安全问题也时有发生，不具备露营条件的景点也成了露营场地，不仅破坏了环境，还影响到当地居民的正常生活。对此，相关部门需及时出台相关法律规范，引导营地完善基础设施，提升行业合规性。

可持续发展的道路是我国各行各业都一直坚持的道路，房车露营旅游行业也不例外，需要贯彻"创新、协调、绿色、开放、共享"的可持续发展理念，即房车露营地在开发规划的时候，要记得把环境保护放在第一位，而不是以破坏环境为代价换来短期利益。

第一节 可持续发展的概念、内涵与战略观

一、可持续发展的概念与内涵

可持续发展概念的形成经历了相当长的历史过程。20 世纪 50 至 60 年代，人

们在经济增长、城市化、人口、资源等环境压力下，对"增长＝发展"的模式产生怀疑并展开广泛地讨论。1962年，美国女生物学家 Rachel Carson（莱切尔·卡逊）发表了一部引起很大轰动的环境科普著作《寂静的春天》，作者描绘了一幅由于农药污染引起的可怕景象，惊呼人们将会失去"春光明媚的春天"，在世界范围内引发了人类关于发展观念上的争论。十年后，两位著名美国学者Barbara Ward（巴巴拉·沃德）和 Rene Dubos（雷内·杜博斯）的享誉全球的著作《只有一个地球》问世，把人类生存与环境的认识拔高到一个新境界，即可持续发展的境界。同年，一个非正式国际著名学术团体即罗马俱乐部发表了有名的研究报告《增长的极限》，明确提出"持续增长"和"合理的持久的均衡发展"的概念。

目前世界对"可持续发展"的公认概念，其定义源于1987年，以挪威首相 GroHarlem Brundtland（布伦特兰）为主席的联合国世界与环境发展委员会发表了一份名为《我们共同的未来》的报告，正式提出可持续发展概念：可持续发展是既满足当代人的需要，又不损害后代人满足其需要能力的发展。它包含两个关键概念：（1）在提升和创造当代的同时，不能以降低福祉为代价。（2）以善用所有生态体系的自然资源为原则，不可降低其环境基本存量。

1992年6月，联合国在里约热内卢召开的"环境与发展大会"，通过了以可持续发展为核心的《里约环境与发展宣言》《21世纪议程》等文件。随后，中国政府编制了《中国21世纪人口、环境与发展白皮书》，首次把可持续发展战略纳入我国经济和社会发展的长远规划。1997年的十五大把"可持续发展战略"确定为我国"现代化建设中必须实施"的战略。

二、旅游产业的可持续发展战略观

作为服务业中的战略性支柱产业，旅游业具有联动性广、经济性强的特点，可以对相关产业的发展起到显著的促进作用。研究表明，旅游业每增加1个单位的效益就可以带动其他产业增加4个单位的效益。与此同时，旅游业就业具有门槛低、覆盖面广、劳动密集的特点，可以有效带动其他行业就业。联合国世界旅游组织研究发现，旅游业每增加1个就业岗位就可为其他产业带来5个就业机会。加快发展旅游业在未来可缓解严峻的就业压力，带来更多的就业机会。

实现旅游业可持续发展是促进发展方式转变、推动低碳经济发展的巨大助力。旅游业相较其他产业而言，具有资源消耗低、环境成本小的优势。加快发展旅游业，可以实现依靠资源消耗促进经济增长的传统模式向低耗能、高收益的新模式转变，达到自然文化资源和生态环境可持续发展的和谐统一。同时，大力发展旅游业，可以引领和带动相关服务业及服务贸易的快速发展，转变以能源密集型和污染密集型为主的贸易出口模式，发展低碳经济，构建低碳社会。

旅游业的可持续发展应重点关注以下两点：

首先，在旅游景点建设开发时，要充分考虑当地生态环境的可持续发展以及对当地居民生活可能造成的影响。坚持保护为主的原则，适度、科学地开发生态旅游资源。另一方面，应加速旅游业与其他产业的融合发展。合理利用农村的特色旅游资源，依托当地生态环境，积极发展草原旅游、湖泊旅游、山川旅游等，鼓励旅游用品的研发，推动旅游装备制造业的发展；充分借助文化、体育、信息、交通等行业优势，实现不同行业间的交叉互补，推动旅游产品和行业的发展。

其次，构建多样化旅游产品，实现结构创新。随着生活水平的日益提高，人们对于旅游的需求也日益增加。当前旅游产品仍然比较单一，为满足群众的需求，需要加大对旅游产品多样化的开发。旅游产品开发要从市场需求出发，通过对当地旅游资源的开发、建设，吸引更多游客参观游览。其一，要抓住人们对于休闲旅游的内在需求，开发休闲旅游产品，建设公共休闲设施，营造积极健康的休闲文化。其二，大胆创新方式方法，不断升级旅游产业结构，促进旅游业持续健康发展。例如，要遵循深化旅游业改革开放、实现旅游业可持续发展的理念，切实加强规划工作，在编制旅游规划时本着高标准、严要求的原则，做到专业、个性、创意和特色。

随着国民经济的迅速腾飞，生活水平的不断提高，消费结构转变，旅游休闲已成为国民日常生活中的重要组成部分，已成为拉动消费和经济增长的新动力。而房车露营旅游是我国旅游业发展、消费潜力巨大的新兴产业。因此，应认真贯彻中央大力推动我国自驾车旅居车旅游快速发展的方针，加强规划指导，优化空间布局，加快房车露营地建设，完善公共服务功能，加强科学管理，促进产业协同，培育旅游消费新热点，引导大众进入房车露营、休闲度假旅游消费新潮流，充分发挥房车露营旅游的带动作用，使之成为引领旅游供给侧结构性改革，成为旅游业可持续发展新的经济增长点。

随着大众环保意识的觉醒，传统旅游所表现出的种种环境问题，以"不大搞开发""坚持人与自然和谐共生"为本质内涵的生态旅游渐入人心。十九大期间，国家明确指出要"加快生态文明体制改革，建设美丽中国""必须树立和践行绿水青山就是金山银山的理念，坚持节约资源和保护环境的基本国策"。从这个角度来看，生态保护是我们不可触犯的重要红线准则。今年 2 月份，由中共中央办公厅和国务院办公厅印发的《关于划定并严守生态保护红线的若干意见》中明确指出，生态保护红线是指在生态空间范围内具有特殊重要生态功能、必须强制性严格保护的区域，是保障和维护国家生态安全的底线和生命线。因此，未来我国所有的旅游只要涉及国土空间开发行为，无论是乡村旅游、体育旅游或文化旅游等，都要以生态文明建设为基础来展开，因此所谓的生态旅游既是狭义概念，也是广义的概念。

生态是一切旅游行为的红线和基础，那么，无论是广义还是狭义上的生态旅游发展都应该常态化践行。在国家发展改革委和国家旅游局发布的《全国生态旅游发展规划（2016—2025 年）》中，就对狭义概念上的生态旅游进行了全国性的规划。规划中将全国旅游生态发展分为了 8 大片区，计划培育 20 个生态旅游协作区、建设 200 个重点生态旅游目的地、形成 50 条精品生态旅游线路以及打造 25 条国家生态风景道。通过这样一系列任务来探索人与自然和谐共生的可持续的常态化发展模式。

国家发展的整体方向及相关政策的发布，为生态旅游的发展做了明确的方向性指引。未来提供的各类旅游产品都会融入生态元素，包括房车露营地产业，这是国家层面上主导的结果。另外，如今都市文化发展以后，人们对自然环境这种比较稀缺的资源充满向往，房车露营旅游倡导人与自然融合，从市场需求的角度而言，房车露营旅游的发展将是未来生态旅游市场的发展主流之一。

第二节　房车产业的可持续发展观

消费的可持续需求推动各行各业将可持续发展纳入生产和经营活动中，房车产业也不例外。在房车产业高度发达的美国，低耗和环境友好型的生产材料成为新型房车的主要特征，如在太阳能、高效电器和智能用水等方面，房车生产方尽可能达成低能耗的标准；在可持续性材料使用上，一些房车现在采用桦木、竹子结构与无毒黏合剂来达成可回收利用的标准。总的来说，可持续性和环保性在房车生活的核心中齐头并进，源源不断地为其带来创新。

根据《汽车产业中长期发展规划》和《新能源汽车产业发展规划（2021—2035 年）》报告显示，2021 年，我国汽车行业积极应对疫情扰动和芯片短缺等供应链冲击，总体运行态势平稳。但是，全球疫情不断反复，芯片短缺严重影响汽车行业产业链安全。市场预计汽车芯片短缺状态仍可能持续到 2022 年下半年。

报告指出，"十四五"时期我国汽车行业还面临诸多挑战。一方面，新能源技术还不成熟，绿色低碳转型面临较大压力。新能源汽车整车成本仍过高，整体发展面临安全性、实用性、便利性不足，以及锂、钴、镍矿等原材料供给短缺等问题。电动化虽在使用环节减碳明显，但生产制造环节碳排放仍较高。另一方面，汽车流通效率不足。与国际成熟汽车市场相比，我国在新车增量市场、二手车交易存量市场、报废车市场以及汽车后市场等方面都有不小的差距。

报告明确，汽车行业是国民经济的重要支柱之一。汽车行业碳排放占我国全社会碳排放 7.5% 左右，也是实现"双碳"目标的重要着力点。下一步，要根据《汽车产业中长期发展规划》和《新能源汽车产业发展规划（2021—2035 年）》，推动我国汽车行业高质量可持续发展，主要体现在三个方面：

一是加大力度打造、完善、提升汽车供应链体系，补齐芯片短板。加强技术攻关，加快车用芯片等关键技术的研发，引导企业优化供应链布局，提高产业链的稳定性、安全性和竞争力。

二是加快新能源技术研发，统筹部署多环节减碳。加大电池燃料、智能网联汽车等核心技术研发投入，优化原材料供给保障和新材料新器件开发应用。

三是加快推进智能制造，推动出行服务多样化，促进汽车产品生命周期绿色化发展，构建泛在互联、协同高效、动态感知、智能决策的新型汽车产业生态体系。

当前国内对房车产业的可持续发展并没有采取严格的措施。但是国外已经有完善的第三方机构认证，如根据 TRACERTIFICATION，INC. 的"Certified Green"认证，房车产业的绿色认证主要包括三个方面：

表 10-1 房车能源利用率评价表

Energy Efficiency

Points Available	Insulation			Points Claimed
		Type	R-value	
20	Walls Floor Ceiling			(wall x 4 + floor + ceiling)/4	0
5	LED lighting (>90% interior & exterior)				
2	Awnings are standard - 1 pts each, max 2				
3	Soap pressurization or rain booth test to check for leaks				
10	Energy efficient appliances (2 points each, max 10) list:				
10	Energy efficient furnace & A/C (5 pts each, 10 pts max) list:				
3	Skylights to provide natural lighting (1 pt each, max 3)				
2	Heating system with NO ducts				
2	Cooling system with NO ducts				
15	Solar panels (prewired - 10 pts; factory installed - 15 pts)				
2	Enhanced window performance				
2	Nitrogen-filled tires				
5	Lightweight (less than 5k lbs - 1 pts, 4k lbs - 2 pts, 3k lbs - 3 pts, 2k lbs - 4 pts, 1k lbs - 5 pts) Additional:				

81 Points Available

Energy Efficiency Total: 0   0%

在 TRACERTIFICATION，INC. 制定的表格中，通过对能源效率的判断来给房车的进行绿色认证打分，主要包括以下 12 项：

（1）LED 照明情况。

（2）遮阳帐篷尺寸。

（3）泄漏测试。

（4）节能小电器。

（5）节能炉和空调。

（6）可提供光源的车辆透明天窗。

（7）无管道供暖。

（8）无管道制冷。

（9）太阳能。

（10）增强窗户系统。

（11）充氮轮胎。

（12）轻量级车身。

房车水利用率的测评方面，共有四项：

（1）低流量用水（单位：加仑）（其中厨房≤2.2；浴室≤1.5加仑，淋雨喷头≤2.5，其中 1gpm ≈ 3.785L/min；厕所应有堆肥设施；厕所应该是低流量冲水或踏板冲水）。

（2）标准即热热水器。

（3）水和空气循环。

（4）雨水回收利用。

房车生产过程中，资源利用率表现在以下方面：

表 10-2　　　　　　　　　　　　**房车水利用率评价表**

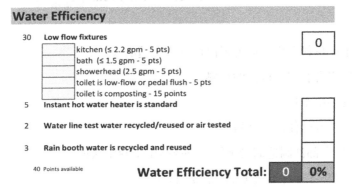

（1）材料的场外回收利用。

（2）数控机床的最大化切割。

（3）使用夹具。

（4）材料废料的重复利用。

（5）可重复使用的物料运输容器。

表 10-3　　　　　　　　　　房车资源利用率

Resource Efficiency

Points Available		Points Claimed
10	Construction materials recycled offsite. (1 pt ea max 10) list:	
5	CNC Machines to maximize cuts (1 pt per material, max 5) list:	
5	Jigs are used (1 pt each, max 5 pts) list:	
5	Material scraps are reused. (1 pt each, max 5 points) list:	
5	Reusable shipping containers for materials (1 pt ea, max 5) list:	
5	Major materials are cut to size at supplier (1 pt ea, max 5) list:	
10	Materials with recycled content are used. (2 pts ea, max 10) list:	
2	Rain drainage system installed	
10	Regional materials used for major components (500 miles) (2 pts ea, max 10):	
3	RV component manufacturer facility is ISO 9001/14001 or equal (1 pt ea, max 3):	
3	RV component is UL Listed or equivalent (1 pt ea, max 3) (product and listing):	
3	Certified wood (1 point per product type, max 3) (product and certification):	
5	Minimal use of wood	
	Additional:	

71 Points available　　**Resource Efficiency Total:**　0　　0%

（6）主要材料在供应商处提前切割成合适的尺寸。

（7）使用含有回收成分的材料。

（8）安装雨水排放系统。

（9）主要部件使用本区域所产材料。

（10）房车部件制造商设施符合 ISO9001/14001 认证。

（11）房车零部件通过 UL 认证或同等认证。

（12）认证过的木材。

（13）木材使用节约。

车辆内部控制质量方面，主要评价以下项目：

（1）使用低挥发性有机化合物材料，包括但不限于：填缝剂、地毯、地毯垫、家具、纺织品、柜体、硬质地板、天花板等。

（2）最终洁净产品挥发性有机化合物（VOC）低。

表 10-4 房车空气质量评估

Indoor Air Quality

MANDATORY: All wood materials are CARB 2 compliant

16	Low VOC materials are used (2 pts each)		0
	caulks/sealants	List:	
	carpet	List:	
	carpet pad	List:	
	furniture	List:	
	soft goods	List:	
	cabinets	List:	
	hard flooring	List:	
	walls/ceiling	List:	
	insulation	List:	
	other	List:	
3	**Final finish cleaning products are low VOC**		
10	**Zero or minimal carpet is installed (slide outs/cab allowed)**		
40	**Non-emitting materials (5 pts ea - walls/floor, 10 pts - ceiling)**		0
	caulks/sealants	List:	
	carpet	List:	
	carpet pad	List:	
	furniture	List:	
	soft goods	List:	
	cabinets	List:	
	hard flooring	List:	
	walls/ceiling	List:	
	insulation	List:	
	other	List:	
9	**Ventilation/exhaust devices (3 pts each)**		
3	**Ductwork is off the floor**		
81	Points available	**Indoor Air Total:**	0 0%

（3）最小化安装地毯。

（4）不发光材料，包括但不限于：填缝剂、地毯、家具、纺织品、柜体、硬质地板等。

（5）通风和排气装置。

（6）管道系统不在地板上。

229

第三节 房车露营地行业的可持续发展观

房车露营地的选址一般在森林、山区、郊外以及乡村等较为偏远并且接近自然风光的区域，对原生态的自然景色会有一定的人为塑造，若不注重可持续发展，其建造及运营过程会造成环境的污染和破坏，造成不可估量的损失，从而也不可能获得长足的发展。房车露营地的可持续发展要求房车停放运行、露营者活动、管理者策略、露营地交通流线、露营地建筑物建设以及环境卫生与自然融为一体。因此房车露营地的构建是经济、文化、生态、社会的系统性工程的建设，发展过程中要充分考虑将环境承载力、经济发展力和社会需求融于一体的"三重底线"，只有坚持可持续发展道路，才是保障房车露营地健康发展的必要前提。

一、理论依据

（1）生态设计理论。生态学的设计模式是一种人与自然相互作用、相互协调的设计方式，是个系统工程，需要全方位、多方有目标地对其进行一个整体思考与系统规划。对于生态环境设计的基本定义，外国著名学者 Covandey 和学者 Cowan 分别提出"生态设计是环境规划设计和资源开发过程中，对于生态环境的影响、破坏和改变达到作用力最小的设计方法"，这种自然与开发规划之间应充分尊重自然生物多样性的持续发展，尽可能减少对自然的环境破坏和资源剥夺，保持生态平衡和其所在的水环境中的可循环，保护各种植物物种和维护野生动物自然栖息地的环境质量标准，有利于改善保护人类自然生存环境，保护生态系统的健康持续发展。生态设计的表达，在旅游资源开发时，多少会对生态带来影响。

该理论用于房车露营地开发建设实践中尤其注意应践行三个原则：其一是本土化原则，深入了解场地，立足本土的自然资源及文化背景，因地制宜，独具生态特色；其二是要保护优先原则，减少对原生态的破坏，合理化利用优势资源，在综合生态可承载力、水资源承载力的范围内，设定规划圈和人流量；其三是可循环发展原则，遵循生态自然规律，人与自然和谐共生。例如甘肃省的自驾游露营地规划建设，以生态设计理论为前提，使生态得以本土化发展，增强区域内各自的本土地域特色，将自然、人文、生态得以合理开发和利用。

（2）旅游环境承载力理论。旅游环境承载力是对域内资源环境要素整合的可容纳量，它是在时间和空间的范畴里，所能承载的活动量和活动能力。在生态保护的理念下，满足露营游客游玩体验心理、视觉感受。房车露营地对环境的承载力主要强调土地资源的可利用性强度、露营资源的经济效益、露营游客数量密度和露营地相关资源的可使用性以及对房车露营地规划和发展的制约和影响。近年来，中央政府从国家层面制定和出台了一系列的财政支出、税收优惠、金融扶持等重大宏观经济政策，推动当地经济社会发展过程中的创新型产业重要战略，促进现代化旅游业健康发展。在此大背景下，房车露营地产业相关从业者（企业）和游客数量明显增多，然而，我国露营地建设仍处于摸索阶段，自身开发水平和其客观生态环境承载力之间的平衡缺乏科学的标准和依据，已经成为各级政府、房车露营旅游开发实体、营地规划建设所需要面临的一个重大客观事实。

二、设计原则

房车露营地的居住属性决定了其在使用过程中无法避免使用水电等附属设施，会排出废水、废气、废渣等污染物质，对周边环境造成不好的影响；此外，房车露营地建设过程中也会造成生物多样性的减少、地形和地貌遭到破坏；不按要求停车、踩踏和行驶造成的地表植物的破坏，破坏原有的生态平衡。房车露营活动对环境的影响也是多维度的，通过破坏动植物种群平衡，破坏生物原有栖息地的生态面貌，最终造成生态失衡。所以在房车露营地初始设计目标中，要加入以下原则：

（1）以人为本的原则。在房车露营地规划设计阶段，应基于我国国情，对露营者的行为特征和心理需求充分了解，研究环境与人类行为相互影响的作用，通过合理的规划和细节设计来引导和规范露营活动，提高节约能源的意识，提倡自觉保护环境的行为，如自觉将垃圾分类进行投掷，有意识地保护营地植被及公共设施，提倡以"呵护自然就是呵护自己"为活动宗旨的露营行为，从主观行为上减少和防止露营活动对自然生态环境的破坏，为创造出环境优美，秩序井然，空间宜人的营地社区环境以身作则。

（2）资源 3R 利用的原则。3R 原则要求减量利用、重复利用和循环利用。

因此从开始规划房车露营地时就要考虑寻求符合环境保护和生态保护的设施和产品。这些设施、材料以及器具用品使用再生材料；临时建筑具有无污染可回收多次异地再利用等，大力推广使用安装太阳能、沼气、地热、天然气等清洁能源，尽最大的可能利用这些对自然生态影响较小的资源。

（3）成本最优的原则。任何规划设计最初要考虑的就是建设和运营成本问题，成本高低直接关系着项目能否长期生存，也意味着在房车露营地的规划设计中在保障自然环境、高效利用资源的前提下最大化地利用成本最优的方案，在铺装材料的选用、景观植物的选择、土方营造的工程量、功能性建筑设计上考虑最环保最低成本的设计思路，保障房车露营地有"利"运营。

（4）多元化的原则。随着技术、理论、经验的积累，规划设计领域基本不存在功能上的问题，统一明确的价值标准已经不复存在，规划设计都在根据不同的地方特征、场地特征、文化背景以及市场环境做出多样化的设计。多元化的设计不仅是反映汽车露营地投资者、设计师个人理解的设计，也是对本地文化的尊重、对迎合多元化市场需要的尊重，也只有多元化才能让房车露营持续运营下去，创造最大化的环境、经济和社会效益。

图 10-1　生态房车露营地样例（澳大利亚凯恩斯市房车露营地）

可持续发展观指导下的房车露营地设计目标主要体现在环境友好型房车露营地的规划设计上，以上原则不仅凸显房车露营地在每一步决策和实施的过程中都要遵循环境友好的基本要求，还要突出社会和经济效益：如在选址与可行性研究阶段就应当确定选址地生态是否比较脆弱，对人类活动是否敏感，当地文化生态是属于哪种类型，经济发展水平怎样，能否通过规划设计让露营地与当地文化衔接，提高周边居民经济收入等，与此同时，可持续发展观还要求房车露营地设计中应减少工作的反复、成本的浪费以及避免法律风险。

第四节 房车露营旅游行业的可持续发展

自 20 世纪 90 年代，生态旅游就已经进入国内成为旅游从业者和政府关注的焦点。经过 20 多年的发展，生态旅游已成为一种增进环保、崇尚绿色、倡导人与自然和谐共生的旅游方式。人们所熟知的自然保护区、风景名胜区、森林公园、地质公园及湿地公园、沙漠公园、水利风景区等均属于生态旅游范畴。《全国生态旅游发展规划（2016—2025 年）》明确了生态旅游的发展目标，到 2025 年，以生态旅游协作区、目的地、线路和风景道为主体的总体布局基本确立，区域合作机制更加健全，合作模式日益成熟，生态旅游资源保护、产品开发、公共服务、环境教育、社区参与、营销推广、科技创新体系逐步健全。

可以预测，未来带有"生态"字样的旅游细分产品会日趋增多，呈现加速发展模式，中国将成为世界生态旅游强国。另外，生态旅游近年来呈现新业态激增的态势，并以转型升级、提质增效为主线，实现了与农业、林业、海洋、文化等相关产业和行业融合发展。

在近年来激增的众多生态旅游业态中，房车露营业属于最为先进的业态。其先进性体现在可持续性地对土地和国土空间的利用，是对自然环境保护性最强的旅游业态之一。莫克力认为，露营地的本质即是户外旅游综合体。户外旅游综合体是以"自然"为前提，这个"自然"可分为两个层次来论述。

首先是针对建设层面而言，露营地的土地建设可以说是非常轻体量的。《休闲露营地建设与服务规范国家标准》中提到，露营地是提供临时性的设施和设备，或者消费者自备设施和设备在某个地方停宿补给及休闲娱乐的平台。轻体量开发就是生态旅游项目的前期模式。

另外一个层次则是以消费者视角来探究旅游的本质动机。露营爱好者来到营地露营，目的就是为了亲近大自然、与大自然友好，这时"自然"就是旅游的对象，所以受众需要的不是大兴建设、硬质铺装的露营地，而是尽量贴近原生态本身。尊重自然原貌，无需或尽量减少过度开发是露营行业发展的本质。

房车露营行业的本质是户外旅游综合体，那么它就是嫁接人与自然的一个桥梁。以美国黄石国家公园为例，整个黄石国家公园有 12 个不同层级的营地，总计 2000 多个营位，这些就是游客和国家自然公园接触的最直接的人工平台。房车露营旅游属于典型的生态旅游范畴，那么其在生态旅游中的定位是充当人与生态自然衔接的载体，推动形成绿色消费新观念，成为生态旅游领跑多产业发展的重要支点。未来国家将通过对新生态旅游投融资、环境教育、生态补偿等机制，实现生态保护与旅游发展相互促进、良性循环的格局。

与此同时，从房车露营旅游者的视角来看，拥有可持续发展理念的房车露营活动主要体现在环境友好型层面，环境友好型措施对于房车露营旅游行业的可持续发展起着关键作用，以下为几种典型的环境友好活动：

（1）房车驾驶时的环境友好活动。关注燃油效率：采取必要的行动优化燃油效率，如减轻不必要物品的携带以减轻车辆负担，尤其消除"以防万一"物品的携带；考虑以最佳速度行驶，并且遵守房车制造方建议的房车维护计划。

考虑能源效率：除了提高燃油经济性外，还可以通过多种方式使房车更加节能：①加大对 LED 灯的使用。②使用节能电器：从冰箱到微波炉，房车中的当前电器可能有更节能的替代品。③通过策略停车减少空调使用，不要在炎热的太阳下开空调，可以选择把车停在阴凉处。当天气寒冷时，将车停在阳光直射的地方，而不是首先选择打开制热空调。④考虑加装保温材料。⑤安装太阳能电池板，一个好的太阳能装置可以利用来自太阳的清洁、可再生能源，将其转化为可用电力。

（2）房车露营活动时的环境友好活动。

精明购物：减少浪费从少买开始。尝试批量购买食品和用品，并在沿途的当地农贸市场或二手商店逛逛。

节约用水：淡水往往是房车中的有限资源。尽可能做到一水多用；淋浴时可采用间断放水的方式淋浴；短时间小水量洗手等。

重复利用和回收：尽可能重新利用和重复利用废物，并密切关注所经地区的法规，以便了解可以回收的物品。

使用环保清洁产品，抛弃一次性用品：使用真正的餐具、盘子、餐巾纸、杯子和其他一次性塑料制品的替代品；化粪池清洁剂，建议使用基于酶的清洁剂，尽可能避免使用有毒或人造化学品。

遵守房车露营地管理方的环保要求：遵守营地管理方的用火、用水和排污政策，减轻对露营地周围公共环境的污染。

第五节　房车露营地的创新与未来

国外房车的生产和销售、露营地建设和运营主要集中在欧洲、美国、加拿大、澳大利亚和日本等国家和地区，其房车生产制造、配套商、销售服务和露营旅游产业链已相当成熟。随着产业的发展，行业协会、露营地集团和连锁品牌露营地也逐渐成熟。国内房车露营地自20世纪90年代萌芽后，历经30余年的发展，业已形成从东南到西北的延伸态势。在逐步向好的政策引领下，我国房车露营地的运营模式和产业模式也不断创新，如运营模式上，国内现有单体运营、联合运营和品牌连锁运营模式等，在产业模式上，"露营地+"的产业模式成为主流，"房车+露营地"的核心产业发展模式——房车营位租赁由于国内长期存在房车成本较高、使用频率低和上路难等难题，自驾车游客选择固定式"房车酒店"成为国内典型的"露营地+酒店"式产业发展模式。未来，"房车露营地+自驾车"产品成为未来探索的主要方向，同时，增强露营地产品的参与性和互动性，如引入自行车骑游、卡丁车体验、水上亲子乐园、森林探险等娱乐项目，配套徒步、登山、垂钓、滑冰雪、航空、赛车、马术等户外运动，不断丰富房车和露营地的产品模式，构建更为完善的"露营地+"模式。

此外，国外露营业经过百余年的发展，已经形成完备的保障体系和营地建设管理体系，发达的产业链成员共同组成了欣欣向荣的休闲旅游产业。我国在打造"旅游强国"的路上也不断探索，房车露营地的业态也在"自驾车+房车露营地"的基础上推陈出新，形成了多种概念化露营方式，涌现出一批创新模式的房车露营地。国内庞大的汽车保有量和越发火热的自驾游都成为新业态的积极推动要素。显然，房车露营旅游已经成为我国旅游业发展的中流砥柱，未来有巨大的市场需求，探索一些新的房车露营旅游业态和模式具有重要的意义。

一、Glamping 豪华露营新风潮

从大探险时代开始，人们逐步建立起对户外生活的认知并延展出一系列户外生活方式。可是人们对生命体验的探索旅程并未止步于此。于是，有一部分更加讲究生活细节的人，从对追求极致目的地的方向中抽离出来，走上了探索如何让户外生活更舒适、更有美学痕迹、更像家一般温暖的道路。当"苦行僧式"的露营方式无法满足人们对于兼具回归自然和舒适体面的期许时，Glamping（豪华露营）的出现，便是自然而然的事。这个由"Glamorous"（极富魅力的）与"Camping"（露营）组成的野奢型露营方式，最早出现在英国，内涵是将"豪华"和"露营"完美结合。从字面上看，我们就能够很好地理解这项潮流的宗旨：想亲近自然，又无法割舍空调、床垫、沙发、吊灯等现代元素，最好还有配套户外黑科技的陪伴，誓要在野外享受高级酒店标准的休憩时光。Glamping 除了可以深入自然体验户外生活方式，更推崇露营的美学和仪式感。

图 10-2　"豪华露营让生活更美好"①

———————

①　图片来源于官网。

　　发展到今天，Glamping 作为一种新型的户外生活方式概念，已经日渐普及。可以发现，豪华露营与度假酒店呈现出相同的趋势特征。然而，尽管加上了形容词前缀，Glamping 的本质依然是露营，而非固定住址的酒店体验。应该说，Gampling 的概念与户外运动契合，在传统的户外领域里，参与者往往都能与"强健"搭点边。以追求极致风景为主要目的的旅途自然少不了要涉远遇险，但不强健的人如何获得与自然亲密接触的乐趣呢？Glamping 就提供了一套解决方案——提供像"家"一样舒适的户外居住环境，即"Take Life Outdoors"。

图 10-3　豪华住宿房车

　　真正的豪华露营除了基本的露营需求之外，还应该做到以下几点：

（1）豪华的帐篷。

（2）携带足够多的舒适用品，如床品。

（3）温度控制。

（4）厨房设施。

（5）洗漱间。

（6）必要的娱乐设备。

（7）全面的保险。

事实上，Glamping 绝非是有钱人的专属游戏。当 Glamping 把露营变成了体

图 10-4　豪华露营已将自驾游和豪华酒店融为一体

验核心，并且追求在户外体验中的舒适度，需求的装备自然也就多了起来。可这并非就意味着必须要购买昂贵的 A 级装备，而更应该多关注设计、质量、功能。

二、基于"智能+物联"的智慧型房车露营地

中国作为世界第三大旅游接待国，国内外旅游市场的需求驱使服务的提升，而智慧旅游的科技之路是必然选择。今天的人们过度依赖电子产品，在旅游消费的过程中希望通过手机或网络解决除实地体验外的所有问题，随之而来的旅游市场的转型、旅游产品的更迭、营销方案的转变，实则都有迹可循。旅游是一个公共领域的范畴，所以它的产品形态除了景区之外，其他的都是向整个大环境的延展。互联网环境的搭建，物联网设施的建设，旅游业新业态的推进，公共服务体系的完善，景区、乡村、城市、营地的相继实施，才形成智慧旅游的完整业态。

"互联网+旅游"的推进是促进旅游产业转型升级的关键，其核心在于产品和营销的智能化。所谓产品实则就是旅游大数据平台、旅游服务平台、旅游管理

平台、旅游营销平台的建立，用互联网对旅游消费环境实施覆盖。如途居露营开发了第一款露营地专业管理软件平台，积极构建信息化、智慧化和智能化的营地，不断加强互联网+智慧平台整合能力，提升移动出行整体解决方案。

此外，大数据平台对整个旅游行业的智能化发展起着关键作用，也因它承载了服务、管理和营销的信息。通过移动客户端预定、搜索，对信息自动辨别和反馈的过程，能够对用户信息进行系统管理，且基本兼具服务功能。了解到用户倾向和反馈需求后能结合现场传统服务、改善设施来满足游客需求。通过大数据能够监控旅游目的地的人流量，分析游客偏好，从而定位客源市场，细分旅游市场，进而推出精准的营销手段和可行性项目；另外，通过游客的搜索量预测未来几天各旅游目的地的游览量，与通信运营商大数据结合，实现游客人流密度与人流走向实时动态监测。

图 10-5　基于露营地专业管理软件平台的途居露营

房车露营旅游属于涉及面广、游客位移发生巨大变化的旅游形态，它的需求和建设服务、安全管理等投资需求是成正比的，我们无法满足游客行为、空间跨度过大的投资需求，但是智慧化的手段能够解决房车露营地外部空间基础建设、安全管理等，以满足房车露营旅游的基本需求。智慧旅游的核心思想是资源整合，但是它涉及的行业、产业等其他社会领域过多，反过来从房车露营运营和发展的角度来讲，跨界互联是我们可以借鉴的智慧化的思想。在游客进行露营地体验的过程中，各种智慧旅游硬件体验设施产品也可深度融合到露营地的产品设施中，让"智慧建筑""智能化家居"的技术应用到房车露营地的设计中，比如目前很多营地已普遍安装无人值守的智能水电桩这类自助化产品，逐步培养人们出游的"智慧生活"习惯。

因此，从房车的角度来看，构建基于车内厨电、照明、驾驶、安防、观影、恒温恒湿等智能联动场景，是智慧型房车的重要表征；从露营地来看，集流量动态监测、线上预订、移动支付、智能导航、无人化停车入驻、全智能化水电服务、消防联动、游客反馈、精准化营销等功能于一体的智慧露营地管理体系也是大势所趋。

附　录

附录一：中华人民共和国旅游行业标准

（一）　自驾游旅居车营地质量等级划分

LB/T 078—2019

前言

本标准按照 GBN/T1.1—2009 给出的规则起草。

本标准由中华人民共和国文化和旅游部提出。

本标准由全国旅游标准化技术委员会（SAC/TC210）归口。

本标准起草单位：文化和旅游部资源开发司、中国旅游车船协会、青岛大学文化旅游高等研究院、中交交旅投资控股有限公司、北京同和时代旅游规划设计院、青岛迪生集团有限公司、北京东方艾威旅游装备投资管理有限公司。

本标准主要起草人：付磊、刘汉奇、罗志明、宋磊、张欣、钟琦、朱莉蓉、侯乐君、廖红斌、董瑞江、王锐、吴晓蒙、李鹤、赵楠、王明慧。

1. 范围

本标准规定了自驾车旅居车营地质量等级划分的依据和条件。

本标准适用于以自驾车露营、旅居车宿营为主要旅游和休闲度假活动的营地。

2. 规范性引用文件

下列文件对于本文件的应用是必不可少的。凡是注日期的引用文件，仅注日期的版本适用于本文件。凡是不注日期的引用文件，其最新版本（包括所有的修改单）适用于本文件。

GBN2894 安全标志及其使用导则

GBN3095 环境空气质量标准

GBN3096 声环境质量标准

GBN3097 海水水质标准

GBN3838 地表水环境质量标准

GBN/T5845.2 城市公共交通标志第 2 部分：一般图形符号和安全标志

GBN8408 大型游乐设施安全规范

GBN8978 污水综合排放标准

GBN9663 旅店业卫生标准

GBN/T10001.1 公共信息图形符号第 1 部分：通用符号

GBN/T10001.2 标志用公共信息图形符号第 2 部分：旅游休闲符号

GBN13495.1 消防安全标志第 1 部分：标志

GBN/T14308 旅游饭店星级的划分与评定

GBN15630 消防安全标志设置要求

GBN/T18973 旅游厕所质量等级的划分与评定

GBN/T25895.3 水域安全标志和沙滩安全旗第 3 部分：使用原则与要求

GBN/T31710.3 休闲露营地建设与服务规范第 3 部分：帐篷露营地

GBN/T31710.4 休闲露营地建设与服务规范第 4 部分：青少年营地

GBN50016 建筑设计防火规范（2018 年版）

GBN50057 建筑物防雷设计规范

GBN50067 汽车库、修车库、停车场设计防火规范

GBN50140 建筑灭火器配置设计规范

LBT063 旅游经营者处理投诉规范

3. 术语和定义

下列术语和定义适用于本文件。

3.1 露营 Camping

使用自备或租赁设备，以在野外临时住宿和休闲生活为主要目的的活动方式。

3.2 露营地 Camp

有明确范围和相应服务设施的露营场所。

注：常简称为"营地"。

3.3 旅居车 Recreational Vehicle；RV

配备卧室、起居室、卫生间和厨具等基本生活设施，通过自力行驶或借助外力牵引行驶的交通工具。

注：也称"房车"。

3.4 自驾车旅居车营地 Auto and Recrestional Vehicle Camp

以小客车、旅居车为主要进入交通方式的露营地。

3.5 营位 Camping Site

在营地内供露营者住宿和活动的独立区位。

3.6 营区 Camping Area

由多个营位组成，主要供车辆停泊、住宿和附属休闲活动的区域。

3.7 营地服务中心 Camping Service Center

集中提供入营和离营手续办理，具备查询、休息等公共设施和服务功能的场所。

4. 等级划分和依据

4.1 等级划分

4.1.1 自驾车旅居车营地划分为 3 个质量等级，以大写英文字母 C 为符号来表示。

4.1.2 3 个 C 表示 3C 级，4 个 C 表示 4C 级，5 个 C 表示 5C 级。C 的数量越多表示等级越高。

4.2 等级划分的依据

等级划分以第 5 章、第 6 章为依据，包括必备条件和一般条件 2 类。必备条件规定了自驾车旅居车营地应具备的门槛条件。

5. 等级划分的必备条件

5.1 有独立法人资格，品牌加盟和代理机构不得使用其等级标识。

5.2 正常营业满 2 年；已获得等级的营地，在本等级满 1 年后方可申请更高等级。

5.3　选址和经营活动符合国家和地方对环境、资源和动植物保护的要求。

5.4　所在位置安全、稳定，无污染源。

5.5　规划设计方案依照程序审批备案，并得到有效实施。

5.6　无违规、违法的建设及经营行为。

5.7　有自驾车营位和旅居车营位，数量均不少于 20 个。

5.8　有旅游厕所和废弃物收纳站。

5.9　人行道与车行道相分离。

5.10　交通、安全、服务等标识标牌及公共信息图形符号使用规范。

5.11　配备消防灭火器材。

5.12　有医务室和救援协作机制。

5.13　有突发性事件应急预案和紧急疏散方案。

5.14　有安防设施和安保人员。

6. 等级划分的一般条件

6.1　综合区位

6.1.1　营地与干线公路交通连接顺畅。

6.1.2　在 1h 车程范围内有能够提供紧急救助的人员、设施和装备。

6.1.3　位于或邻近旅游资源富集区，包括但不限于国家公园、自然保护区、自然公园、文化遗产地、旅游度假区、A 级旅游景区、乡村旅游区等。

6.2　资源环境

6.2.1　户外环境舒适度好，适宜开展户外运动。

6.2.2　空气环境质量达到 GBN3095 中的一类环境空气功能区的标准。

6.2.3　地表水环境质量至少达到 GBN3838 中的 Ⅲ 类水指标。

6.2.4　滨海型营地邻近海域的海水水质至少达到 GBN3097 中的第三类海水水质标准。

6.2.5　环境噪声满足 GBN3096 中 0 类声环境功能区的限值。

6.3　规划设计

6.3.1　充分衔接国土空间规划等相关规划，履行评审、报批或备案程序，且已有效实施。

6.3.2　结合资源环境承载力和投资强度，科学测算接待规模和结构，合理设置营地的规模指标、设施结构和服务项目。

6.4 功能区设置

6.4.1 基础功能区包括出入口、服务中心、停车场、自驾车露营区、旅居车宿营区、服务保障区、废弃物收纳与处理区。

6.4.2 可设置木屋住宿区、帐篷露营区、儿童游乐区、户外运动区、露天活动区、商务活动区、宠物活动区等特色功能区。

6.4.3 各功能区之间的内部交通联络通畅，并通过绿化带等方式进行适度隔离。

6.5 道路和停车场

6.5.1 营地进出道路与主要公路交叉口位置合理，易于发现、识别。

6.5.2 车辆的驶入和驶出通道分开，人员与车辆的进出通道分开。

6.5.3 在入口处设置临时停车区，满足大型车辆、特种车辆和高峰时期车辆停泊的需求。

6.5.4 结合营地容量和游客需求，合理设置内部停车场的车位数量和结构。

6.5.5 内部道路遵循人车分离、宜曲不宜直的原则。

6.5.6 尽端式车行道路的回车场满足相应车辆的转弯半径需要，设置符合GBN50067的要求。

6.5.7 内部常规车行道限速不超过10km/h。

6.5.8 道路两侧进行绿化，道路交叉口的绿化不影响视线。

6.5.9 有能满足散步、慢跑、骑行（自行车、电瓶车等）功能的绿道系统。

6.6 服务中心和服务保障区

6.6.1 位置合理，与出入口道路和其他功能区连接顺畅，便于人、车集散和服务衔接。

6.6.2 建筑体量适宜，与环境协调，风格有特色。

6.6.3 使用生态环保的建筑材料。

6.6.4 夜晚照明良好，具有建筑标志性和视觉导向性。

6.6.5 前台接待空间充足，服务岗位数量与接待容量相适应。

6.6.6 配备宽带或无线上网、信息自助查询、移动通讯设备充电等设施。

6.6.7 配备无障碍设施和通道。

6.6.8　提供购物、洗衣、餐饮、租赁等服务。

6.6.9　设置医务室，配备基本药品、设备，能进行救急治疗。

6.6.10　有供自驾游领队、导游、大客车司机等服务人员休息的场所。

6.6.11　有展示和体验营地文化的空间或场所。

6.7　自驾车露营区

6.7.1　每个自驾车营位由停车位和帐篷位组成，占地面积适宜，一般不小于 50m

6.7.2　自驾车营位数量适宜，一般不少于 20 个。

6.7.3　停车位做地表生态硬化，标线清晰。

6.7.4　帐篷位一般高于地面 15cm 及以上，在雨水多或潮湿的地方高于地面 30cm 及以上。

6.7.5　车辆停泊后的两车间距一般不小于 2m，有绿化带或美观的栅栏隔离。

6.7.6　营位配备遮阳遮雨伞、自助烹饪炉或烧烤设施、户外餐桌椅等设备器材及安放处。

6.7.7　营区配备电源、照明、给排水和垃圾收集设施。

6.7.8　营区配备公共使用的厕所、洗漱池、淋浴间。

6.8　旅居车宿营区

6.8.1　旅居车宿营区由自行式旅居车营位和拖挂式旅居车营位组成。

6.8.2　自行式旅居车营位和拖挂式旅居车营位各自分区设置。

6.8.3　旅居车营位数量适宜，一般不少于 20 个。

6.8.4　每个旅居车营位由停泊位和附属休闲区组成，占地面积适宜，一般不小于 80m

6.8.5　旅居车停泊位地面做生态硬化，排水良好，道路出入角度适宜。

6.8.6　旅居车停泊后的两车间距一般不小于 3m，有绿化带或美观的栅栏隔离。

6.8.7　铺设给排水管网，以及电源、网络等综合管线，合理设置管线与旅居车设备的接口。

6.8.8　营位配备遮阳遮雨伞、自助烹饪炉或烧烤设施、户外餐桌椅、垃圾收纳箱、消防设备器材及存放场所。

6.8.9 在营区合理位置设置公共厕所、垃圾分类收纳箱等。

6.9 废弃物收纳与处理

6.9.1 垃圾收集箱数量满足需求，分布合理。

6.9.2 全面实施垃圾分类收集，对废弃电池、污油等危险废弃物专门回收。

6.9.3 设置废弃物收纳站，位置与其他功能区有一定距离，位于营地下风处，有绿化带隔离。

6.9.4 对污水、废弃物及时外运，进行无公害化处理。

6.9.5 有污水处理设施，排放符合 GBN8978 的要求。

6.10 特色功能区

6.10.1 可设置帐篷露营区，设施和服务符合 GBN/T31710.3 的相关要求。

6.10.2 可设置木屋/集装箱住宿区，设施和服务达到 GBN/T14308 中二星级的必备条件，卫生状况符合 GBN9663 的相关要求。

6.10.3 可设置面向青少年的训练营区，设施、设备、管理和服务符合GBN/T31710.4 的相关要求。

6.10.4 可设置儿童游乐区，游乐器材和设施安全、可靠，符合 GBN8408的相关要求。

6.10.5 可设置户外运动区，提供水上运动、低空运动、拓展训练、徒步、骑行等场地和服务。

6.10.6 可设置露天活动场，开展聚会、篝火、电影等聚集型休闲活动。

6.10.7 可设置手工制作、宠物、种植、采摘等互动体验场所。

6.10.8 根据需要，按照突出特色、增进体验和生态环保的原则，设置其他特色功能区。

6.11 旅游厕所

6.11.1 在服务中心、服务保障区和露营区设置旅游厕所，在其他功能区根据实际需求设置。

6.11.2 厕所达到 GBN/T18973 中相应等级的要求。

6.12 电力及照明

6.12.1 优先使用风能、太阳能、水能等清洁能源供电。

6.12.2　电力线路埋地敷设。

6.12.3　配备应急照明设施或工具。

6.12.4　照明采用分线路、分区域控制。

6.12.5　灯光照度分配合理，兼顾照明、景观、夜空观察与舒适度等要求。

6.12.6　出入口、服务中心、服务保障区有醒目的室外照明，引导性强。

6.13　标志标识

6.13.1　营地及进出道路设置规范、醒目的公共信息和交通引导标识，符号标志符合 GBN/T5845.2 的要求。

6.13.2　公共信息图形符号符合 GBN/T10001.1 和 GBN/T10001.2 的要求。

6.13.3　营地及其周边环境中安全标志的设置和内容符合 GBN2894 的要求。

6.13.4　消防安全标志设置符合 GBN15630 的要求，标志内容符合 GBN13495.1 的要求。

6.13.5　在临近自然或人工水域的地段，设置醒目、规范的安全标志，符合 GBN/T25895.3 的要求。

6.13.6　标志标识牌采用坚固、耐用的生态或仿生态材料，外观与环境协调。

6.14　安全保障

6.14.1　制定突发性事件（如地质灾害、气象灾害、火灾等）应急预案、紧急疏散方案，并定期演练。

6.14.2　对突发性事件反应迅速，处理及时、妥当，档案记录准确、齐全。

6.14.3　建筑物防火设计按照 GBN50016 的标准执行，灭火器材配备和设计符合 GBN50140 的要求。

6.14.4　存在火灾隐患的区域，按要求设置消火栓，并放置消防器材（如灭火器、水桶、沙箱等），放置消防器材的红色箱子摆放在醒目位置。

6.14.5　主要建筑及室外空旷场所设置防雷设施，符合 GBN50057 的要求。

6.14.6　设置防盗围墙、围栏。

6.14.7　配置安防监控设备。

6.14.8　结合场地环境类型配备救生员和救生设备。

6.14.9　与附近医院建立稳定合作关系，能及时运送患者、伤者就近治疗。

6.14.10 有专职保安人员，进行 24h 巡视。

6.14.11 与辖区公安机关之间的报警系统快捷有效，能处理突发性治安事件。

6.14.12 定期进行安全检查，做好记录，及时消除各类安全隐患。

6.15 管理与服务

6.15.1 管理制度齐全，工作有章可循、有据可查。

6.15.2 对服务承包商有明确的质量要求，履行监管责职。

6.15.3 对投诉的受理和处理符合 LBT063 的要求。

6.15.4 员工参加培训，考核合格后持证上岗。

6.15.5 员工服装分类清晰且有特色，佩戴统一的工牌标识。

6.15.6 能快捷、高效地提供预订、入住、保洁、离营等基础服务。

6.15.7 能提供代客泊车、票务代订、旅游向导、技能指导、车辆清洗和故障维修等附加服务。

6.15.8 有 24h 值班的服务电话。

6.15.9 采取必要的生物、物理和化学措施，减少蚊、虫、蚁、鼠等有害生物烦扰。

6.15.10 有特色节会活动。

6.15.11 为当地居民提供就业岗位。

6.15.12 优先向当地居民采购食物、材料或外包服务。

(二) 自驾游目的地等级划分

LB/T 077—2019

前言

本标准按照 GBN/T1.1—2009 给出的规则起草。

本标准由中华人民共和国文化和旅游部提出。

本标准由全国旅游标准化技术委员会（SAC/TC210）归口。

本标准起草单位：文化和旅游部资源开发司、中国旅游车船协会、青岛大学文化旅游高等研究院、中交交旅投资控股有限公司、北京同和时代旅游规划设计院、青岛迪生集团有限公司。

本标准主要起草人：付磊、刘汉奇、罗志明、宋磊、张欣、钟琦、侯乐君、董瑞江、陈博、赵楠。

1. 范围

本标准规定了自驾游目的地等级划分的依据和条件。本标准适用于将自驾车旅游作为主要管理和服务对象的区域。

2. 规范性引用文件

下列文件对于本文件的应用是必不可少的。凡是注日期的引用文件，仅注日期的版本适用于本文件。凡是不注日期的引用文件，其最新版本（包括所有的修改单）适用于本文件。

GBN5768（所有部分）道路交通标志和标线

GBN/T10001（所有部分）公共信息图形符号

GBN/T17775 旅游区（点）质量等级的划分与评定

GBN/T18973 旅游厕所质量等级的划分与评定

GBN/T26353 旅游娱乐场所基础设施管理及服务规范

GBN/T26354 旅游信息咨询中心设置与服务规范

GBN/T26356 旅游购物场所服务质量要求

GBN/T26358 旅游度假区等级划分

GBN/T26361 旅游餐馆设施与服务等级划分

GBN/T26362 国家生态旅游示范区建设与运营规范

GBN/T28929 休闲农庄服务质量规范

GBN/T31710.2 休闲露营地建设与服务规范第2部分：自驾车露营地

GBN/T31710.3 休闲露营地建设与服务规范第3部分：帐篷露营地

GBN/T31710.4 休闲露营地建设与服务规范第4部分：青少年营地

LBT010 城市旅游集散中心等级划分与评定

LBT035 绿道旅游设施与服务规范

LBT036 自行车骑行游服务规范

LBT044 自驾游管理服务规范

LBT061 自驾游目的地基础设施和公共服务指南

LBT063 旅游经营者处理投诉规范

LBT064 文化主题旅游饭店基本要求与评价

LBT065 旅游民宿基本要求与评价

3. 术语和定义

GBN/T31710. 2~31710. 4、LBT044 和 LBT061 界定的以及下列术语和定义适用于本文件。

3.1 自驾车旅游 Self-driving Travel

以自己驾驶机动车为主要交通方式的旅游休闲活动。

注：常简称为"自驾游"。

3.2 自驾游目的地 Self-driving Travel Destination

有明确范围，以自驾游需求为导向配置资源、设施、管理和服务，能够成规模吸引和接待自驾车旅游者抵达并停留一段时间开展观光和休闲度假等旅游活动的区域。

3.3 自驾游基础设施 Self-driving Travel Infrastructure

为自驾游活动提供基本的保障支持服务的物质工程设施。

注：包括道路、停车场、加油站、集散中心、驿站、露营地、驻车观景台、环境卫生设施、标志标识等。

3.4 自驾游公共服务 Self-driving Travel Public Service

地方政府、相关部门通过公共职能介入或公共资源投入，为自驾游活动提供的相关服务。

注：包括咨询、救援、公共信息、投诉受理处理、营销推广等。

3.5 自驾游线路 Self-driving Travel Route

串联旅游资源和服务设施，能够成规模吸引和接待自驾车旅游的线性空间。

3.6 自驾游驿站 Self-driving Courier Station

位于道路沿线，为自驾车旅游提供停车、如厕、采购、快餐、短时休息和补给服务的构筑物及附属设施。

4. 等级划分和依据

4.1 等级划分

自驾游目的地划分为 2 个等级，从高到低依次为国家级自驾游目的地、省级自驾游目的地。

4.2　等级划分的依据

等级的划分以第5章、第6章为依据，包括必备条件和一般条件2类。必备条件规定了自驾游目的地应具备的门槛条件。

5.　等级划分的必备条件

5.1　制定和实施自驾游发展规划。

5.2　制定和实施支持自驾游发展的政策措施。

5.3　有自驾游调查统计。

5.4　有一定数量和品质的自驾游线路。其中，国家级自驾游目的地的自驾游线路不少于3条。

5.5　有一定数量和品质的自驾车旅居车营地。其中，国家级自驾游目的地的自驾车旅居车营地不少于3个。

5.6　有一定数量和品质的自驾游集散中心和自驾游驿站。其中，国家级自驾游目的地的自驾游驿站不少于3个。

5.7　有自驾游突发事件应急预案。

5.8　有自驾游救援机构。

5.9　有自驾游公共信息服务平台。

6.　等级划分的一般条件

6.1　管理统筹

6.1.1　有统筹协调自驾游发展的专门机制。

6.1.2　将发展自驾游纳入经济和社会发展规划、旅游业发展规划。

6.1.3　在国土空间规划及相关规划中考虑自驾游基础设施和公共服务对土地、空间、资源和设施等方面的需要。

6.1.4　成立自驾游行业协会，支持当地企业加入区域自驾游行业协会并发挥作用。

6.1.5　广泛开展自驾游的区域协作和线路合作。

6.1.6　通过告知、标识、警示、管控等方式保障自驾游活动遵循保护资源、环境和遗产的要求。

6.2　支持促进

6.2.1　每年有支持自驾游发展的公共资金。

6.2.2 通过媒体、网络、交易会等多种途径广泛宣传推介自驾游线路和目的地形象。

6.2.3 组织举办自驾游节会、赛事等专项活动，有知名度和美誉度。

6.2.4 支持以文化交流、环境保护、慈善帮扶等公益事业为主题的自驾游活动。

6.2.5 制定自驾游指南，及时更新，广泛发放。

6.3 资源组合

6.3.1 有山地、森林、草原、湖泊、河流、海洋、沙漠等两种以上的自然资源组合。

6.3.2 有可生动体验的、与自然环境融合的历史文化、民族风情、风土民俗等人文资源。

6.3.3 有达到 GBN/T17775 相应要求和等级的 A 级旅游景区。

6.3.4 有达到 GBN/T28929 要求的休闲农庄。

6.3.5 有达到 GBN/T26358 要求的国家级或省级旅游度假区。

6.3.6 有达到 GBN/T26362 要求的生态旅游示范区。

6.3.7 有国家公园、风景名胜区、森林公园、地质公园、湿地公园、水利风景区等自然保护地和资源聚集区。

6.3.8 有古城、古镇、古村落、古关、古道、古驿站等文化遗产以及非物质文化遗产。

6.3.9 形成鲜明的自驾游、露营文化，游客可深度体验。

6.4 自驾游线路

6.4.1 依托和利用各类旅游景区、旅游度假区、生态旅游区、乡村旅游区、文物古迹等旅游资源聚集区，整合餐饮、住宿、娱乐、购物、运动等服务要素，形成自驾游线路。

6.4.2 自驾游线路与历史上的走廊、古道等相融合。

6.4.3 自驾游线路沿途合理设置自驾游驿站，特别是在没有城镇依托而需要短暂休整的地方。

6.4.4 驿站有旅游厕所和小型停车场，停车位不少于 20 个。

6.4.5 驿站有快餐、热水供应和自驾游日用商品售卖。

6.4.6　自驾游线路沿途加油站的数量和分布满足需求。

6.4.7　移动通讯信号能有效覆盖线路沿途。

6.4.8　自驾游线路的选线和运营让城乡居民尤其是乡村居民受益。

6.5　交通设施

6.5.1　有高速公路、国道或省道通达。

6.5.2　干线公路与旅游景区、旅游度假区、民宿聚集区等旅游资源聚集区的连接道路通畅，路况好，能通行大型自驾游车队或旅居车。

6.5.3　在自驾游线路上有风景道。

6.5.4　在景观突出的适宜位置设置驻车观景台，供临时停车观览风景。

6.5.5　有符合LBT035和LBT036要求的自行车骑行路径和绿道。

6.5.6　有供越野驾驶体验的砂石路、土路等特种道路。

6.5.7　自驾游线路上的旅游景区以及旅游经营场所，设置停车场，明线划分停车位，合理安排旅游大客车、旅居车和小客车分区停泊。

6.5.8　停车场实施绿化，采用生态材料铺装，环保性好。

6.5.9　在城市交通出入口设置具有集散功能的自驾游停车场，提供加油、车辆维修、旅游咨询、餐饮、洗漱、休息等服务。

6.5.10　停车场有针对旅居车的水电补给及废弃物和污水收集处理设施，有针对新能源汽车的能源补给设施。

6.5.11　设立自驾游集散中心，可与公共性的旅游服务中心合并设立。

6.5.12　自驾游集散中心达到LBT010中城市旅游集散中心的相应等级的要求。

6.6　服务要素

6.6.1　有自驾车旅居车营地、帐篷露营地、青少年营地等类型的营地。

6.6.2　自驾车旅居车营地达到GBN/T31710.2的要求。

6.6.3　帐篷露营地达到GBN/T31710.3的要求。

6.6.4　青少年营地达到GBN/T31710.4的要求。

6.6.5　建成运营的各类营地的自驾车营位和旅居车营位的总数量一般不少于1000个。

6.6.6　有一定数量的自驾游俱乐部，符合LBT044的相应要求，组织丰富多彩的自驾游活动。

6.6.7　汽车维修店的数量、类型和布局能满足自驾游的需要。

6.6.8　在飞机场、火车站、酒店聚集区提供汽车租赁、落地自驾游服务，车辆种类多，能满足多种地形和距离的自驾游需求。

6.6.9　汽车租赁联网运营，实现一地租车、异地还车。

6.6.10　有摩托车、自行车、全地形车等休闲运动车辆租赁机构。

6.6.11　有面向自驾游的主题酒店、特色民宿，分别符合 LBT064 和 LBT065 的相应要求。

6.6.12　有面向自驾游的特色餐厅，符合 GBN/T26361 的相应要求。

6.6.13　有面向自驾游的特色购物场所，符合 GBN/T26356 的相应要求。

6.6.14　有面向自驾游的休闲娱乐场所，符合 GBN/T26353 的相应要求。

6.6.15　形成服务自驾游的业态聚集的街区或园区。

6.7　旅游厕所

6.7.1　自驾游线路上有旅游厕所（可与驿站、驻车观景台统筹考虑），位置合理，数量满足需求。

6.7.2　达到 GBN/T18973 的相应等级要求。

6.7.3　在节庆活动和旅游高峰时期的自驾游车辆集中区域，结合需求增设环保厕所。

6.8　环境卫生

6.8.1　在自驾游线路、停车场设置分类垃圾箱等废弃物收纳设施，外形美观，数量满足需求。

6.8.2　倡导游客随车带走自产的废弃物。

6.8.3　为游客提供环保型垃圾收集袋。

6.9　标识导引

6.9.1　在城市交通出入口或集散式停车场设置大型户外旅游交通图，配置交通流量实时显示屏。

6.9.2　针对节假日自驾游高峰时期制定交通疏导和管理方案，并有效实施。

6.9.3　道路交通标志和标线设置符合 GBN5768 的要求。

6.9.4　设置简洁清晰、辨识度高、具有地方特色的自驾游交通标志。

6.9.5　在道路上设置紧急救援信息标识，电话等联系信息真实有效。

6.9.6　在道路上设置关于旅游景区、露营地、驿站等游览和服务设施的引导信息标识。

6.9.7　标识符号符合 GBN/T10001 的要求。

6.10　安全救援

6.10.1　有自驾游车辆救援机构或机制，及时提供救援服务。

6.10.2　自驾游车辆救援服务可与保险公司、汽车 4S 店、自驾游俱乐部等机构合作建立。

6.10.3　建立自驾游车辆救援服务机构名录，并作为公共信息提供。

6.10.4　对自驾游车辆救援服务实行必要的价格和质量监管，保障自驾车游客权益。

6.10.5　统筹制定自驾游线路突发事件应急预案，并开展跨区域协作。

6.10.6　对旅游景区、旅游度假区等旅游活动聚集区制定自驾游突发事件应急预案。

6.10.7　对大型的自驾游集结、节会、赛事等集中性活动，制定专项应急预案。

6.10.8　对各项突发事件应急预案进行演练，每年演练次数不少于 2 次。

6.11　公共信息

6.11.1　设立自驾游信息咨询中心，或与旅游信息咨询中心合并设立，达到 GBN/T26354 的要求。

6.11.2　设立自驾游公共信息服务平台，或作为旅游公共信息服务平台或城市公共信息服务平台的重要组成部分，由熟悉自驾游的专业人员管理和提供服务。

6.11.3　通过移动互联网、移动通讯等即时通讯途径提供实时的自驾游公共信息服务。

6.11.4　在广播电台设置自驾游栏目，及时发布自驾游预报和引导信息。

6.11.5　在高速路出入口、自驾游集散中心、驿站等重要枢纽和站场的醒目位置，设立电子显示屏，及时发布通告公共信息。

6.11.6　在自驾游集散中心、驿站、营地等自驾游聚集场所，提供旅游交通图、自驾游指南等公共信息资料。

6.12　游客满意度

6.12.1　每年开展自驾游满意度调查。

6.12.2　调查抽样数量和样本结构具有客观性和代表性。

6.12.3　满意度调查内容设置科学、全面，反映游客诉求和地方特点，包括但不限于道路设施、交通管理、自驾游线路、标识导引、安全救援、营地、厕所、加油站、停车场、公共信息等。

6.12.4　根据满意度调查结果及时优化自驾游产品，完善设施，改进服务。

6.13　服务质量管理

6.13.1　受理投诉迅速，记录翔实，处理得当，及时将结果向消费者反馈。

6.13.2　自驾游经营者对投诉的受理和处理符合 LBT063 的要求。

6.13.3　根据投诉情况及时加强管理，完善设施，改进服务。

附录二：全国 C 级自驾车旅居车营地

评定单位：中国旅游车船协会。

评定标准及依据：《自驾车旅居车营地质量等级划分》（LBT078-2019）

截至目前，全国各类自驾车旅居车驿站、营地近 2000 个，中国旅游车船协会在全国范围内认定出 35 家 C 级营地，涵盖了度假休闲、体育运动、亲子户外、红色研学、景区景点、乡村民俗等主题，从类型上可分为山地型、湖畔型、海岛型等。

5C 级

1. 山西省　云中河自驾车房车露营地

2. 江苏省　常州太湖湾露营谷

3. 安徽省　黄山途瑞露营地

4. 湖北省　宜昌三峡国际房车露营地

5. 广东省　珠海横琴星乐度·露营小镇

6. 广西壮族自治区 西山泉汽车（房车）露营基地

7. 内蒙古自治区　草甘沙漠汽车自驾运动营地

8. 黑龙江省　峰悦瑷珲国际汽车营地

9. 江苏省　南京汤山温泉房车营地

10. 江苏省　途居开沙岛露营地

11. 湖北省　荆州洰水汽车露营地

12. 广东省　北纬23°8′森林营地

13. 新疆维吾尔自治区　乌尔禾国际房车露营公园

4C 级

1. 河北省　花溪谷房车露营地

2. 河北省　雁鸣湖自驾车度假营地

3. 福建省　武夷山三木自驾游营地

4. 河南省　新县大别山露营公园

5. 陕西省　华山房车自驾露营地

6. 重庆市　冷水风谷休闲度假营地

7. 四川省　南充壮志凌云国际营地公园

8. 云南省　高黎贡山茶博园汽车旅游营地综合体

9. 贵州省　安顺优途丝路天龙谷文化露营地

10. 内蒙古自治区　奈曼旗青龙山自驾车露营地

11. 内蒙古自治区　乌兰察布火山草原自驾运动营地

12. 内蒙古自治区　巴丹吉林沙漠旅游区地质公园营地

13. 辽宁省　桓仁枫林谷房车小镇

14. 黑龙江省　伊春龙建旅游汤旺河汽车营地

15. 黑龙江省　大兴安岭呼玛尔自驾营地

16. 浙江省　小松坡自驾车营地

17. 安徽省　芜湖红杨山汽车体育公园房车营地

18. 湖北省　途居孝感双峰山露营地

19. 湖南省　途居湘潭昭山露营地

20. 湖南省　娄底市自驾车房车体系归古营地

21. 青海省　环青海湖自行车自驾车营地公园
22. 青海省　龙羊峡红柳庄园营地

附录三：汽车露营地星级评定标准

评定单位：中国汽车露营营地评定委员会。

一星级汽车露营营地：旅居车营位数量应为5—10个，帐篷营位数量应不少于10个。汽车露营营地内设有聚会活动、避险场所。

二星级汽车露营营地：旅居车营位数量应为11—20个，帐篷营位数量应不少于20个。汽车露营营地内设有聚会活动、避难场所。

三星级汽车露营营地：1. 汽车露营营地应选择在便于配备给水、排水、电源、通信、道路等生活基础设施的场所。2. 汽车露营营地设计建设时，应充分将自然、环保能源应用于营区内的供电、供水、供热、照明、水处理以及区内交通等方面。3. 出入口有正规的大门和固定的围挡，大门可为电动门。旅居车营位数量应不少于30个，帐篷营位数量应不少于30个，移动房屋应不少于5个。4. 汽车露营营地内设有聚会活动、避难场所。独栋移动房屋应包括：木屋、停车位和休闲活动区。移动房屋内设施应包括住宿、生活设施并根据地区条件应设置采暖及空调设备。5. 移动房屋可设置独栋移动房屋和连排移动房屋，移动房屋室内地面高于室外地面的距离应 不小于0.3m。6. 汽车露营营地设计建设时，应设置休闲娱乐场所。7. 汽车露营营地应至少设置3项体育项目。8. 汽车露营营地内设有儿童游乐场所，场所内宜配备滑梯。9. 汽车露营营地的儿童游乐场所及其设施应符合GBN8408的要求，服务质量应符合GBN/T16767的要求。10. 场内地面应做缓冲铺装，以保证儿童的运动安全。国11. 汽车露营营地的健身路径应符合GBN19272—2011的要求。12. 汽车露营营地内应设有无线网络。13. 汽车露营营地管理中心设有餐厅、商店、医疗设施和会议室。14. 汽车露营营地内设有专职保安及消防人员等专业人员。15. 汽车露营营地内设有淋浴、盥洗设施。公共淋浴间更衣室应配备更衣柜、淋浴喷头16. 汽车露营营地内应安装水泵或高压水枪。17. 汽车露营营地内应设有简易的污水处理系统。18. 汽车露营营地内应设有垃圾收集的集中站点。19. 汽车露营营地内路面应为硬化路面。20. 汽车露营营地内建筑物处应设置室外照明。21. 汽车露营营地应配备自助洗衣机，供露营者使用。22. 汽车露营营地应设有电话预约机制。23. 汽车露营营地应设有客户理赔和意见采信奖励机制。

四星级汽车露营营地：在三星营地基础上需满足以下要求：1. 汽车露营营地应至少选择靠近下列区域之一：景区景点、海滨浴场、自然景观、露天温泉。2. 旅居车营位数量应不少于 40 个，帐篷营位数量应不少于 20 个，移动房屋数量应不少于 10 个。3. 汽车露营营地内设有残障人士通道（含盲人通道）、残障人士洗手间等专用设施。4. 汽车露营营地内设有聚会活动、避难场所。5. 汽车露营营地应至少设置 4 项体育项目。6. 汽车露营营地内设有儿童游乐设施。7. 汽车露营营地的游泳场地应符合 GBN190791 的要求，水质应符合 GBN9667 的要求。8. 汽车露营营地的攀岩场地应符合 GBN190794 的要求。9. 汽车露营营地内设有无线网络和有线宽带。10. 汽车露营营地内设有可提供租赁体育用品、自驾车辆、残障人士用品服务的商品服务中心。11. 汽车露营营地内设有监控摄像装置。12. 汽车露营营地内设有固定的淋浴间、盥洗间。13. 汽车露营营地内设有简易的污水处理站点、垃圾处理站。14. 汽车露营营地各功能区应设置地灯或相应照明设备。15. 汽车露营营地内应提供洗衣服务。16. 汽车露营营地工作人员应佩戴统一、清晰、可追溯的工作标识。17. 汽车露营营地应设有电话预约、网络预约和露营设备对外租赁机制。18. 汽车露营营地应具备接待大型旅游团组的服务能力。

五星级汽车露营营地：在四星基础上需满足以下要求：1. 旅居车营位数量不应小于 80 个，帐篷营位数量应不少于 50 个，移动房屋数量应不少于 20 个。2. 汽车露营营地应至少设置 5 项体育项目。3. 汽车露营营地的拓展训练场所应符合 GBN19079.19 的要求。4. 汽车露营营地汽车营位区、移动房屋区域内应设有有线电视。5. 汽车露营营地内应设有便利药店。6. 汽车露营营地内设有专用垃圾清运车。7. 汽车露营营地应具有涉外接待能力。8. 汽车露营营地内餐厅及其他商业设施营业时间应不少于 14 小时；体育休闲场所开放营业时间应不少于 12 小时。9. 汽车露营营地内各区域内应提供免费无线上网服务。

260

附录四：房车露营营地属性的 IPA 分析①

表 1 自驾和非自驾露营游客对露营地的评价分布

| RV Campground Attribute | Motorized（N=1596） | | | | Non-Motorized（N=2918） | | | |
| | Importance | | Performance | | Importance | | Performance | |
	Mean	SD	Mean	SD	Mean	SD	Mean	SD
Activity/event oriented	2. 72	1. 04	3. 34	0. 947	2. 73	1. 07	3. 36	0. 961
Big-Rig Friendly	3. 78	1. 20	3. 94	0. 951	3. 52	1. 26	3. 81	1. 01
Cable	3. 60	1. 16	3. 87	0. 964	3. 53	1. 19	3. 84	0. 993
Clean bathrooms and/or showers	4. 17	1. 00	4. 18	0. 813	4. 25	0. 945	4. 26	0. 760
Clubhouse/lodge on site	2. 98	1. 06	3. 38	0. 952	2. 93	1. 05	3. 39	0. 956
Concierge-like services	2. 62	1. 89	3. 11	0. 999	2. 54	1. 04	3. 08	0. 989
Discounts offered	4. 03	0. 866	3. 98	0. 921	4. 07	0. 852	4. 01	0. 899
Ease of access to campground	4. 12	0. 814	4. 12	0. 787	4. 14	0. 795	4. 17	0. 762
Free Wi-Fi	3. 88	1. 12	3. 89	0. 990	3. 83	1. 15	3. 89	1. 02
Friendliness of staff	4. 36	0. 701	4. 32	0. 729	4. 42	0. 75	4. 36	0. 708
Full hookups	4. 35	0. 835	4. 39	0. 756	4. 32	0. 853	4. 41	0. 727
Kid-friendly	2. 41	1. 15	3. 25	1. 05	2. 57	1. 20	3. 34	1. 06
Loyalty programs	3. 75	1. 00	3. 69	0. 999	3. 76	1. 01	3. 69	0. 983
On-site camp store	3. 41	1. 03	3. 80	0. 860	3. 37	1. 01	3. 83	0. 859
On site fitness	2. 66	1. 13	3. 10	1. 00	2. 51	1. 10	3. 06	0. 998
On-site restaurant	2. 89	1. 05	3. 41	0. 913	2. 72	1. 01	3. 37	0. 917
Overall cleanliness	4. 47	0. 647	4. 26	0. 744	4. 48	0. 637	4. 32	0. 704
Pet Friendly	3. 47	1. 55	3. 80	1. 17	3. 42	1. 53	3. 80	1. 16
Pool	2. 90	1. 21	3. 52	1. 00	2. 95	1. 23	3. 55	1. 04

---

① 房车露营地评价参考——Severt K, Fjelstul J. Evaluating RV Campground Attributes Using IPA Analysis [J]. Journal of Tourism Insights, 2015, 6 (1): 4.

续表

RV Campground Attribute	Motorized (N=1596)				Non-Motorized (N=2918)			
	Importance		Performance		Importance		Performance	
	Mean	SD	Mean	SD	Mean	SD	Mean	SD
Price	4.01	0.850	3.90	0.911	4.10	0.833	3.94	0.897
Upgraded sites	3.83	0.929	4.00	0.827	3.71	0.946	3.96	0.859
Safety and Security	4.41	0.763	4.27	0.762	4.42	0.733	4.32	0.710

表2 房车露营地属性的重要性分布

RV Campground Attribute	Importance		Performance	
	Mean	SD	Mean	SD
Activity/event oriented	2.71	1.06	3.34	0.960
Big-Rig Friendly	3.60	1.25	3.85	0.999
Cable	3.54	1.18	3.85	0.987
Clean bathrooms and/or showers	4.23	0.966	4.23	0.778
Clubhouse/lodge on site	2.93	1.061	3.38	0.956
Concierge-like services	2.55	1.065	3.03	0.996
Discounts offered	4.06	0.856	4.00	0.912
Ease of access to campground	4.12	0.801	4.15	0.774
Free Wi-Fi	3.83	1.15	3.88	1.015
Friendliness of staff	4.39	0.685	4.34	0.719
Full hookups	4.31	0.859	4.39	0.745
Kid-friendly	2.50	1.18	3.30	1.06
Loyalty programs	3.75	1.01	3.68	0.991
On-site camp store	3.37	1.02	3.81	0.859
On site fitness	2.55	1.11	3.08	1.03
On-site restaurant	2.78	1.03	3.39	0.915
Overall cleanliness	4.47	0.644	4.30	0.717
Pet Friendly	3.44	1.54	3.79	1.17
Pool	2.91	1.22	3.53	1.02

RV Campground Attribute	Importance		Performance	
	Mean	SD	Mean	SD
Price	4. 07	0. 842	3. 92	0. 911
Upgraded sites	3. 74	0. 936	3. 98	0. 850
Safety and Security	4. 41	0. 749	4. 30	0. 729

表3　　　　　　男性和女性露营者对露营地的评价分布

RV Campground Attribute	Males (N=4098)				Females (N=831)			
	Importance		Performance		Importance		Performance	
	Mean	SD	Mean	SD	Mean	SD	Mean	SD
Activity/event oriented	2. 69	1. 04	3. 31	0. 946	2. 79	1. 16	3. 47	1. 01
Big-Rig Friendly	3. 61	1. 24	3. 84	0. 996	3. 55	1. 32	3. 91	1. 01
Cable	3. 51	1. 17	3. 82	0. 988	3. 68	1. 23	3. 97	0. 973
Clean bathrooms and/or showers	4. 21	0. 964	4. 21	0. 774	4. 33	0. 967	4. 33	0. 786
Clubhouse/lodge on site	2. 92	1. 05	3. 35	0. 944	2. 97	1. 11	3. 54	1. 00
Concierge-like services	2. 54	1. 04	3. 05	0. 976	2. 61	1. 15	3. 21	1. 08
Discounts offered	4. 02	0. 857	3. 97	0. 909	4. 27	0. 818	4. 13	0. 914
Ease of access to campground	4. 08	0. 802	4. 13	0. 772	4. 35	0. 755	4. 27	0. 775
Free Wi-Fi	3. 82	1. 14	3. 86	1. 01	3. 88	1. 17	3. 99	1. 01
Friendliness of staff	4. 38	0. 685	4. 32	0. 720	4. 48	0. 680	4. 42	0. 709
Full hookups	4. 30	0. 857	4. 38	0. 746	4. 36	0. 866	4. 46	0. 733
Kid-friendly	2. 51	1. 16	3. 28	1. 04	2. 44	1. 26	3. 39	1. 13
Loyalty programs	3. 70	1. 00	3. 65	0. 981	3. 99	0. 994	3. 82	1. 02
On-site camp store	3. 36	1. 01	3. 79	0. 847	3. 43	1. 04	3. 92	0. 908
On site fitness	2. 53	1. 01	3. 05	0. 987	2. 63	1. 17	3. 21	0. 986
On-site restaurant	2. 76	1. 01	3. 35	0. 897	2. 89	1. 11	3. 55	0. 980
Overall cleanliness	4. 45	0. 645	4. 28	0. 715	4. 61	0. 623	4. 40	0. 716
Pet Friendly	3. 40	1. 53	3. 76	1. 17	3. 61	1. 57	3. 97	1. 12
Pool	2. 89	1. 20	3. 50	1. 01	3. 00	1. 31	3. 66	1. 08

RV Campground Attribute	Males（N＝4098）				Females（N＝831）			
	Importance		Performance		Importance		Performance	
	Mean	SD	Mean	SD	Mean	SD	Mean	SD
Price	4.03	0.839	3.89	0.911	4.29	0.821	4.09	0.893
Upgraded sites	3.72	0.937	3.95	0.848	3.83	0.924	4.09	0.854
Safety and Security	4.38	0.757	4.28	0.731	4.57	6.91	4.44	0.702

附录五：房车露营地安全要求相关国标

《休闲露营地建设与服务规范 GBN/T31710—2015》安全要求：

1. 安全保障制度健全，实行安全岗位责任制。

2. 广播系统、消防设施、避雷设施齐全有效，安全疏散通道通畅。

3. 营地内道路应做到人车分行，交通安全标示清晰。

4. 危险区域警示、紧急救援电话的标志应突出、醒目。

5. 医疗救援体系应与营地规模和类型匹配，有急救人员和固定联系医院。

6. 应配备紧急救援场所和器材，安全应急预案响应迅捷。

参 考 文 献

[1] 鲍蕾. 中美汽车露营地发展的比较研究 [D]. 北京：北京体育大学，2014.

[2] 曾蓓，崔焕金. 旅游营销的新理念——旅游体验营销 [J]. 社会科学家，2005 (2).

[3] 曾伟球. 市场营销理论的发展、创新及其实践应用 [J]. 经济与社会发展，2004, 2 (8).

[4] 曾珍香，傅惠敏. 旅游可持续发展的系统分析 [J]. 河北工业大学学报，2000, 29 (3).

[5] 陈冰昕，彭乐弦，谢温馨. 滨海型房车营地安全风险识别与防控对策研究 [J]. 收藏，2019, 9.

[6] 陈聪. 中国房车露营旅游发展研究 [D]. 武汉：华中师范大学，2013.

[7] 陈宁. 旅游景区游客安全管理体系构建研究 [J]. 时代教育，2017 (3).

[8] 陈学丽. 基于自驾车旅游体验引导下的房车营地规划设计研究——以甘肃永昌县沙造林房车营地为例 [J]. 居业，2019 (9).

[9] 陈烨. 山地型景区帐篷露营地营建技术研究 [D]. 福州：福建农林大学，2018.

[10] 崔倩倩，林建群，刘杰. 寒地城市房车营地景观设计研究 [J]. 设计，2016 (21).

[11] 崔玉敏. 海南房车旅游市场开发研究 [D]. 海口：海南大学，2013.

[12] 戴宏，郭嘉，李羿翔，等. 中国汽车露营地发展模式与创新路径研究 [J]. 长安大学学报（自然科学版），2018, 5.

[13] 董静，邱守明，宋寿，等. 基于旅游者的旅游目的地品牌资产模型国外研究综述 [J]. 商，2015 (14).

[14] 董俊敏. 基于消费视角的自驾车营地可持续发展研究 [D]. 昆明：云南大学, 2018.

[15] 豆均林. 基于品牌资产的品牌要素模型研究 [J]. 经济师, 2004 (9).

[16] 范秀成, 曹花蕊. 服务营销管理体系与酒店绩效关系的实证研究 [J]. 旅游学刊, 2009, 24 (1).

[17] 方琰, 吴必虎. 中国露营地：现状与未来 [J]. 旅游研究, 2016, 8 (4).

[18] 费明胜. 营销管理理论的演变与发展——基于菲利普·科特勒《营销管理》中文各版本的比较研究 [J]. 经济管理, 2006 (20).

[19] 付静. "教育+旅游" 乡村研学旅游营地品牌开发路径探析与研究 [J]. 公关世界, 2022 (3).

[20] 盖玉妍, 王鉴忠. 国外旅游目的地品牌化内涵研究综述 [J]. 旅游论坛, 2009 (4).

[21] 高林安, 李蓓, 刘继生, 等. 欧美国家露营旅游发展及其对中国的启示 [J]. 人文地理, 2011, 26 (5).

[22] 高志. 从 usp 法则到品牌定位的选择 [J]. 辽宁师范大学学报, 2000 (1).

[23] 管勇. 基于顾客让渡价值理论的节日体育旅游营销策略研究 [J]. 南京体育学院学报 (社会科学版), 2009, 23 (6).

[24] 郭松滔. 湖南露营地综合评价及发展对策研究 [D]. 长沙：中南林业科技大学, 2017.

[25] 郭永建. 中国高端旅游市场定位与开发策略研究 [J]. 商业时代, 2011 (23).

[26] 郭永锐, 陶犁, 冯斌. 国外旅游目的地品牌研究综述 [J]. 人文地理, 2011 (3).

[27] 胡卫华, 吴楚材. 中国野营旅游的可持续发展对策 [J]. 资源与产业, 2010, 12 (3).

[28] 黄蕾. 营销 2.0 环境下的品牌资产增值策略研究 [D]. 广州：暨南大学, 2008.

[29] 黄鹂. 旅游体验与景区开发模式 [J]. 兰州大学学报：社会科学版, 2004,

32（6）．

［30］纪鹏飞．市场细分 经济型房车开始抢占市场［J］．专用汽车，2013（6）．

［31］贾云倩．基于旅游发展的房车营地规划设计研究［D］．咸阳：西北农林科技大学，2016．

［32］姜琴君．露营地的安全管理［J］．经营与管理，2010（5）．

［33］寇凯，穆加乐．体验经济背景下旅游目的地体验营销策略研究［J］．旅游与摄影，2021（15）．

［34］雷雨成，严斌，李峰．汽车与可持续发展［J］．汽车工程学报，2003（5）．

［35］李柏红．品牌资产评估方法问题研究［D］．哈尔滨：哈尔滨商业大学，2015．

［36］李蓓．基于游客体验视角下的露营地开发研究［D］．西安：西安外国语大学，2012．

［37］李红，振文．旅游景区市场营销［M］．北京：旅游教育出版社，2006．

［38］李辉华．论品牌资产增值的战略战术［J］．湖南第一师范学报，2006（2）．

［39］李卉婷．旅游景区的营销管理研究［D］．天津：天津大学，2009．

［40］李景．房车营地规划设计研究［D］．北京：北京林业大学，2011．

［41］李宁，刘敬远．基于STP策略的城市旅游市场定位研究——以秦皇岛为例［J］．中国商贸，2010（16）．

［42］李天元，曲颖．旅游目的地定位主题口号设计若干基本问题的探讨——基于品牌要素视角的分析［J］．人文地理，2010，25（3）．

［43］李西香．山东省汽车营地建设研究［D］．济南：山东大学，2010．

［44］李新颖．汽车露营地复合化设计研究［D］．郑州：郑州大学，2019．

［45］李彦彬．互联网时代品牌危机管理［J］．新闻战线，2019．

［46］李莹．东北房车旅游市场开发研究［D］．长春：东北师范大学，2016．

［47］梁婷．基于AHP熵权法的自驾车房车营地选址研究［D］．西安：长安大学，2020．

［48］林福煜．广西自驾车旅游营地建设研究［D］．南宁：广西大学，2008．

［49］林静，谢雄辉．基于游客价值满意度的景区竞争模型研究［J］．华中农业

大学学报（社会科学版），2009（2）.

[50] 凌霄，李晓凉，崔文星．关于融合市场营销理论，实践的研究［J］．上海商业，2021（11）.

[51] 刘斌．环境友好型房车露营地规划设计研究［D］．上海：上海交通大学，2017.

[52] 刘峰．森林公园露营地旅游体验影响因素研究［D］．长沙：中南林业科技大学，2018.

[53] 刘好强．面向关系营销的旅游景区营销创新研究［J］．沿海企业与科技，2009（2）.

[54] 刘好强．内部营销视角下的旅游景区与员工关系管理策略研究［J］．科技创业月刊，2009，22（4）.

[55] 刘丽，李山，王铮，何有缘，刘娟．论旅游业的关系营销［J］．中国农业大学学报（社会科学版），2004（2）.

[56] 刘毅成．地平线公司房车租赁商业模式研究［D］．上海：华东师范大学，2015.

[57] 卢杨．"露营热潮"冷思考 应注重"可持续发展"［EB/OL］．（2022-5-28）［2022-5-30］．https：//china. zjol. com. cn/pinglun/202205/t20220508_24197321. shtml.

[58] 鲁峰．加强旅游自驾车辆交通安全管理的几点建议［J］．道路交通管理，2020（10）.

[59] 陆军．广西自驾车旅游营地发展研究［J］．旅游学刊，2007（3）.

[60] 罗洪，张河清．我国景区营销研究综述［J］．忻州师范学院学报，2009，25（2）.

[61] 吕宁，吴新芳．我国露营地发展模式研究［J］．重庆交通大学学报（社会科学版），2017，17（6）.

[62] 马欢．北京汽车营地规划设计研究［D］．北京：北京农学院，2017.

[63] 马莉．青海湖旅游集团有限公司青海湖景区营销策略优化研究［D］．兰州：兰州大学，2021.

[64] 马清学．基于品牌资产增值的销售促进策略［J］．现代商业，2010（18）.

[65] 梅燕．旅游景区可持续发展新论［J］．中南民族大学学报：人文社会科学版，2003（S2）．

[66] 母泽亮．顾客让渡价值与旅游景区经营管理系统建设［J］．重庆工商大学学报（西部论坛），2004（6）．

[67] 潘光明．旅游"超级运营链"之"营地综合体"管理探析：三大因素是未来产业爆发的必然条件［EB/OL］．（2018-10-8）［2021-11-12］．http：//www.tripvivid.com/17566.html.

[68] 潘杨文．度假型旅游的关系营销问题分析［J］．现代商业，2008（17）．

[69] 彭希喜．生态旅游可持续发展对策研究［J］．国际市场，1998，3.

[70] 戚春燕．我国旅游景区安全管理对策的探讨［J］．知识经济，2020（3）．

[71] 邵世刚．新时代我国旅游行业营销管理探索［J］．区域治理，2019（31）．

[72] 圣霞，玉雪．柳州自驾车露营旅游发展研究［J］．广西农学报，2017，32（6）．

[73] 施世强，朱里莹，李景．森林公园露营地规划设计探析［J］．安徽农业科学，2015，43（23）．

[74] 舒小林，明庆忠，毛剑梅，等．生态旅游，旅游循环经济和旅游可持续发展［J］．昆明大学学报，2007，18（2）．

[75] 搜狐网．可持续发展的赛事营地必定是小而精［EB/OL］．（2018-12-1）［2022-3-7］．https：//www.sohu.com/a/278998864_134406.

[76] 孙红．基于品牌要素的珠海绿道体育旅游开发研究［J］．体育风尚，2021（5）．

[77] 田多．面向本土需求的房车营地服务设计研究［D］．大连：大连理工大学，2020.

[78] 汪清蓉，李凡，黄耀丽，郑坚强．旅游景区营销管理一般模式及实证研究［J］．商业经济，2006（8）．

[79] 王春雷，涂天慧．城市旅游目的地品牌资产管理研究——以荷兰阿姆斯特丹为例［J］．全球城市研究（中英文），2021.

[80] 王惠，刘海英．旅游景区食品营销模式及安全管理机制构建［J］．食品工业，2021，42（11）．

[81] 王建文，谢冬兴．基于品牌要素的绿道体育旅游品牌打造——以广东省绿道为例 [J]．武汉体育学院学报，2013，47（8）．

[82] 王晋．我国自然类旅游景区营销策略研究 [D]．成都：西南财经大学，2008．

[83] 王晶晶，范向丽，郑向敏．自驾车旅游安全保障体系探析 [J]．黄山学院学报，2011，13（4）．

[84] 王静平．打造房车营地品牌的四个转变 [EB/OL]．（2016-9-8）[2021-12-13]．https：//m.21rv.com/channel/cms/article/detail/783209．

[85] 王立冬，李旺，周子琳，郭野．体育旅游市场细分研究进展 [J]．体育科技文献通报，2021，29（8）．

[86] 王琳．基于共享发展理念的房车营地营建策略研究 [D]．大连：大连理工大学，2020．

[87] 王猛．高山牧场营地景观设计研究 [D]．成都：成都大学，2020．

[88] 王茜．品牌资产评估综述及我国现状分析 [J]．中国市场，2020（2）．

[89] 王小龙．针对我国房车制造业的可持续设计研究 [C] // 2010 年全国高等院校工业设计教育研讨会暨国际学术论坛，2010．

[90] 王晓宇．品牌资产评估方法对比与分析 [J]．财会学习，2016（23）．

[91] 王雅婧．试析新时代旅游景区安全管理模式的构建 [J]．决策探索（中），2019（6）．

[92] 王泽鑫．房车露营地建设及规划设计初探 [D]．西安：西安建筑科技大学，2017．

[93] 文海．"互联网" 时代企业营销管理研究 [J]．产业与科技论坛，2021，20（16）．

[94] 巫国富，黄圣霞，玉雪．基于 AHP 的广西房车露营乡村旅游发展策略研究 [J]．广西农学报，2021．

[95] 吴明远．通过品牌识别、优选和延伸 塑造共享房车品牌 [J]．中国商界，2018（6）．

[96] 吴小青．露营地规划设计理论及方法研究 [D]．咸阳：西北农林科技大学，2010．

[97] 吴一尘．露营旅游目的地选择类型的影响因素研究［D］．上海：上海体育学院，2021.

[98] 吴长亮．景区开发市场定位策略及实例分析［J］．商业时代，2010（18）.

[99] 谢朝栋．旅游景区新媒体营销策略研究［D］．南京：南京师范大学，2014.

[100] 徐虹，梁燕．旅游目的地品牌资产研究综述：概念、测量及理论框架［J］．旅游论坛，2019，12（5）.

[101] 徐燕，洪燕云．USP 理论在旅游目的地品牌形象定位中的应用探析［J］．蚌埠学院学报，2012，1（6）.

[102] 徐燕，李金峰．基于游客的旅游目的地整体品牌资产形成路径的实证研究——以兰州市为例［J］．对外经贸，2022（2）.

[103] 闫静．基于互动体验视角的旅游企业关系营销研究［J］．经济论坛，2021（1）.

[104] 颜五一．基于场地因素的房车营地设计思考——南京汤山温泉房车营地景观设计为例［J］．现代园艺，2017（24）.

[105] 杨丹卉．休闲时代背景下旅游企业关系营销研究［J］．网络财富，2008（12）.

[106] 杨高．海岛露营地景观设计研究［D］．沈阳：辽宁师范大学，2020.

[107] 杨景升．酒店式房车营地设计研究［D］．哈尔滨：哈尔滨工业大学，2021.

[108] 杨千卉．生态足迹理论下房车营地生态景观设计［J］．乡村科技，2017（16）.

[109] 杨宜苗．国内市场营销研究进展分析-基于人大复印资料《市场营销（理论版）》（2008—2013）的数据统计［J］．中国流通经济编辑部，2021（12）.

[110] 杨易，杨英．旅游景区自驾游市场营销策略研究——以大英西旅游景区为例［J］．中国发展，2016，16（2）.

[111] 叶生洪，王成慧．论关系营销与营销管理的关系［J］．广东商学院学报，2001（6）.

[112] 尹殿格．基于体验经济的旅游景区营销策略研究［D］．天津：河北工业
大学，2008．

[113] 尹正江．旅游企业关系营销网络的构建［J］．华南热带农业大学学报，
2005（2）．

[114] 于瑾．重视酒店市场营销管理的研究——评《酒店市场营销管理与实务》
［J］．新闻与写作，2017（4）．

[115] 于莉．市场营销理论演变与旅游市场营销策略［J］．现代商业，2010
（24）．

[116] 于鸣．新疆生态旅游景区安全管理的建议［J］．新疆林业，2011（5）．

[117] 虞慧岚，田多，宋明亮，胡平．基于KANO模型的房车营地服务设计需求
分析［J］．艺术与设计（理论），2019，2（7）．

[118] 苑炳慧，辜应康．基于顾客的旅游目的地品牌资产结构维度——扎根理论
的探索性研究［J］．Tourism Tribune/Lvyou Xuekan，2015，30（11）．

[119] 苑炳慧，辜应康．基于顾客的旅游目的地品牌资产量表开发与验证［J］．
旅游科学，2016，30（4）．

[120] 越野e族．营地如何兼具冒险精神和安全保障［EB/OL］．（2019-1-25）
［2022-1-14］．https：//www.sohu.com/a/291667687_134406．

[121] 张博宁．基于生态旅游的房车营地规划设计研究［D］．北京：北京林业
大学，2017．

[122] 张海彬．旅游经济背景下生态旅游目的地品牌资产研究［J］．度假旅游，
2019（2）．

[123] 张鸿睿．风景名胜区中露营地的规划设计研究［D］．南京：南京林业大
学，2017．

[124] 张可．探索旅游景区的营销管理［J］．佳木斯教育学院学报，2013（4）．

[125] 张曼，彭蝶飞．基于服务感知的智慧旅游提升的质性研究——以湖南省衡
山景区为例［J］．湖南人文科技学院学报，2018，35（3）．

[126] 张宁．旅游景区安全管理水平评价研究［D］．北京：北京交通大学，
2019．

[127] 张文波．TENTIPI公司户外帐篷业务中国市场营销战略研究［D］．济南：

山东大学，2019.

[128] 张晓君．以汽车营区为核心的露营公园景观设计研究［D］．天津：河北工业大学，2017.

[129] 张晓燕，窦蕾，马勋．我国自驾车旅游市场细分研究——以华北地区为例［J］．北京第二外国语学院学报，2006（9）.

[130] 张兴国，包磊，夏轶，郭英之．大数据时代的"云端"旅游营销管理［J］．旅游规划与设计，2014（2）.

[131] 张永安，康绘宇．体验经济时代旅游景区营销思路初探［J］．江苏商论，2005（4）.

[132] 张志强，孙成权，程国栋，等．可持续发展研究：进展与趋向［J］．地球科学进展，1999，14（6）.

[133] 张钟琴．海南国际旅游岛战略品牌管理［D］．天津：天津大学，2011.

[134] 赵浩兴．科特勒营销管理理论演进脉络及其发展探讨——菲利普·科特勒《营销管理》（中文版）各个版本的比较研究［J］．管理世界，2011（6）.

[135] 赵士洞，王礼茂．可持续发展的概念和内涵［J］．自然资源学报，1996，11（3）.

[136] 郑基银，王刚夫．旅游市场营销管理创新探析——基于服务管理的观点［J］．南开管理评论，1999（3）.

[137] 郑瑞．基于散客旅游需求的我国旅游目的地信息服务研究［J］．中国城市经济，2011（12X）.

[138] 钟勇．汽车可持续发展战略［J］．汽车研究与开发，2000（5）.

[139] 周丽君．旅游景区服务与管理［M］．长春：东北师范大学出版社，2014.

[140] 周柳．试论散客旅游时代我国旅游景区的营销管理策略［J］．商场现代化，2008（24）.

[141] 邹统钎．体验经济时代的旅游景区管理模式［J］．商业经济与管理，2003（11）.

[142] Carvache Franco Mauricio, Carvache Franco Wilmer, Carvache Franco Orly, Solis Radilla María Magdalena. Tourism Market Segmentation Applied to Coastal

and Marine Destinations: A Study from Acapulco, Mexico [J]. Sustainability, 2021, 13 (24).

[143] Sauveur Giannoni, Juan M. Hernández, Jorge V. Pérez-Rodríguez. Economic Growth and Market Segment Choice in Tourism-based Economies [J]. Empirical Economics, 2019 (prepublish).

[144] Veljković Saša, Hristov Branislava, Čolić Lazar. Market Segmentation in Tourism: An Application of The Schwartz's Value Theory [J]. Marketing (Beograd. 1991), 2015, 46 (2).

[145] Aleksandra Terzić, Dunja Demirović, Biljana Petrevska, Wolfgang Limbert. Active Sport Tourism in Europe: Applying Market Segmentation Model Based on Human Values [J]. Journal of Hospitality & Tourism Research, 2020, 45 (7).

[146] Sara Dolnicar. Market Segmentation Analysis in Tourism: A Perspective Paper [J]. Tourism Review, 2020, 75 (1).

[147] Hui Zang, Xiaohui Li, Dan Huo. A Research on The Planning and Design of RV Camp Based on Self - Driving Tourism Experience [P]. Proceedings of the 2016 International Conference on Advances in Management, Arts and Humanities Science, 2016.

[148] Tourism. Security and Safety [M]. Routledge, 2006.

[149] Hall C M, Timothy D J, Duval D T. Security and Tourism: Towards A New Understanding? [J]. Journal of Travel & Tourism Marketing, 2004, 15 (2-3).

[150] Tarlow P. Tourism Security: Strategies for Effectively Managing Travel Risk and Safety [M]. Elsevier, 2014.

[151] Hall C M, Timothy D J, Duval D T. Safety and Security in Tourism: Relationships, Management, and Marketing [M]. Routledge, 2012.

[152] Lin Z L. RV Travel Public Information Service and Its Standardized Construction [C] //Applied Mechanics and Materials. Trans Tech Publications Ltd, 2014, 543.

[153] Severt K, Fjelstul J. Evaluating RV Campground Attributes Using IPA Analysis

〔J〕. Journal of Tourism Insights, 2015, 6 (1).

[154] Brewer D C. RV Vacations for Dummies 〔M〕. John Wiley & Sons, 2020.

[155] Severt K, Fjelstul J. Evaluating RV Campground Attributes Using IPA Analysis 〔J〕. Journal of Tourism Insights, 2015, 6 (1).

[156] Poudel S. The Influence of The Accommodation Sector on Tourism Development and Its Sustainability: Case Study: Strand Camping, Larsmo 〔J〕. 2013.

[157] Kehrs U. Does Sustainability Matter? Sustainability Certifications and Consumer Booking Behaviour-Case: Loviisa Camping 〔J〕. 2021.

[158] Ma S, Craig C A, Feng S. The Camping Climate Index (CCI): The Development, Validation, and Application of a Camping-sector Tourism Climate Index 〔J〕. Tourism Management, 2020, 80.

[159] Rogerson C M, Rogerson J M. Camping Tourism: A Review of Recent International Scholarship 〔J〕. Geo Journal of Tourism and Geosites, 2020, 28 (1).

[160] Milohnic I, Bonifacic J C. Global Trends Affecting Camping Tourism: Managerial Challenges and Solutions 〔C〕//Faculty of Tourism and Hospitality Management in Opatija. Biennial International Congress. Tourism & Hospitality Industry. University of Rijeka, Faculty of Tourism & Hospitality Management, 2014.

后　记

多年前就希望能够编著一本关于房车露营地与旅游发展的书籍。一直囿于学识与信心，未能实现。在学院领导的鼓励和支持下，终于下定决心编纂本书。房车露营旅游实践火爆，但相关研究较为匮乏。无奈，只有埋头梳理相关文献与网络资料，费时半年，终得圆满。参考寥寥，书中观点难免有失偏颇。成书不易，望各界同仁在阅读和实践中予以斧正。

感谢我的家人，在编写此书的过程中全力支持，并在资料汇集与整理、大纲梳理、内容编纂、稿件编校等方面提出详细建议。

感谢我的博士生导师叶全良教授。自大纲初编，叶老师就亲自参与本书的完善和修订，并给予我专业的指导意见。本书受益于叶老师半生经验与谆谆教诲，在此铭记。

感谢我的挚友蒋莉，协助我寻求行业专家审校本书内容。

感谢江汉大学商学院领导汪朝阳教授和黄其新教授，感谢旅游与酒店管理系的全体教师，在成书过程中提供的各种支持和建议。

感谢武汉大学出版社的编辑工作者，在书稿审校过程中体现出了高度的专业性和严谨性。

在本书中房车和露营地的部分图片及样例源于 21 世纪房车网，第一房车网，中国房车网，途居岛，美国 KOA 官网，美国森林河等网站，笔者已在文中进行标注，在此一并感谢。